이 책에 쏟아진 찬사!

MALCOLM GLADWELL

★ 《블링크》는 일련의 유쾌한 예화를 빠르게 훑으며 전개된다. 글래드웰은 매력적인 정보와 현상으로 늘 우리를 황홀케 한다. 나의 순간적 판단을 믿는다면 이 책을 사라. 기쁨을 맛보게 될 것이다. _데이비드 브룩스, 《소셜 애니멀》 저자

★ 설득력 있고, 강렬한 책이다. 《블링크》를 읽을 가치 있게 만드는 것은 인간의 의사결정 과정에 관한 풍부하고 세밀한 묘사다. 글래드웰은 깊고 풍부한 자료와 명료한 언어를 자양분 삼아 미국인의 다종다양한 경험 속에서 흥미진진한 이야기를 만들어낸다. _데이미언 킬비, 《포틀랜드 오리거니언》

★ 글래드웰은 우리가 전적으로 의지하면서도 분석이 거의 안 된 정신생활의 한 측 면, 즉 순간적 결정이나 신속한 판단을 하는 능력을 날카롭게 조명한다. 깨우침을 주고, 도발적이며, 매우 재미있게 읽힌다. _도나 시먼, 《북리스트》

★ 글래드웰은 세밀한 이야기를 다루는 데 있어 최고의 작가다. 그가 가진 독특한 재능은 얼핏 평범해 보이는 일에서 인간을 인간답게 만드는 본질에 관한 귀중한 교훈을 끄집어낸다는 것이다. _마크 애시터키스, 《시카고 선타임스》

★ 강렬하다. 《블링크》는 만족감을 주고 갈증을 풀어준다. 글래드웰의 인상적인 트레이드마크인 흥미로운 사례 연구, 심리학 실험과 설명의 능숙한 직조, 동떨어져 보이는 현상 간 뜻밖의 연계가 돋보인다. _하워드 가드너, 《워싱턴 포스트》

KB014988

블링크

BLINK: The Power of Thinking Without Thinking
by Malcolm Gladwell
Copyright ⓒ 2005 by Malcolm Gladwell
Korean translation copyright ⓒ 2020 by Gimm-Young Publishers, Inc.
All rights reserved.

Korean edition is published by arrangement with William Morris Endeavor Entertainment, LLC.
through Imprima Korea Agency.

이 책의 한국어판 저작권은 임프리마 에이전시를 통한 저작권사와의 독점 계약으로 김영사에 있습니다.
저작권법에 의해 한국 내에서 보호를 받는 저작물이므로 무단전재와 무단복제를 금합니다.

블링크

1판 1쇄 발행 2020. 9. 1.
1판 4쇄 발행 2024. 10. 31.

지은이 말콤 글래드웰
옮긴이 이무열

발행인 박강휘
편집 권정민 디자인 윤석진 마케팅 백선미 홍보 박은경
발행처 김영사
등록 1979년 5월 17일(제406-2003-036호)
주소 경기도 파주시 문발로 197(문발동) 우편번호 10881
전화 마케팅부 031)955-3100, 편집부 031)955-3200 | 팩스 031)955-3111

값은 뒤표지에 있습니다.
ISBN 978-89-349-9080-2 03320

홈페이지 www.gimmyoung.com   블로그 blog.naver.com/gybook
인스타그램 instagram.com/gimmyoung   이메일 bestbook@gimmyoung.com

좋은 독자가 좋은 책을 만듭니다.
김영사는 독자 여러분의 의견에 항상 귀 기울이고 있습니다.

블링크

운명을 가르는 첫 2초의 비밀

말콤 글래드웰

이무열 옮김

BLINK
Malcolm Gladwell

김영사

나의 부모님, 조이스와
그레이엄 글래드웰에게 바칩니다

차례

BLINK

Malcolm Gladwell

미심쩍어 보이는 조각상

1983년 9월, 잔프랑코 베키나Gianfranco Becchina라는 이름의 이탈리아인 미술상이 캘리포니아의 J. 폴 게티 미술관J. Paul Getty Museum을 찾았다. 그는 자신이 기원전 6세기의 대리석 조각상을 하나 소장하고 있다고 말했다. 쿠로스kouros(왼발을 앞으로 내밀고 두 팔은 양옆에 붙인 채 정면을 향해 있는 청년의 나체 입상)라고 불리는 석상이었다. 지금까지 세상 빛을 본 쿠로스는 고작 200개 정도인데, 그나마도 무덤이나 고고학 발굴지에서 이미 몹시 훼손되었거나 파손된 상태로 발굴된 것이 대부분이었다. 그런데 이 석상은 보존 상태가 거의 완벽했다. 2미터 가까운 높이에 다른 고대 작품들과는 달리 밝은 색조의 광택을 띤, 범상치 않아 보이는 유물이었다. 미술상 베키나는 이 쿠로스를 넘기는 데 1,000만 달러에 가까운 액수를 요구했다.

　J. 폴 게티 미술관은 신중하게 행동했다. 그들은 일단 쿠로스를 임대해 철저하게 조사하기 시작했다. 이 쿠로스가 지금까지 발견된 다

른 쿠로스들과 비교해 모순되는 점은 없는가? 답은 '그렇다'에 가까운 것 같았다. 석상의 양식은 아테네 국립 고고학 박물관의 아나비소스 쿠로스Anavyssos kouros를 연상시켰다. 특정한 시대와 지역의 유물처럼 보인다는 뜻이었다. 그렇다면 이 석상은 대체 언제, 어디서 발굴된 것일까? 상세한 이력은 아무도 몰랐으나, 베키나는 J. 폴 게티 미술관 심의과에 석상의 최근 궤적이 수록된 서류를 한 뭉치 제출했다. 기록에 따르면 이 쿠로스는 1930년대부터 스위스의 의사 라우펜베르거Lauffenberger의 개인 소장품이었다. 라우펜베르거는 루소스Roussos라는 이름의 유명한 그리스 미술상에게서 석상을 손에 넣었다고 했다.

캘리포니아 대학교의 지질학자 스탠리 마골리스Stanley Margolis가 미술관에 도착했다. 그는 꼬박 이틀 동안 고해상도 입체현미경으로 석상의 표면을 검사한 다음, 쿠로스의 오른쪽 무릎 바로 밑에서 지름 1센티미터, 길이 2센티미터의 핵심 표본을 채취한 뒤 전자현미경과 전자 마이크로 분석기, 질량분석계, 엑스레이 회절, 엑스레이 형광 등의 기기를 동원해 표본을 분석했다. 마골리스는 석상이 타소스 섬의 고대 케이프 바티 채석장에서 캐낸 백운석白雲石으로 만든 것이라고 결론지었다. 석상의 표면은 방해석方解石의 얇은 층으로 덮여 있었는데, 이는 매우 중요한 사실이었다. 마골리스가 J. 폴 게티 미술관 측에 설명한 대로 백운석은 수천 년은 아니더라도 최소한 수백 년은 지나야 방해석으로 변하기 때문이었다. 즉 이 석상은 오래된 것으로, 최근에 만든 모조품은 아니라는 뜻이었다.[1]

J. 폴 게티 미술관은 만족했다. 조사를 시작한 지 14개월 후 마침내 쿠로스를 구입하기로 결정했다. 1986년 가을, 조각상이 처음 전시되었다. 〈뉴욕타임스〉는 이 사건을 1면 기사로 다루었다. 몇 달 후 J. 폴 게티 미술관의 고미술품 큐레이터 매리언 트루Marion True는 예술 잡지 〈벌링턴 매거진Burlington Magazine〉에 미술관의 새로운 유물을 소개하는 장문의 글을 기고했다.

"쿠로스는 움켜쥔 두 주먹을 허벅지에 꼭 밀착시킨 채 받침대도 없이 똑바로 서서 당대 최고의 청년이 지닐 법한 자신감과 활력을 표현하고 있다."

트루는 의기양양하게 결론지었다.

"신과 인간의 경계를 넘나드는 이 조각상은 서양미술 청년기의 뻗치는 활력을 완벽하게 구현하고 있다."

그러나 쿠로스는 무언가 미심쩍은 데가 있었다. 이 점을 처음 지적한 사람은 J. 폴 게티 미술관의 운영위원이던 이탈리아인 미술사학자 페데리코 체리Federico Zeri였다. 1983년 12월, 체리는 미술관의 복원실로 안내되어 조각상을 보는 순간 저도 모르게 쿠로스의 손톱에 눈길이 머물렀다. 딱 꼬집어 말할 수는 없었지만 손톱이 이상했다. 다음으로 이 쿠로스의 미심쩍은 부분을 지적한 사람은 그리스 조각의 세계적 권위자 에벌린 해리슨Evelyn Harrison이었다. 그녀가 J. 폴 게티 미술관을 찾은 것은 미술관 측이 베키나와의 거래를 성사시키기 직전이었다. 해리슨은 그때를 이렇게 기억했다.

"당시 미술관의 큐레이터 아서 호턴Arthur Houghton이 우리를 데리고 미술품 보관실로 내려가 조각상을 보여주었지요. 호턴이 조각상의 덮개를 확 벗기며 말했어요. '음, 이 쿠로스는 아직은 우리 소유가 아닙니다. 하지만 2주 후면 우리 것이 될 겁니다.' 다음 순간 나는 말했지요. '유감스러운 일이군요.'"

해리슨은 무엇을 본 것일까? 그녀 자신도 알 수 없었다. 호턴이 덮개를 벗긴 바로 그 순간, 해리슨은 뭔가 잘못되었다는 것을 본능적으로 감지했을 뿐이다. 몇 달 후 호턴은 뉴욕 메트로폴리탄 미술관장을 지낸 바 있는 토머스 호빙Thomas Hoving을 미술관의 보관실로 데려가 조각상을 보여주었다. 호빙은 무언가 새로운 것을 볼 때마다 자신의 뇌리를 스쳐가는 첫 단어를 메모해두곤 했는데, 그 쿠로스를 처음 본 순간 떠오른 단어는 평생 잊지 못할 표현이었다. 호빙은 이렇게 회상했다.

"그건 '새것fresh'이라는 단어였지요. 새것."

그런데 '새것'은 2,000년 된 조각상에 어울리는 단어가 아니었다. 나중에야 호빙은 그 순간 왜 그런 생각이 퍼뜩 떠올랐는지 그 이유를 깨달았다.

"예전에 시칠리아에서 발굴 작업을 할 때 이런 종류의 쿠로스 조각과 파편을 여럿 찾아낸 적이 있습니다. 거기서 나온 조각들은 모양이 전혀 달랐어요. 시칠리아에서 본 쿠로스의 파편들은 스타벅스의 최고급 카페라테에 담갔다가 꺼낸 듯한 모양이었지요."

호빙이 호턴을 돌아보며 말했다.

"대금은 지불했나요?"

호빙의 말에 호턴은 아연실색한 얼굴이었다.

"지불했으면 돈을 되찾을 방법을 찾아보세요. 지불하지 않았으면 주지 마시고요."

J. 폴 게티 미술관은 갈수록 걱정이 되어 그리스에서 쿠로스에 관한 특별 심포지엄을 열었다. 그들은 석상을 잘 포장해서 아테네로 옮겨놓고는 그리스 최고의 조각 전문가들을 초빙했다. 거기서는 당혹한 탄성이 만들어내는 합창 소리가 훨씬 더 커졌다.

해리슨이 아테네의 아크로폴리스 박물관장 게오르게 데스피니스George Despinis의 옆에 서 있던 때의 일이다. 쿠로스를 쓱 훑어보던 데스피니스의 얼굴이 대번에 창백해졌다. 그가 해리슨에게 말했다.

"땅속에서 나온 조각상을 한 번이라도 본 사람이라면 누구든 저 조각상이 결코 땅속에 묻힌 적이 없다는 것을 알 수 있을 겁니다."

아테네 고고학회장 게오르기오스 돈타스Georgios Dontas는 조각상을 보는 순간 전율을 느꼈다.

"그 쿠로스를 처음 보았을 때 나와 조각상 사이에 유리벽이 서 있는 느낌이었습니다."

심포지엄에서 돈타스의 바통을 이어받은 사람은 아테네의 베나키 박물관장 앙겔로스 델리보리아스Angelos Delivorrias였다. 그는 조각상의 양식이 타소스섬의 대리석으로 조각되었다는 사실과 모순된다는 점을 길게 늘어놓다가 이윽고 초점에 도달했다. 델리보리아스는 왜 그것이 모조품이라고 생각한 걸까? 조각상에 처음 눈길이 닿는 순간 '직관적 반발intuitive repulsion'의 파동을 느꼈기 때문이라고 그는 말했다. 심포지엄이 끝날 즈음, 다수의 참석자들 사이에서 그 쿠로스가 미술관 측에서 생각하던 것과는 전혀 다른 것 같다는 의견의 일치가 이루어졌다. J. 폴 게티 미술관은 고문 변호사와 과학자들을 동원해 10여 개월에 걸친 힘겨운 조사를 벌인 끝에 하나의 결론에 도달했고, 그리스 조각의 세계적 권위자 몇몇은 조각상을 보는 순간 직관적 반발을 느끼며 또 하나의 결론에 도달했다. 어느 쪽이 옳았을까?

한동안은 답이 분명하게 드러나지 않았다. 그 쿠로스는 미술 전문가들의 단골 논쟁거리가 되었다. 그런데 J. 폴 게티 미술관 측의 근거가 조금씩 무너지기 시작했다. 일례로 미술관 측 변호사들은 쿠로스의 이력을 조심스럽게 추적하며 스위스 의사 라우펜베르거까지 거슬러 올라가는 궤적을 찾아냈는데, 그 추적에 사용한 편지들이 위조 서신인 것으로 밝혀졌다. 1952년도의 편지 하나에 적힌 우편번호는 그로부터 20년이나 지난 후에 생겨난 것이었다. 1955년도의 또 다른 편지는 1963년에야 문을 연 은행을 거명하고 있었다.

또한 10여 개월간의 학술 조사 끝에 내린 최초의 결론은 J. 폴 게티 미술관의 쿠로스가 아나비소스 쿠로스의 양식이라는 것이었는데, 그조차도 의심의 수렁에 빠졌다. 그리스 조각 전문가들이 자세히 살피면 살필수록 이 쿠로스가 각기 다른 지역과 다른 시기의 몇 가지 별개 양식을 어지럽게 짜 맞춘 혼성품이라는 시각이 우세해졌다. 청년의 호리호리한 몸매는 뮌헨의 한 박물관이 소장한 테네아 쿠로스Tenea kouros와 많이 닮았고, 구슬 모양의 머리카락은 뉴욕 메트로폴리탄 미술관이 소장한 쿠로스의 그것과 흡사했다. 반면에 두 발은 현대식이었다. 만일 그런 양식이 있다면 말이다.

이 쿠로스와 가장 닮은 쿠로스는 1990년 영국의 한 미술사가가 스위스에서 찾아낸 작고 토막 난 조각상인 것으로 밝혀졌다. 두 쿠로스는 같은 종류의 대리석을 잘라 유사한 방식으로 조각한 것이었다. 그런데 스위스의 쿠로스는 고대 그리스 시대의 것이 아니었다. 1980년대 초반에 로마의 한 모조품 제작소에서 만든 것이었다.

그렇다면 J. 폴 게티 미술관의 쿠로스 표면이 최소 수백 년에서 최대 수천 년은 지나야 생성될 수 있는 것이라던 과학적 분석은 어찌 된 것일까? 결국 그게 아니었다는 것이 밝혀졌다. 다른 지질학자가 더 깊숙이 분석한 끝에 감자 주형potato mold을 이용하면 두 달 만에 백운석 석상의 표면을 '오래되게' 만들 수 있다는 사실을 밝혀낸 것이다. J. 폴 게티 미술관의 카탈로그에는 그 쿠로스의 사진이 '기원전 530년경 혹은 근래의 위조품'이라는 설명과 함께 실려 있다.[2]

페데리코 체리와 에벌린 해리슨, 토머스 호빙, 게오르기오스 돈타스 그리고 다른 많은 사람이 그 쿠로스를 보고 직관적 반발을 느꼈을 때, 그들은 절대적으로 옳았다. 처음 2초 동안, 단 한 차례의 눈길로 그들은 J. 폴 게티 미술관의 조사팀이 14개월이나 걸려 파악한 것보다 더 정확하게 조각상의 본질을 파악할 수 있었다.

《블링크》는 그 처음 2초에 관한 책이다.

신속하고 간결하게[3]

내가 당신에게 아주 단순한 도박 게임을 하자고 했다 치자. 당신 앞에 네 벌의 카드 더미가 놓여 있다. 두 벌은 빨간 카드고, 두 벌은 파란 카드다. 네 벌의 카드 더미 안에 있는 카드를 한 장 한 장 뒤집을 때마다 당신은 일정액의 돈을 따기도 하고 잃기도 한다. 당신이 할 일은 어떤 카드 더미에서든 한 번에 한 장씩 카드를 뒤집어 당신의 승리를 최대화하는 것이다. 그러나 당신이 처음엔 모르는 게 있는데, 바로 빨간색 카드 더미가 지뢰밭이라는 사실이다. 이기면 보상이 크지만, 빨간 카드로 질 때는 크게 잃는다. 실제로 당신은 파란 카드를 뒤집어야만 이길 수 있는데, 파란 카드 더미는 50달러의 수입과 적당한 벌점이라는 고르고 균형 잡힌 식단을 약속한다. 문제는 얼마만에 당신이 이 사실을 알아채느냐는 것이다.[4]

몇 년 전 아이오와 대학교의 과학자들이 이 실험을 했는데, 그들은 대다수의 사람이 약 50장의 카드를 뒤집은 후에야 상황이 어찌 돌아가는지 육감으로 깨닫기 시작한다는 것을 알아냈다. 파란 카드 더미가 왜 더 좋은지 이유는 알 수 없어도 그게 더 나은 베팅이라는 점을 확신하게 된다는 것이다. 약 80장의 카드를 뒤집은 후에는 대부분 그 게임을 파악하고, 빨간 카드 더미가 왜 안 좋은지 정확하게 설명할 수 있게 된다. 거기까지는 간단명료하다. 약간의 경험을 한다. 그것들을 요모조모 생각해본다. 하나의 가설을 발전시킨다. 그런 다음 마침내 둘과 둘을 한데 묶어 생각한다. 그것이 바로 학습이 이루어지는 과정이다.

아이오와 대학교의 과학자들은 또 다른 실험도 진행했다. 실험의 신기한 부분이 시작되는 것은 이 지점이다. 그들은 노름꾼 한 사람 당 기계 한 대씩을 붙여놓고서 손바닥 표피 아래의 땀샘 활동을 측정했다. 땀샘이 대부분 그러하듯 손바닥의 땀샘 또한 온도뿐 아니라 스트레스에도 반응한다. 우리가 신경을 쓸 때 손을 꼭 쥐게 되는 것도 그 때문이다.

아이오와 대학교의 과학자들은 노름꾼들이 열 번째 카드에서 빨간 카드 더미 쪽에 스트레스 반응을 일으키기 시작한다는 것을 발견했다. 두 벌의 빨간 카드 더미가 뭔가 이상하다는 육감을 말로 표현할 수 있게 되기까지 아직 40장이나 남은 때의 일이다. 더 중요한 것은 손바닥에서 땀이 나기 시작한 바로 그 무렵부터 행동도 변하기 시작했다는 점이다. 그들은 파란 카드를 선호하면서 빨간 카드 더미에서 카드를 뒤집는 일이 갈수록 드물어지기 시작했다. 다시 말해 노름꾼들은 자신이 게임을 파악했다는 것을 깨닫기도 전에 이미 그 게임을 파악했다. 뭔가 조절해야 한다는 것을 의식적으로 깨닫기 오래전부터 이미 필요한 조절을 시작한 것이다.

물론 아이오와 대학교 과학자들의 실험은 몇 안 되는 사람을 상대로 스트레스 탐지기만 동원해 진행한 단순한 카드 게임에 불과하다. 그러나 이는 우리 정신의 작용 방식에 관한 매우 강력한 예증이다. 이 경우는 판돈이 크고, 게임이 빠르게 진행되며, 노름꾼들이 새롭고 혼란스러운 수많은 정보를 아주 짧은 시간 내에 파악해야 하는 상황이다.

아이오와 대학교 과학자들의 실험이 말해주는 것은 무엇일까? 이런 순간에 우리 뇌는 두 가지의 상이한 전략을 구사해 상황을 파악한다는 것이다. 첫째는 우리에게 아주 익숙한 의식적 전략이다. 지금까지 배워온 것들을 반추하다가 마침내 답에 도달하는 것이다. 이전략은 논리적이며 명확하다. 그러나 답에 이르기까지 80장의 카드를 뒤집어야 한다. 다시 말해 속도가 느리고, 또 많은 양의 정보를 필요로 한다. 그러나 두 번째 전략은 훨씬 더 빠르게 작동한다. 열 번째 카드쯤부터 작동하기 시작하고, 또 정말 예리하다. 빨간 카드 더미가 가진 문제점을 거의 순식간에 포착하는 것이다. 그러나 최소한 처음에는 전적으로 의식의 표면 아래에서 작동한다는 단점이 있다. 그전략은 손바닥의 땀샘 같은 묘한 간접 채널을 통해 메시지를 전송한다. 뇌는 이미 결론에 도달하고 있으면서도 우리에게는 즉시 그 사실을 알리지 않는 시스템이다.

에벌린 해리슨과 토머스 호빙 그리고 그리스 학자들이 쿠로스를 두고 취한 방식은 두 번째 전략이었다. 그들은 입증의 실마리를 어떻게 찾을지 따위에는 무게를 두지 않았다. 그들은 한눈에 잡히는 것만 생각했다. 독일의 인지심리학자 게르트 기게렌처Gerd Gigerenzer가 '신속하고 간결한fast and frugal' 사고라고 즐겨 부르던 사고방식이다.[5] 석상을 단지 한 번 쳐다보았을 뿐인데, 뇌의 어떤 부분이 순간적으로 일련의 계산을 했다. 노름꾼들의 손바닥에 갑자기 땀이 배는 것처럼, 모종의 의식적 사고가 작동하기도 전에 그들은 무언가를 느졌다. 토머스 호빙에게 그것은 얼토당토않게도 '새것'이란 단어를 머리에 퍼뜩 떠오르게 했다. 앙겔로스 델리보리아스의 경우에는 직관적 반발의 파동이 되었다. 게오르기오스 돈타스에게는 그와 그것 사이에 유리벽이 존재하는 느낌을 주었다. 그들은 자신이 어떻게 알았는지 알았을까? 결코 그렇지 않다. 그러나 그들은 알았다.

몸속의 컴퓨터

이처럼 단숨에 결론으로 도약하는 뇌의 영역을 '적응 무의식adaptive unconscious' 영역이라 하는데, 최근 심리학에서는 이런 식의 의사결정에 관한 연구를 매우 중요한 분야의 하나로 여긴다.[6] 이 적응 무의식은 지크문트 프로이트Sigmund Freud가 묘사한 무의식, 즉 너무도 혼란스러워 의식적으로 사고하기 힘든, 욕망과 기억과 환상으로 가득한 음침한 영역과 혼동하지 말아야 한다. 오히려 적응 무의식이라는 새로운 개념은 우리가 인간으로서 그 존재를 유지하는 데 필요한 다량의 데이터를 신속하고도 조용하게 처리하는 일종의 거대한 컴퓨터라고 생각하면 된다.

당신이 거리로 산책을 나섰다가 갑자기 트럭이 덮쳐오고 있다는 것을 깨달았다고 치자. 그 순간 당신은 모든 선택지를 두루 검토할 시간이 있을까? 물론 없을 것이다. 인간이 하나의 종으로서 이토록 오랫동안 종족을 보존해올 수 있었던 것은 극소량의 정보를 토대로 매우 민첩한 판단을 내릴 수 있는 별도의 의사결정 장치를 발달시켜 온 덕분이다. 미국의 심리학자 티머시 윌슨Timothy D. Wilson은 《내 안의 낯선 나Strangers to Ourselves》에서 이렇게 말했다.

"인간의 정신은 고도의 정교한 사고를 많은 부분 무의식의 영역으로 끌어내림으로써 효율을 크게 높이는데, 그것은 마치 오늘날 제트기가 '의식 있는' 인간 조종사로부터 거의 혹은 아무런 입력 없이도 자동 항법 장치만으로 비행할 수 있는 것과 같다. 적응 무의식은 세상을 판단하고, 사람들에게 위험을 경고하며, 목표를 설정하고, 치밀하고도 능률적으로 행동에 착수하게 하는 등의 훌륭한 임무를 수행한다."

윌슨은 우리가 상황에 따라 의식과 무의식 상태의 사고를 오가며 유연하게 대응한다고 말한다. 동료를 저녁 식사에 초대할지 말지를 결정하는 것은 의식이다. 당신은 그에 대해 곰곰이 생각한 끝에 즐거운 자리가 될 거라는 결론이 나면 동료를 초대한다. 똑같은 동료와 논박을 벌인다는 자연스러운 결정은 뇌의 다른 영역에서 무의식적으로 이루어지며, 그 동기는 당신의 인간성의 또 다른 영역에서 유발된다.

우리는 누군가를 처음 대면할 때, 구직을 위해 면접을 볼 때, 새로운 아이디어에 반응할 때, 긴급한 상황에서 신속하게 결정을 내려야 할 때마다 뇌의 두 번째 영역을 사용한다. 예를 들어 당신은 대학 시절 어떤 교수가 얼마나 강의를 잘하는지 판단하는 데 시간이 얼마나 걸렸을까? 한 번 혹은 두 번의 강의? 아니면 한 학기?

미국의 심리학자 날리니 암바디Nalini Ambady는 학생들에게 교수 한 사람당 10초 분량의 비디오 세 편을 음 소거한 채 보여주었는데, 이것만으로도 학생들이 교수의 자질에 등급을 매기는 데 아무런 어려움이 없다는 사실을 발견했다. 다시 뒷부분을 잘라 각 5초 분량의 비디오를 만들어 보여주었을 때도 평가는 마찬가지였다. 심지어 딱 2초 분량의 비디오를 보여주었을 때조차도 평가는 거의 일치했다. 그 후 암바디는 교수의 자질에 대한 학생들의 순간적 판단과 한 학기 수업을 모두 마친 학생들의 같은 교수에 대한 평가를 비교해본 후 두 평가 또한 본질적으로는 같다는 사실을 발견했다. 교수를 전혀 만난 적이 없는 학생이 2초짜리 소리 없는 비디오를 보며 교수에 대해 내린 결론이 한 학기 내내 교수의 강의를 수강한 학생이 내린 결론과 거의 유사했다는 것이다. 이것이 적응 무의식의 힘이다.[7]

깨달았든 깨닫지 못했든 당신이 이 책을 처음 집어 들었을 때도 아마 똑같은 경험을 했을 것이다. 당신은 처음에 이 책을 얼마 동안 손에 들고 있었는가? 2초? 그럼에도 그 짧은 순간에 표지 디자인과 내 이름에서 연상됐을지 모르는 어떤 것들, 또 조각상 이야기의 처음 몇 문장이 한 덩어리가 되어 하나의 인상, 즉 생각과 이미지와 기대의 물결을 불러일으켜 지금 당신이 이 서문을 읽는 태도의 밑바탕을 형성했을 것이다. 그 2초 동안에 무슨 일이 일어났는지 궁금하지 않은가?

사람들은 이 같은 신속한 인식에 본능적으로 의심의 눈초리를 보낼 거라고 생각한다. 우리는 어떤 결론의 질이 그에 들인 시간과 노력에 비례할 거라고 여기는 세계 속에 살고 있다. 의사들은 진단이 난감할 경우 다른 검사를 더 해보자고 요구하며, 사람들은 들은 이야기에 대해 확신이 서지 않을 경우 또 다른 의견을 구한다. 또한 우리는 아이들에게 뭐라고 말하는가? "서두르면 일을 망친다", "돌다리도 두드려보고 건너라", "아는 길도 물어 가라", "뚝배기보다 장맛이다"…. 우리는 되도록 많은 정보를 모아서 가능한 한 오랫동안 숙고하는 것이 언제나 더 낫다고 믿는다. 우리는 실제로 의식적인 의사결정만 신뢰한다. 하지만 특히 비상시에는, 서둘러서 나쁠 일이 없는 순간, 찰나의 판단이나 첫인상이 세계를 파악하는 훨씬 더 나은 도구의 역할을 하는 순간이 있다. 《블링크》의 첫 번째 임무는 당신이 단순명료한 이 사실에 확신을 갖게 만드는 것이다. 바로 신속한 결정이 어느 모로 보든 조심스럽고 신중한 결정만큼이나 좋을 수 있다는 사실이다.

그러나 이 책은 단순히 순간 포착의 힘에 대한 찬사만 늘어놓지는 않는다. 나는 우리의 본능이 우리를 배반하는 순간에도 흥미가 있다. 일례로 J. 폴 게티 미술관의 쿠로스가 명백한 위조품이었다면, 아니 최소한 문제가 있는 물건이었다면 미술관에서는 애초에 왜 그것을 사들였을까? J. 폴 게티 미술관의 전문가들은 조각상을 찬찬히 조사하던 14개월 동안 왜 다른 전문가들과 달리 직관적 반발 같은 것을 느끼지 못했을까? 이것이 바로 J. 폴 게티 미술관에서 일어난 일에 얽힌 커다란 수수께끼였는데, 답은 그들이 어떤 이유에서인지 느낌에 방해를 받았다는 것이다. 거기에는 과학적 데이터를 거스를 수 없었던 것도 한몫했다(지질학자 스탠리 마골리스는 자신의 분석을 굳게 확신한 나머지 〈사이언티픽 아메리칸Scientific American〉이라는 과학 잡지에 자신의 방법론에 관한 장문의 글을 싣기도 했다). 그러나 J. 폴 게티 미술관에서 그 석상이 진품이기를 바라는 마음이 너무도 절실한 탓이 더 컸다. 신생 박물관이던 J. 폴 게티 미술관은 세계적 수준의 소장품을 구축하길 열망했고, 그 쿠로스는 미술관의 전문가들이 자신의 본능을 눈감게 하기에 충분할 만큼 진기한 유물이었다.

프랑스의 미술사가 조르주 오르티즈George Ortiz는 언젠가 고대 조각상에 관한 한 세계 유수의 전문가인 에른스트 랑글로츠Ernst Langlotz로부터 청동 조각상을 하나 구입할 의향이 없느냐는 제안을 받은 적이 있었다. 가서 작품을 본 오르티즈는 움찔했다. 그가 보기에 그 조각상은 모순 덩어리에다 볼품없는 재료로 만든 명백한 모조품이었다. 그렇다면 그리스 조각상에 관해서는 그 누구보다도 잘 아는 랑글로츠가 왜 모조품에 속은 걸까? 오르티즈의 설명에 따르면 랑글로츠는 막강한 전문 지식의 많은 부분을 습득하기 이전인 아주 젊은 시절에 그 조각상을 구입했다는 것이다.

오르티즈는 말했다.

"랑글로츠는 그 조각상과 사랑에 빠졌던 게 아닌가 싶습니다. 누구나 젊은 시절엔 자신의 첫 번째 구입품과 사랑에 빠지는 법이지요. 그 조각상이 아마 그의 첫사랑이었을 겁니다. 그래서 그토록 비상한 지식을 갖고서도 자신의 평가에 의문을 제기할 수 없었던 게 분명합니다."

공상 이야기가 아니다. 이 말은 우리가 생각하는 방식에 대한 근본적인 무언가를 지적하고 있다. 우리의 무의식은 강력한 힘이다. 그러나 오류에 빠지기도 쉽다. 우리 몸속의 컴퓨터가 늘 찬란한 빛을 발해 어떤 사태의 '진실'을 그때그때 곧바로 독해해내는 것은 아니다. 컴퓨터가 맛이 갈 수도 있고, 빗나갈 수도 있고, 고장 날 수도 있다. 우리의 본능적 반응은 종종 온갖 종류의 다른 흥미와 정서와 감정들과 경합해야만 한다. 그렇다면 언제 자신의 본능을 믿고, 언제 경계해야 할까? 이 물음에 답하는 것이《블링크》의 두 번째 임무다. 신속한 인식 능력이 엇나갈 경우 특정 집합의 이성도 일관되게 엇나가게 되는데, 우리는 그 엇나간 이성이 무엇인지 식별해 파악할 수 있다. 몸속의 강력한 컴퓨터에 언제 귀 기울이고, 언제 경계해야 하는지 터득하는 것이 가능하다.

이 책의 세 번째이자 가장 중요한 임무는 당신에게 순간적 판단과 첫인상이 교육되고 관리될 수 있는 거라는 확신을 주는 것이다. 물론 믿기 어렵다는 것을 안다. J. 폴 게티 미술관의 쿠로스를 본 해리슨과 호빙 그리고 다른 미술 전문가들은 그 조각상에 강렬하고도 정교한 반응을 느꼈지만, 그 반응을 거세게 표출하지는 않았다. 무의식의 명령이 없었던 탓일까? 그런 종류의 신비한 반응을 관리하는 것이 가능할까? 진실은 가능하다는 것이다. 논리적으로 심사숙고하도록 스스로를 가르칠 수 있는 것과 조금도 다름없이 순간적 판단 능력을 키우도록 스스로를 가르치는 것 역시 가능하다.

이 책에서 당신은 의사와 장군, 코치, 가구 디자이너, 음악가, 배우, 자동차 세일즈맨 등 수많은 이를 만나게 된다. 자신의 일에 매우 유능한 그들은 자신이 성공한 이유의 상당 부분에 대해 하나같이 스스로의 무의식적 반응을 차근차근 단계를 밟아가며 구체화해 관리하고 교육해온 덕분이라고 말한다. 처음 2초 동안에 알아채는 능력은 운 좋은 소수에게 마술처럼 주어지는 재능이 아니다. 우리 모두가 스스로의 힘으로 갈고닦을 수 있는 능력이다.

더 나은 다른 세상

멀찍이 떨어져서 세계를 분석하며 광범한 주제를 다루는 책이 많다. 하지만 이 책은 그런 책이 아니다.《블링크》는 우리 일상생활의 아주 작은 요소들, 즉 새로운 사람을 만나거나, 복잡한 사정에 직면하거나, 긴급한 상황에서 신속하게 결정을 내려야 할 때마다 자연스럽게 발동하는 순간적 인상과 결론의 내막 그리고 그 기원을 다루는 책이다.

자신과 세계를 이해하는 작업에 임할 때 우리는 그런 거창한 주제에는 지나치게 관심을 기울이면서 흘러가는 순간순간의 상세한 내막에 대해서는 별 관심을 두지 않는다. 만일 우리가 자신의 본능을 진지하게 대한다면 어떤 일이 일어날까? 만일 우리가 쌍안경을 들고 지평선을 탐색하는 대신 매우 강력한 현미경을 통해 스스로의 의사결정과 행동을 정밀 검사한다면 어떤 일이 일어날까? 내 생각에는 그럴 경우 전쟁을 하는 방식이 달라지고, 우리가 선반 위에서 보는 물건이나 제작되는 영화의 종류도 달라지며, 경찰관이 훈련을 받는 방식도 달라지고, 커플의 카운슬링 방식이나 입사 면접 방식 등 모든 것이 달라질 것 같다. 그리고 우리가 이 작은 변화들을 두루 모아 엮어낸다면 결국엔 더 나은 다른 세상이 도래할 것 같다는 생각이다.

우리들 스스로와 우리의 행동을 이해하려면 눈 한 번 깜박이는 동안의 순간적 판단이 수개월에 걸친 이성적인 분석 작업만큼이나 가치 있을 수 있다는 것을 인정해야 한다고 나는 믿는다. 그리고 이 책의 마지막쯤에 가서는 당신도 나처럼 그렇게 믿게 되기를 바란다. 쿠로스의 진실이 결국 모습을 드러냈을 때 J. 폴 게티 미술관의 고미술품 큐레이터 매리언 트루는 이렇게 말했다.

"나는 늘 심미적 판단보다는 과학적 견해가 더 객관적이라고 여겼습니다. 이제 내가 틀렸다는 것을 실감합니다."

BLINK

MALCOLM GLADWELL

1장

얇게 조각내어 관찰하기

한 조각의 지식으로 천 리를 내다보는 법

몇 년 전 어느 젊은 커플이 워싱턴 대학교의 심리학자 존 고트먼John Gottman의 연구소를 찾아왔다. 맵시 있게 헝클어진 금발에 멋들어진 안경을 쓴 파란 눈의 20대 남녀였다. 연구소에서 일하던 몇몇 사람의 이야기에 따르면 총명하고 매력적이며, 익살과 반어를 즐겨 쓰는 등 재미있는 사람들이어서 꽤 호감이 가는 커플이었다. 이는 그들이 방문했을 때 고트먼이 만들어둔 비디오테이프를 통해서도 금세 확인되었다. 남편 빌은 사랑스럽고 명랑했으며, 아내 수전은 표정 없는 얼굴로 예리한 재치를 구사했다.

그들은 별 특징 없는 2층짜리 연구소 건물 위층의 작은 방으로 안내되었고, 약간 높은 단 위에 1.5미터 정도의 간격을 두고 놓인 2개의 사무용 의자에 떨어져 앉았다. 곧 그들의 손가락과 귀에 전극과 센서가 부착되었다. 심장박동, 땀 분비량, 피부 온도 등의 수치를 측정하기 위해서였다. 의자 밑에서는 단 위에 놓인 '요동 감지기jiggle-o-meter'가 그들의 움직임을 측정했고, 비디오카메라 두 대가 한 사람씩 맡아 그들의 말과 행동을 빠짐없이 녹화했다. 그들은 어떤 주제라도 좋으니 결혼 이후 다툼거리가 된 문제에 대해 의견을 교환하라는 지시를 받고 15분 동안 카메라 앞에 남겨졌다. 빌과 수전에게 문제는 개였다. 작은 아파트에 살고 있던 그들에게 꽤 큰 강아지가 생겼다. 빌은 개를 좋아하지 않았지만, 수전은 좋아했다. 15분 동안 그들은 개를 어떻게 할지에 대해 토론을 벌였다.

빌과 수전이 나눈 토론 비디오테이프의 처음 부분은 여느 커플들이 일상적으로 주고받는 지극히 평범한 대화의 무작위 표본처럼 보였다. 어느 쪽도 화를 내지 않았다. 사건도 없고, 대화의 결렬도 없고, 구세주의 출현도 없었다.

"내 말은 단지 내가 개를 좋아하는 사람이 아니라는 거야."

빌이 완벽하게 이성적인 어조로 말문을 열었다. 이어서 살짝 불평을 내뱉었는데, 수전이 아니라 개에 대한 것이었다. 수전도 불평을 했지만, 순간순간 두 사람은 자신들이 논쟁 중이라는 사실조차 잊어버린 듯했다. 예컨대 개에게서 냄새가 나는지 안 나는지 이야기하면서도 빌과 수전은 입가에 웃음을 띠고 즐겁게 농담을 주고받았다.

수전　자기야! 메리는 냄새가 안 나.

빌　오늘·메리 냄새 맡아봤어?

수전　응, 맡아봤지. 좋던걸. 껴안고 쓰다듬어줬는데, 내 손에서 악취는커녕 기름기도 안 느껴졌어. 자기 손에서도 기름 냄새 풍긴 적 없지?

빌 응, 그랬지.

수전 난 여태 내 강아지가 기름기가 끼도록 놔둔 적이 없거든.

빌 응, 그렇지. 메리는 개잖아.

수전 내 강아지는 기름기가 흐른 적 없어. 조심하는 게 좋을 거야.

빌 아니, 당신이나 조심해.

수전 아니, 자기나 조심해. 내 강아지를 기름투성이 취급하지 마, 자기야.

애정 연구소

당신은 이 15분짜리 비디오를 보고 수전과 빌의 결혼 생활에 대해 얼마나 많은 것을 알 수 있다고 생각하는가? 그들의 관계가 건강한지 건강하지 못한지 판별할 수 있는가? 내 생각엔 빌과 수전의 개 이야기가 우리에게 말해주는 건 별게 없다고 할 사람이 대다수이지 않을까 싶다. 또 이야기도 지극히 짧다. 결혼 생활이란 상대적으로 더 중요한 일들, 즉 돈이나 성생활, 아이들, 일, 친척 관계 등이 끊임없이 변화하며 만들어내는 조합에 좌우된다. 커플은 때론 둘 다 매우 행복하다. 어떤 날에는 싸운다. 때로는 거의 죽일 듯한 감정을 느끼다가도 때로는 함께 휴가를 떠났다가 신혼부부처럼 재잘거리며 돌아온다. 어떤 커플을 '알려면' 앞의 빌과 수전처럼 느긋하게 노닥거릴 때만이 아니라 온갖 상태, 즉 행복하고 피곤하고 화나고 짜증 나고 기쁘고 신경쇠약에 걸리는 등 갖가지 상태에 있는 그들을 여러 주 또는 여러 달 관찰해야만 할 것 같다. 이 결혼의 미래 상태 같은 진지한 문제를 정확히 예견하려면(실은 어떤 종류의 예측이든) 많은 양의 정보를, 그것도 되도록 다양한 내용의 정보를 그러모아야만 할 것 같다.

그러나 존 고트먼은 전혀 그럴 필요가 없다는 것을 입증했다. 1980년대 이후 고트먼은 3,000쌍 이상의 결혼한 커플을 불러 빌과 수전처럼 워싱턴 대학교 캠퍼스 근처에 자리한 자신의 '애정 연구소' 위층에 있는 작은 방으로 들여보냈다. 그런 다음 각각의 커플을 비디오로 촬영해 'SPAFF specific affect(명확한 감정)'라고 이름 붙인 시스템에 따라 결과를 분석했다. SPAFF 시스템은 커플이 대화 중에 표현할 수 있을 법한, 상상 가능한 모든 감정을 스무 가지의 개별 범주로 나타내는 코드 체계였다. 예를 들어 혐오감은 1, 경멸은 2, 화는 7, 방어 자세는 10, 푸념은 11, 슬픔은 12, 의도적 회피는 13, 특성이 없는 것은 14로 지정하는 식이다.

고트먼은 연구원들에게 사람의 표정에 나타나는 감정의 미묘한 차이를 놓치지 않고 읽는 법과 모호하게 들리는 대화의 편린을 해석하는 법을 가르쳤다. 연구원들은 비디오테이프를 보며 매초마다 커플의 상호작용에 대해 SPAFF 코드를 지정하고, 15분간의 갈등 토론을 남편과 아내 각각 900개씩 모두 1,800개의 수열로 전환했다. 한 예로 '7, 7, 14, 10, 11, 11'이라는 표기는 6초 동안 커플 중 어느 한쪽이 잠시 화를 낸 후 이내 평정을 찾고, 잠깐 방어 자세를 보이다가 이

으고 푸념을 늘어놓기 시작했음을 뜻한다. 그와 동시에 전극과 센서에서 나온 데이터들이 연산 체계 속으로 들어와 예컨대 남편 혹은 아내의 심장이 언제 두근거렸는지, 체온이 언제 상승했는지, 둘 중 한 사람이 언제 몸을 움직였는지 알려주고, 마침내 그 모든 정보가 하나의 복잡한 방정식에 산입된다.

이러한 일련의 계산을 토대로 고트먼은 놀라운 사실을 증명했다. 남편과 아내가 1시간 동안 나눈 대화만 분석해도 그 커플이 15년 뒤에도 여전히 부부로 살고 있을지 여부를 95%의 정확도로 예측할 수 있게 된 것이다. 15분간 관찰할 경우에는 성공 확률이 약 90%였다. 최근에는 고트먼과 함께 일하던 교수 시빌 카레르Sybil Carrere가 비디오테이프 몇 편을 돌려보며 새로운 연구를 구상하다가 커플의 대화를 단 3분만 지켜보아도 그들이 이혼할지 혹은 부부로 잘 살지를 꽤 높은 정확도로 예측할 수 있음을 발견했다. 결혼의 진실성을 어느 누구도 상상할 수 없던 짧은 시간 안에 파악할 수 있게 된 것이다.

존 고트먼은 부엉이 같은 눈에 은발과 턱수염을 깔끔하게 손질한 작은 키의 매력적인 중년 남자로, 구미가 당기는 일에 관한 이야기를 할 때면 (거의 언제나 그렇지만) 큼직한 왕방울 눈이 빛을 내며 더 커진다. 베트남전 당시 양심적 병역 거부자였던 그는 지금도 여전히 1960년대 히피 같은 냄새를 풍기는데, 조그만 그물 모자 위에 가끔씩 눌러쓰는 마오쩌둥 모자 같은 것에서 그런 분위기를 느낄 수 있다. 그는 정규 교육을 받은 심리학자이지만 MIT에서는 수학도 공부했는데, 다른 무엇보다도 그를 움직이는 것은 바로 수학의 엄격함과 정확성이다. 내가 고트먼을 만났을 때 그는 《이혼의 수학The Mathematics of Divorce》이라는 500쪽짜리 난해한 전문 서적을 야심 차게 출간한 참이었다. 그는 내 머리가 빙빙 돌기 시작할 때까지 종이 냅킨 위에다 방정식과 즉석 그래프를 연신 끼적거리며 자신이 주장하는 요지를 내게 전달하고자 했다.

고트먼의 예는 우리의 무의식에서 솟아나는 생각과 결정을 다루는 이 책에서 다소 동떨어진 사례처럼 보일지 모른다. 그의 접근 방식에는 본능적인 것이 전혀 없다. 순간적 판단도 내리지 않는다. 그는 컴퓨터 앞에 죽치고 앉아서 비디오테이프를 초 단위로 끈기 있게 분석한다. 그의 작업은 의식적이고 신중한 사고의 전형적인 사례다. 그러나 고트먼은 우리에게 '얇게 조각내기thin-slicing'로 알려진 신속한 인식의 매우 중요한 부분에 관해 많은 가르침을 준다. 얇게 조각내기란 매우 얇은 경험의 조각들을 토대로 상황과 행동 패턴을 찾아내는 우리 무의식의 능력을 말한다. 에벌린 해리슨이 쿠로스를 보고 불쑥 "유감스러운 일이군요"라고 말했을 때, 그녀는 얇게 조각내기를 하고 있었다. 아이오와 대학교의 실험에서 노름꾼들이 겨우 열 번째 카드를 뒤집은 후 빨간 카드 더미에 스트레스 반응을 보였을 때, 그들 역시 그러했다.

얇게 조각내기는 무의식을 눈부시게 만드는 한 요소다. 그러나 동시에 신속한 인식에 문제가 매우 많다고 생각하게 만드는 요소이기도 하다. 그렇게 짧은 시간 동안 복잡한 판단에 필요한 정보를 모으는 것이 어떻게 가능할까? 답은 우리의 무의식이 '얇게 조각내는'

일에 종사할 때 우리가 하고 있는 일은 고트먼이 비디오테이프와 방정식으로 처리하는 작업의 자동화되고 가속화된 무의식 버전이라는 것이다. 결혼 생활을 정말 한자리에서 파악할 수 있을까? 물론 할 수 있고, 복잡해 보이는 다른 많은 상황도 그럴 수 있다. 고트먼이 한 작업이 우리에게 그 방법을 보여주고 있다.[1]

결혼 생활과 모스부호

나는 고트먼의 연구소에서 SPAFF 코드 입력자로 훈련받은 대학원생 앰버 태버리스Amber Tabares와 함께 빌과 수전의 비디오테이프를 보았다. 우리는 빌과 수전이 있던 바로 그 방에 앉아 모니터로 그들의 대화를 지켜보았다. 대화는 빌이 먼저 시작했다. 그는 전에 키우던 개는 좋았다고 말했다. 새로운 개가 맘에 들지 않을 뿐이라는 것이었다. 그는 화내며 말하지도 않았고, 적대감도 전혀 내비치지 않았다. 정말로 자신의 감정을 설명하고 싶을 뿐인 듯했다.

하지만 주의 깊게 들어보면 빌이 매우 방어적인 태도를 취하고 있는 게 분명하다고 태버리스는 지적했다. SPAFF 언어에서 그는 불만을 억누르며 '그래, 하지만' 화술을 사용하고 있었다. 동의하는 것 같지만 이내 되받는 식이었다. 빌의 대화는 처음 66초 중 40초가 방어 자세로 입력되었다. 수전의 경우에는 빌이 이야기하는 동안 최소 두 번 이상 눈알을 빠르게 굴렸다. 전형적인 경멸의 표시였다. 빌은 이어서 개가 사는 집의 구조에 대해 반대의 뜻을 밝히기 시작했다. 수전은 눈을 감는 것으로 대꾸한 다음 선심 쓰듯 강의하는 조의 목소리로 말을 받았다. 계속해서 빌은 거실에 울타리가 있는 것을 원치 않는다고 말했다. 수전은 "그거 가지고 다투고 싶진 않아"라고 말하며 다시 눈알을 굴렸다. 또 한 차례 경멸의 표시였다.

태버리스가 말했다.

"저것 보세요. 경멸의 코드가 많이 나와요. 이제 막 대화를 시작했을 뿐인데, 빌은 거의 내내 방어 자세를 취하고 있고 수전은 벌써 몇 차례나 눈알을 굴렸어요."

대화가 계속되는 사이 어느 한쪽이 적대감을 노골적으로 드러낸 적은 단 한 번도 없었다. 1~2초 동안 묘한 상황이 연출되어 태버리스가 비디오테이프를 정지시키고 그 부분을 가리킨 것이 고작이었다. 어떤 커플은 싸울 때는 진짜 싸웠다. 그러나 두 사람은 분명하지가 않았다. 빌은 개가 그들의 사회생활에 방해가 된다고 불평했다. 개가 집에 무슨 일을 저질러놓을지 몰라 늘 빨리 귀가할 수밖에 없다는 것이었다. 수전은 "메리가 만일 뭔가를 물어뜯을 양이면 우리가 집을 나선 지 15분 안에 일을 저지를걸" 하고 공박하며 그건 사실이 아니라고 응수했다. 빌도 그 말에는 동의하는 것 같았다. 그가 가볍게 고개를 끄덕이며 "응, 그래" 하고는 다시 덧붙였다.

"그게 사리에 맞는 말이라는 건 아니야. 난 단지 개를 집 안에 두고 싶지 않을 뿐이야."

태버리스가 비디오테이프를 가리키며 말했다.

"빌은 '응, 그래'라는 말로 시작했어요. 하지만 그건 '그래, 하지만' 입니다. 그는 그녀의 말을 인정하기 시작했으면서도 계속 개는 좋아하지 않는다는 말을 하고 있지요. 그는 정말로 방어 자세를 취하고 있는 겁니다. 전 그가 정말 멋진 사람이라고 생각했어요. 상대의 말을 흔쾌히 인정했으니까요. 하지만 다음 순간 빌이 '그래, 하지만' 화술을 쓰고 있다는 것을 깨달았습니다. 잘못했다가는 속아 넘어가기 십상이지요."

빌이 계속해서 말했다.

"난 점점 좋아지고 있어. 당신도 그 점은 인정해야 해. 지난주보다는 이번 주가 낫고, 날이 갈수록 좋아지잖아."

태버리스가 다시 불쑥 끼어들었다.

"어떤 연구에서 신혼부부들을 관찰했는데, 결국 이혼하는 커플은 어느 한쪽이 믿음을 요구할 때 상대가 그걸 주지 않으려는 모습이 자주 비치더군요. 반면에 사이가 좋은 커플의 경우에는 믿음을 요구하는 말을 들은 쪽에서 '그래, 당신 말이 옳아' 하고 말하지요. 그 점이 분명하게 다르더군요. 고개를 끄덕이며 '응' 혹은 '그래' 하고 말한다는 건 지지의 표시인데, 여기서 수전은 한 번도, 대화 전체를 통해 단 한 번도 그러지 않아요. 코드 입력을 다 마칠 때까지 우리 중 누구도 그걸 깨닫지 못했습니다. 불가사의한 경우였지요. 방 안에 들어올 때 그들은 행복하지 않은 커플이라는 느낌을 주지 않았거든요. 그리고 대화를 마친 뒤 자신들의 토론 내용을 보라고 주었을 때도 빌과 수전은 그걸 그저 유쾌하게 떠드는 한 토막의 대화쯤으로 생각하더군요.

어떤 면에서 그들은 좋아 보입니다. 하지만 전 모르겠어요. 그들의 결혼 생활은 그리 오래되지 않았습니다. 아직 불꽃이 튀는 단계지요. 하지만 분명한 사실은 수전이 매우 완강하다는 겁니다. 지금은 개를 두고 다투고 있지만, 진짜 쟁점은 사실 의견이 맞지 않을 때마다 수전이 보이는 지극히 완강한 태도예요. 그것은 장기적으로 많은 해악을 유발할 만한 요인 중 하나입니다. 전 그들이 7년의 벽을 넘길지 의문이에요. 저기에 정말 긍정적이라고 할 만한 감정이 있나요? 긍정적으로 보이는 것이 실제로는 전혀 긍정적이지 않으니까요."

태버리스가 그 커플에게서 찾고 있던 것은 무엇일까? 기술적 차원에서 그녀는 긍정적 감정과 부정적 감정의 양을 측정하고 있었다. 결혼 생활이 지속되려면 일정 시간의 만남에서 긍정적 감정 대 부정적 감정의 비율이 최소 5 대 1은 되어야 한다는 것이 고트먼의 발견이었기 때문이다. 하지만 보다 단순한 차원에서 태버리스가 그 짧은 토론 속에서 찾고 있었던 것은 빌과 수전의 결혼 생활 패턴이었다. 고트먼은 연구를 통해 모든 결혼 생활에는 특유의 패턴, 즉 무슨 이야기든 의미가 담긴 대화에서 겉으로 드러나게 마련인 일종의 결혼 DNA 같은 것이 있다고 주장했다. 고트먼이 커플들에게 어떻게 만났는지 이야기해달라고 요청하는 것은 그런 이유에서였다. 자기들의 관계에서 가장 중요한 에피소드를 회상할 경우 그 패턴이 곧바로 드러난다는 사실을 발견했던 것이다.

고트먼은 말했다.

"아주 쉽게 알 수 있습니다. 나는 어제서야 이 비디오테이프를 봤지요. 여자가 말합니다. '우리는 주말에 스키장에서 만났어요. 그가 친구 여럿과 함께 있었는데, 난 그가 맘에 들었던 것 같아요. 그래서 우리는 함께 있기로 약속했지요. 그런데 그는 술을 마시고 너무 취한 나머지 곧장 집으로 가 잠들어버렸고, 나는 3시간이나 그를 기다렸어요. 내가 그를 찾아가 깨우고는 이런 취급을 받는 건 용납할 수 없다고 말했지요. 당신은 좋은 사람이 아닌 것 같다고. 그는 말을 얼버무리며 정말 술을 너무 많이 마셨다고 하더군요.'"

첫 번째 만남에서 곤혹스러운 패턴이 형성된 사례인데, 슬픈 진실은 그 패턴이 그들의 관계가 지속되는 내내 그대로 이어진다는 것이었다. 고트먼이 말을 이었다.

"그리 어려운 일은 아닙니다. 이런 식의 인터뷰를 처음 시작했을 때 나는 이 사람들이 어쩌면 기분이 엉망진창인 날에 우릴 만나고 있는 건 아닐까 생각했지요. 하지만 예측 확률은 매우 높았고, 다시 인터뷰를 해도 똑같은 패턴이 계속 반복됐습니다."

고트먼의 결혼 생활 사례 이야기를 이해하는 한 가지 방법은 모스부호의 세계에서 일하는 사람들이 '필적fist'이라고 부르는 것을 유추해보는 것이다. 모스부호는 단점dot과 장점dash으로 이루어지는데, 각각 정해진 길이가 있다. 그러나 어느 누구도 정해진 길이를 완벽하게 반복하는 사람은 없다. 메시지를 보낼 때, 특히 스트레이트키straight key나 버그bug로 알려진 구식 수동 기계를 사용할 때 오퍼레이터들은 공백의 길이를 달리하거나, 단점과 장점을 길게 늘여 빼거나, 단점과 장점과 공백을 특유의 리듬으로 배합하곤 한다. 모스부호는 화법과도 같다. 목소리가 저마다 다르다.

제2차 세계대전 중에 영국군은 수천 명의 이른바 도청꾼interceptor을 모았다. 대부분 여자였는데, 온갖 독일군 사단의 무선방송에 주파수를 맞추고 밤낮없이 듣는 것이 그들의 일이었다. 독일군은 물론 암호로 방송을 했다. 그래서 적어도 개전 초기에는 무슨 말인지 파악할 수가 없었다. 그러나 내용이 꼭 중요한 건 아니었다. 오래지 않아 도청꾼들은 송신 전파의 리듬만 듣고도 독일 오퍼레이터 특유의 '필적'을 포착하기 시작했다. 그들은 메시지의 내용에 버금갈 만큼 중요한 정보를 알게 되었는데, 바로 누가 메시지를 보내는가였다. 영국의 군사 연구자 나이절 웨스트Nigel West는 말했다.

"일정 기간 같은 신호를 유심히 듣다 보니 그 부대에 각각의 특징을 지닌 서너 명 정도의 오퍼레이터가 교대 근무제로 일하고 있다는 사실을 알게 되었지요. 그리고 언제나 메시지 내용과는 전혀 관계없는 인사말이나 불법적인 의사소통이 있었습니다. 오늘은 괜찮아? 여자 친구는 잘 있고? 뮌헨의 날씨는 어때? 작은 카드에다 그런 유의 온갖 정보를 다 받아 적어놓는 것이었지요. 얼마 안 가서 그 사람에 대한 일종의 신상 정보를 확보하게 되었습니다."[2]

도청꾼들은 이제 자기가 추적하는 오퍼레이터의 필적과 화법을 묘사할 수 있게 되었다. 그들은 오퍼레이터 한 사람 한 사람에게 이름을 붙이고 그들의 성격에 관한 자세한 프로필을 모았다. 메시지를 보내는 사람을 식별한 도청꾼들은 이어서 그들이 신호를 보내는 위치를 추적했다. 이를 통해 더 중요한 정보를 얻었다. 누가 어디에 있는지 알게 된 것이다.

웨스트는 계속해서 말했다.

"독일군 전신수들의 고유한 송신 습관을 속속들이 파악하게 된 도청꾼들은 전신수가 유럽 어디에 있든 말 그대로 쫓아다닐 수 있었습니다. 그것은 전투 명령 작성에 매우 귀중한 정보였지요. 야전에 나온 개별 군부대가 무얼 하고 있는지, 위치는 어디인지에 대한 일종의 도표였던 셈입니다. 특정한 전신수가 특정 부대에 배속되어 피렌체에서 메시지를 송신하고 있었는데 3주 뒤 오스트리아의 린츠에서 전보를 날리고 있는 걸 포착했다면, 그 부대가 북이탈리아에서 동부 전선으로 이동한 것으로 추정할 수 있었던 거죠. 또 전차 정비 부대에서 일하는 특정 오퍼레이터가 매일 낮 12시에 어김없이 무전을 보낸다는 것을 알고 있었는데, 큰 전투가 있고 난 후에 낮 12시, 오후 4시, 저녁 7시에 연달아 등장한다면 그 부대에서 많은 일이 바쁘게 돌아가고 있다고 추정할 수 있었습니다. 그뿐 아니라 비상시에 누군가가 '독일 공군의 유별난 루프트바페 비행대대가 이탈리아가 아닌 북아프리카의 투브루크 외곽에 있다는 걸 분명하게 확인해줄 수 있을까?' 하고 다급하게 물어올 경우 '그래요, 오스카 부대입니다. 단언컨대 분명합니다'라고 답할 수 있었습니다."

필적의 요체는 자연스럽게 나타난다는 것이다. 무선 전신수는 일부러 독특한 소리를 내려고 애쓰지 않는다. 결과적으로 독특한 소리를 낼 뿐이다. 모스부호의 키를 두드리는 과정에서 그들의 개성 중 일부가 자동적으로, 무의식적으로 모습을 드러내는 것이다. 필적은 또한 모스부호의 아주 작은 샘플에서도 스스로를 드러낸다. 몇 가지 특징만 유심히 듣고도 개개인의 패턴을 추출할 수 있다. 그것은 변하지도 않고, 통신이 계속 이어지는 동안에도 사라지지 않으며, 특정 단어나 어구에만 나타나지도 않는다. 영국의 도청꾼들이 얼마 안 되는 모스부호만 듣고도 절대적 믿음으로 "그래요, 오스카 부대입니다. 그 부대는 지금 투브루크 외곽에 있는 게 분명합니다"라고 말할 수 있는 것도 그 때문이다. 오퍼레이터의 필적은 변함이 없다.

고트먼이 말하는 바는 두 사람 사이의 관계에도 일종의 필적, 즉 자연스럽게 자동적으로 발생하는 독특한 신호가 있다는 것이다. 결혼 생활을 그렇게 쉽게 읽고 해독할 수 있는 것도 그 때문이다. 인간 활동의 중요한 부분에는 (모스부호 메시지를 두드리는 단순한 행위든, 누군가와 결혼을 하는 복잡한 행위든) 독특하면서도 변함없는 패턴이 있다. 모스부호의 오퍼레이터를 추적하는 것과 마찬가지로 이혼을 예측하는 일도 '패턴 인식pattern recognition'이다.

고트먼은 계속 말했다.

"사람 사이의 관계는 두 가지 상태 중 하나입니다. 첫 번째는 긍정적 감정이 우세한 상태인데, 이때는 긍정적 감정이 성급함을 억누릅니다. 일종의 완충기와도 같지요. 배우자가 뭔가 나쁜 행동을 보일 태세면 그들은 말합니다. '아, 이 사람은 기분이 별로일 뿐이야.' 반면에 부정적 감정이 우세한 상태에서는 상대가 별다른 감정이 실리지 않은 말을 해도 부정적으로 인식합니다. 그런 상태에서는 상대가 무얼 하든 결론은 다르지 않습니다. 상대가 긍정적인 일을 해도 그는 좋은 일을 하는 이기적인 사람일 뿐입니다. 그 두 가지 상태를 변화시키기는 정말 어렵습니다. 한쪽이 사태를 수습하려고 할 때 다른 한쪽이 그것을 수습하기 위한 노력으로 보느냐, 악의적인 조작 의도로 보느냐 하는 것은 어디까지나 그 상태에 따라 결정됩니다. 한 예로 제가 아내와 이야기를 하고 있는데, 아내가 '입 다물고 내 말 좀 마저 들을래?'라고 말했다고 칩시다. 긍정적 감정이 우세한 상태라면 나는 '아, 미안. 계속해' 하고 말하지요. 하지만 부정적 감정이 우세한 상태에서는 '이런 젠장, 나도 말 좀 하고 살자. 못된 암캐 같으니라고. 당신은 당신 엄마를 쏙 빼닮았어' 하고 받아칩니다."

말하면서 고트먼은 종이 위에 전형적인 주식시장의 일일 시세표와 유사한 그래프를 하나 그렸다. 그의 설명에 따르면 그는 한 커플의 긍정적 감정과 부정적 감정의 수위 등락을 추적하는 일을 하는데, 그래프의 선이 어느 쪽으로 향할지 알아내는 데는 그리 오랜 시간이 걸리지 않는다고 한다.

"어떤 커플은 올라가고 어떤 커플은 내려가지요. 하지만 일단 부정적 감정 쪽으로 방향을 잡고 내려가기 시작하면 94%는 계속 내려갑니다. 애초에 코스를 잘못 잡은 것으로, 그것을 바로잡지 못하는 거죠. 나는 이것이 당시 한순간의 상태라고 생각하지 않습니다. 그들이 자신들의 관계를 어떻게 생각하는지 보여주는 표시인 겁니다."

경멸의 중요성

고트먼의 성공 확률의 비밀 속으로 좀 더 깊숙이 파고들어 가보자. 고트먼은 결혼 생활에 독특한 징후가 있음을 발견했고, 우리는 커플의 상호작용에서 매우 상세한 감정 정보를 수집해 그 징후를 찾아낼 수 있다. 그러나 고트먼의 시스템에는 매우 흥미로운 무언가가 있는데, 그가 예측 작업을 단순화하는 데 성공한 것은 이를 통해서였다. 나 또한 커플들을 얇게 조각내어 직접 관찰해보기 전까지는 이 일이 얼마나 중요한지 깨닫지 못했다. 나는 고트먼의 비디오테이프 하나를 보았는데, 거기에는 각각 다른 커플의 대화를 담은 3분짜리 클립 10개가 수록돼 있었다. 커플 중 절반은 이 토론 촬영 후 15년 내에 갈라섰다고 했다. 절반은 여전히 함께 살고 있었다. 내가 어떤 클립이 어느 쪽인지 알아맞힐 수 있었을까? 나는 그럴 수 있다고 자신했다. 그러나 틀렸다. 성적이 형편없었다. 고작 다섯 쌍을 맞혔다. 다시 말해 동전을 던져도 그만큼은 얻을 확률이었다.

나의 어려움은 비디오 클립들이 너무 당혹스럽다는 사실에서 비롯되었다. '남편이 신중하게 무언가를 말한다. 아내는 조용히 답한다. 아내의 얼굴에 묘한 감정이 섬광처럼 스쳐 지나간다. 남편이 무슨 말을 시작하려다가 갑자기 멈춘다. 아내가 얼굴을 찡그린다. 남편이 너털웃음을 짓는다. 누군가가 무슨 말을 중얼거린다. 누군가가 눈살을 찌푸린다.' 나는 비디오테이프를 되감아 다시 보면서 더 많은 정보를 얻었다. 미소의 자취도 보고, 음조의 가벼운 변화도 포착했다. 하나같이 너무 버거운 일이었다. 나는 미친 듯이 머리를 굴리며 긍정적 감정과 부정적 감정의 비율을 계산해보았다. 그러나 어떤 것을 긍정적 감정으로, 어떤 것을 부정적 감정으로 계산해야 한다는 말인가?

나는 수전과 빌의 사례에서 긍정적인 듯 보이는 많은 것이 실은 부정적인 것임을 알고 있었다. 또한 SPAFF 도표에 스무 가지나 되는 별개의 감정 상태가 있다는 것도 알고 있었다. 당신은 스무 가지의 서로 다른 감정을 동시에 추적해본 적이 있는가? 그렇다, 난 결혼 생활 카운슬러가 아님을 인정한다. 같은 비디오테이프가 약 200명의 사람들에게 건네졌다. 결혼 생활 치유 전문가, 결혼 생활 연구자, 상담 목회자, 임상심리학 전공 대학원생들, 신혼부부, 최근에 이혼한 사람들, 오랫동안 행복한 결혼 생활을 해온 사람들도 있었다. 다시 말해 200명 가까운 사람들 모두 나보다는 결혼 생활에 대해 훨씬 잘 아는 사람들이었다. 그런데 그들도 나보다 별반 나을 게 없었다. 그룹 전체의 성적은 고작 53.8%로, 동전을 던져서 얻을 확률을 가까스로 넘긴 수준이었다.[3] 패턴이 있다는 사실도 별반 소용이 없었다. 3분 동안 너무나도 많은 다른 정보가 빠른 속도로 흘러가 패턴을 찾아낼 수 없었다.

그러나 고트먼은 달랐다. 그는 결혼 생활을 얇게 조각내어 관찰하는 데 너무나도 능숙한 나머지 레스토랑에서 한 테이블 건너 앉은 커플의 대화를 잠시 엿들었을 뿐인데도 그들이 지금 변호사를 고용하고, 아이들의 후견권을 분할하는 일을 생각하기 시작할 필요가 있을지 없을지 거의 정확하게 알았다. 어떻게 그럴 수 있을까? 그는 일어나는 모든 일에 다 주의를 기울일 필요가 없다는 사실을 알았다. 나는 비디오테이프를 볼 때 부정적 감정을 계산하는 일에 압도당했다. 눈길이 닿는 곳마다 부정적 감정이 보였기 때문이다. 고트먼은 훨씬 선택적이었다. 그는 자신이 '4명의 기수four horsemen'라고 칭한 것, 즉 방어 자세, 의도적 회피, 냉소, 경멸에만 초점을 맞추어도 꼭 알아야 할 것을 많이 알아낼 수 있다는 사실을 발견했다. 실은 4명의 기수 가운데에서도 그가 가장 중요하게 여긴 한 가지 감정이 있다. 바로 경멸이다. 고트먼은 커플 중 어느 한쪽 또는 둘 다 상대에게 경멸의 감정을 보일 경우 그것을 결혼 생활에 문제가 있음을 드러내 보이는 가장 중요한 신호로 여겼다.

고트먼은 말했다.

"당신은 아마 냉소가 최악이라고 생각할 겁니다. 냉소는 전 세계적으로 비난받는 인간 감정이니까요. 하지만 경멸은 냉소와는 질적으로 다릅니다. 내가 아내를 냉소하며 '당신은 귀 기울여 듣는 법이 없어. 당신은 정말 이기적이고, 둔해 빠졌어'라고 말했다고 칩시다. 그러면 그녀는 방어 자세로 맞설 겁니다. 그것은 문제 해결이나 대화에 아주 좋지 않은 영향을 미칩니다. 하지만 이보다 훨씬 더 파괴적인 건 우월한 위치에서 말하는 경우입니다. 경멸이 바로 우월한 위치에서 만들어져 나오는 감정이지요. 경멸은 곧 모욕인 경우가 많습니다. '암캐 같은 년. 넌 쓰레기야.' 이것은 상대를 나보다 낮은 위치에 두려는 행동입니다. 위계를 두는 말인 것이지요."

고트먼은 실제로 결혼 생활에서 경멸의 존재 여부로 심지어 남편 또는 아내가 얼마나 자주 감기에 걸리는지 같은 것까지도 예측할 수 있다는 사실을 발견했다. 다시 말해 사랑하는 사람에게서 경멸당한 다는 느낌을 받으면 스트레스가 극심해져 면역 체계에까지 영향이 미친다는 것이다.

"경멸은 혐오와 밀접한 관계가 있고, 혐오나 경멸은 누군가를 공동체로부터 완전히 거부하고 배제하는 행위로 이어집니다. 부정적 감정에는 남녀 간에 큰 차이가 있는데, 여자가 보다 냉소적이라면 남자는 의도적 회피를 하는 경향이 짙어요. 이를테면 여자가 어떤 문제를 꺼낼 때 남자는 짜증을 내며 외면하고, 여자는 더욱 냉소적이 되는 악순환이 계속 반복되는 경우를 종종 봅니다. 하지만 경멸에 이르면 남녀의 차이는 조금도 없습니다. 전혀 없어요."

경멸은 특별하다. 경멸을 측정할 수 있으면 그 순간 당신은 특정 커플의 관계를 시시콜콜히 알 필요가 없다.

내 생각에 우리의 무의식은 이런 식으로 작용한다. 대뜸 결정을 내리거나 퍼뜩 육감을 느낄 때 무의식은 존 고트먼이 하는 일을 한다. 우리가 정말 중요한 것에 관심을 집중하는 사이 우리의 무의식은 눈앞에 펼쳐진 상황을 체질하듯 세심히 살펴 관계없는 것들을 몽땅 걸러낸다. 우리의 무의식은 이 일에 정말 능숙하다. '얇게 조각내기' 가 신중하고 철저한 사고보다 더 나은 답을 내는 경우가 자주 있다.

침실의 비밀

당신이 나를 채용할지 말지 고민하고 있다고 하자. 내 이력을 보니 자격은 되는 것 같다. 그런데 당신은 내가 당신 조직에 꼭 맞는 사람인지 알고 싶다. 내가 근면한 일꾼일까? 정직할까? 새로운 아이디어를 흔쾌히 받아들이는 사람일까? 내 성격에 대한 이런 물음들의 답을 얻기 위해 당신의 상사는 당신에게 둘 중 하나를 선택하라고 한다. 첫 번째는 당신이 자신과 절친한 사이가 될 때까지 1년 동안 일주일에 두 번씩(점심이나 저녁을 먹든, 영화를 함께 보러 가든) 만나라는 것이다(당신의 상사는 정말 지나친 요구를 하고 있다). 두 번째는 자신이 없는 사이 자기 집에 들러 30분쯤 둘러보라는 것이다. 당신은 어느 방법을 택할까?

분명한 답을 얻으려면 첫 번째 방법, 즉 '두꺼운 조각thick slice'을 선택해야 할 것 같다. 함께 보내는 시간이 많을수록, 모으는 정보가 많을수록 더 나은 답을 얻게 된다. 정말 그럴까? 나는 당신이 지금쯤은 그런 접근법에 적어도 조금은 회의를 품을 것으로 기대한다. 심리학자 새뮤얼 고슬링Samuel Gosling은 사람의 성격을 판단하는 일이야말로 얇게 조각내어 관찰하기가 얼마나 놀랄 만큼 효과적인 방법인지 보여주는 좋은 사례임을 입증해 보였다.

고슬링은 80명의 대학생에 대한 정밀 성격검사로 실험을 시작했다. 이를 위해 그는 '빅 파이브 조사 목록Big Five Inventory'을 사용했다. 다섯 가지 범주에 걸쳐 사람들을 평가하는, 높이 인정받는 다항

목 설문이다.

① 외향성: 당신은 사교적인가, 내향적인가? 사람들과 잘 어울리는가, 아니면 수줍어하는가?

② 공감성: 당신은 사람을 잘 믿는가, 의심하는가? 사람들과 협조하는가, 아니면 비협조적인가?

③ 성실성: 당신은 조직적인가, 비조직적인가? 스스로 규율하는가, 아니면 의지가 약한가?

④ 정서 안정성: 당신은 불안한가, 차분한가? 불안정한가, 아니면 안정적인가?

⑤ 새로운 경험에 대한 개방성: 당신은 상상력이 풍부한가, 현실적인가? 독립적인가, 아니면 순응적인가?

그런 다음 고슬링은 80명의 대학생과 친한 친구들에게 같은 설문 문항을 채우게 했다.

친구들이 빅 파이브 조사 목록에서 점수를 매길 때 고슬링이 알고자 한 것은 그들이 얼마나 사실에 가깝게 접근하는가였다. 놀라운 일이 아니지만, 그들은 친구들을 꽤 정확하게 평가했다. 그들은 친구들과 두꺼운 조각의 경험을 공유하고 있었고, 공유한 경험은 친구가 어떤 사람인지에 대한 객관적 인식으로 변환되었다. 그런 후에 고슬링은 같은 과정을 그대로 또 한 번 반복했는데, 이번에 부른 사람들은 가까운 친구가 아니었다. 고슬링은 자신이 평가하는 학생들을 한 번도 만난 적이 없는, 생판 모르는 사람들을 동원했다. 그들이 본 것이라고는 학생들의 기숙사 방이 전부였다. 그는 평가자들에게 클립보드를 주면서 15분 동안 방을 둘러보고 방 주인에 관한 몇 가지 기초적 문항에 1점에서 5점까지의 점수를 매기라고 했다. 이 방의 주인은 이야기하기를 좋아하는 유형인가? 남의 흠을 잡는 경향이 있는 사람인가? 일을 철저하게 하는 사람인가? 창의성이 풍부한 사람인가? 수줍음을 타는 사람인가? 다른 사람과 협조하는, 이기적이지 않은 사람인가 등등.

고슬링은 말했다.

"나는 일상의 인상을 조사하고자 했습니다. 그래서 평가자들에게 나의 의도를 이야기하지 않으려고 무척 조심했지요. 나는 이렇게만 말했습니다. '이게 설문지입니다. 방 안에 들어가서 샅샅이 훑어보세요.' 내가 보려고 한 것은 오로지 직관적 판단 작용이었습니다."

결과는 어땠을까? 기숙사 관찰자들은 외향성 평가에서는 친구들에게 못 미쳤다. 누군가가 얼마나 활동적이고 이야기하기를 좋아하며, 사교성이 풍부한지 알려면 역시 그를 직접 만나야 한다. 친구들은 또한 공감성, 즉 누군가가 얼마나 사람들과 협조하고 사람을 믿는 편인지 평가하는 데서도 기숙사 관찰자들보다 조금 나은 성적을 냈다. 그러나 빅 파이브의 나머지 세 가지 특성에서는 그 80명을 모르는 사람들이 친구들보다 더 나은 결과를 냈다. 성실성 측정도 더 정확했고, 학생들의 정서 안정성과 새로운 경험에 대한 개방성 예측은 훨씬 더 정확했다. 종합적으로 볼 때 결국 모르는 사람들이 평가 작업을 더 훌륭하게 수행한 것으로 드러났다.[4] 이 실험이 시사하는 것은 나를 전혀 만난 적이 없는 상태에서 겨우 20분간 나에 대해 고민한 사람들이 수년 동안 나를 알고 지내온 사람들보다 내가 어떤 사람인지 더 잘 알 수도 있다는 점이다. 그러니 '서로를 알기 위한' 계속된 만남과 점심 약속은 그만두어라. 내가 좋은 직원이 될지 알려거든 어느 날 불쑥 내 집에 들러 한 번 휘 둘러보는 것만으로도 충분하다.

당신이 여느 사람들과 다르지 않다면 고슬링의 결론을 덜컥 믿기는 쉽지 않을 것이다. 그러나 진실은 믿을 만한 결론이라는 것이다. 존 고트먼에게 배운 바로는 그렇다. 이는 얇게 조각내어 관찰하기의 또 다른 사례일 뿐이다. 관찰자들은 학생들의 지극히 개인적인 소유물을 보았는데, 각자의 개인 소유물에는 매우 분명한 정보가 풍부하게 담겨 있다. 예를 들어 어떤 사람의 침실은 그 사람의 성격에 대한 세 종류의 단서를 제공한다고 고슬링은 말한다. 우선은 자신이 세상에 어떻게 비치기를 원하는지에 대한 사려 깊은 표현인 신원 증명이 있다. 예컨대 액자 속에 들어 있는 하버드 우등 졸업장 사본 같은 것이다. 다음으로는 우리가 뜻하지 않게 남기게 되는 단서인 행동의 흔적들이 있다. 예를 들어 마루 위에 널브러진 더러운 세탁물이나 알파벳순으로 배열된 CD 컬렉션 같은 것이다.

마지막으로 한 공간에 기거하며 느끼는 기분을 전환하기 위해 자신의 가장 사적인 공간에 만들어두는 사고와 감정의 조절 장치가 있다. 예컨대 구석에 놓인 향초나 침대 위에 아취 있게 쌓아둔 장식용 베개 더미 같은 것이다. 알파벳순으로 배열된 CD나 벽에 걸린 하버드 졸업장, 사이드 테이블 위 방향제의 향, 바구니 속에 깔끔하게 개켜둔 세탁물을 보면 그 사람의 부분적 특성을 금세 알게 된다. 그를 직접 만나 늘 함께 시간을 보내는 사람은 아마도 포착하기 힘든 특성일 것이다. 새 여자친구나 남자친구의 책장을 한 번이라도 훑어본 (혹은 그 사람의 약 상자를 열고 들여다본) 사람이라면 누구나 이 말을 두말없이 이해할 것이다. 사적인 공간을 흘끗 들여다보는 것만으로도 사람들 앞에 드러낸 얼굴을 몇 시간이나 쳐다보며 알게 되는 것만큼 혹은 그보다 더 많은 것을 알 수 있다.

하지만 누군가의 소유물을 통해 사람을 관찰할 때 당신이 그리 많은 정보를 얻지 못한다는 것도 그 못지않게 중요하다. 누군가를 직접 대면하지 않으면 당신의 판단을 망치는 데 일조할 수도 있는 복잡하고 혼란스럽고 별반 관계없는 온갖 정보의 파편들을 피할 수 있게 된다. 몸무게 125킬로그램의 미식축구 선수가 강렬하고 통찰력 있는 지성의 소유자일 거라고 믿는 사람은 드물다. 즉 '운동선수는 머리가 비었다'는 전형적인 통념을 피해가기 힘들다. 그러나 그 사람에 대해 본 거라고는 그의 책장이나 벽에 걸린 미술 작품이 전부인 사람에겐 그런 문제가 생기지 않는다.

사람들이 자신에 대해 말하는 것 역시 매우 혼란스러울 수 있다. 대다수 사람이 자신에 대해 매우 객관적이지 않다는 단순한 이유 때문이다. 우리가 성격을 평가할 때 사람들에게 자신이 어떻다고 생각하는지 대놓고 묻지 않는 것은 그런 까닭이다. 우리는 그들에게 빅파이브 조사 목록처럼 효과적인 응답을 끌어낼 수 있도록 신중하게 고안된 설문지를 준다. 고트먼이 남편과 아내에게 그들의 결혼 생활에 관한 단도직입적인 물음을 던져 시간을 조금이라도 낭비하지 않는 것도 그런 이유다. 그들이 거짓말을 하거나 어색함을 느낄 수도 있고, 더 중요하게는 그들이 사실을 모를 수도 있다. 어쩌면 관계의 깊은 수렁에 빠져서(아니면 행복에 겨운 나머지) 자신들의 관계가 어떻게 돌아가는지 전혀 못 볼 수도 있다.

시빌 카레르는 말했다.

"커플들은 자신들의 대화가 어떻게 들리는지 정말 몰라요. 그들이 여기 와서 토론을 하면 우리는 그것을 비디오로 찍어 보여주지요. 최근의 한 연구에서 우리는 커플들이 이 조사를 통해 무엇을 배웠는지 인터뷰를 했는데, 그들 중 놀라운 수가(거의 대부분이) 갈등 토론을 하는 중에 자신들이 어떻게 보이는지 혹은 어떻게 의견을 전달하는지 알고는 깜짝 놀랐다고 하더군요. 지극히 감정적인 성격의 여성이 하나 있었는데, 그녀는 자기가 그토록 감정적인 줄은 상상도 못했다고 하더라고요. 자기는 냉정해서 감정을 드러내는 법이 없다고 생각했답니다. 많은 사람이 그래요. 자신이 실제보다 더 외향적이라거나 아니면 실제보다 더 부정적이라고 생각하지요. 비디오테이프를 보고 나서야 비로소 자신의 의사소통 방식이 잘못됐다는 것을 깨닫습니다."

자신들의 대화가 어떻게 들리는지도 모르는 이들에게 직접적인 물음을 던지는 게 얼마나 가치가 있을까? 별로 없다. 고트먼이 커플들에게 결혼 생활이 어떤지가 아니라 애완동물처럼 결혼 생활과 관련이 있는 무엇에 대해 이야기하게 하는 것은 그 때문이다. 그는 커플의 행동에 대한 간접 측정치를 면밀히 살핀다. 한 사람의 얼굴을 퍼뜩 스치고 지나가는 뚜렷한 감정의 궤적, 손바닥의 땀샘에서 느껴지는 스트레스의 기미, 심장박동수의 갑작스러운 상승, 대화를 비집고 들어오는 묘한 어조 같은 것들이다. 고트먼은 옆으로 비어져 나오는 것에 주목한다. 그것이 정면으로 치받고 나오는 것보다 진실에 이르는 훨씬 더 빠르고 효율적인 길일 수 있음을 발견한 것이다.

앞 실험의 기숙사 관찰자들이 하고 있던 일은 존 고트먼이 행한 분석의 아마추어 버전이다. 그들은 실험에 응한 대학생들의 필적을 찾고 있었다. 그들은 스스로에게 15분의 시간을 주고서 방 안의 모든 것을 샅샅이 훑으며 그 방 주인에 대한 육감을 얻게 했다. 그들은 학생들의 기숙사 방에 있는 간접 증거들을 활용해 옆길로 질문의 답에 도달했다. 의사결정 과정이 단순화되면서 직접 대면할 때 새어 나오는 혼란스럽기만 하고 별 관계도 없는 정보들에 미혹될 일이 전혀 없었다. 그들은 얇게 조각내어 관찰했다. 결과는 어땠을까? 고트먼의 경우와 다를 바 없었다. 이들은 정말 훌륭한 예측 결과를 내놓았다.

의사의 목소리에 귀 기울여보라

'얇게 조각내기'의 개념을 한 단계 더 진전시켜보자. 당신이 의사들에게 의료 과오 보험을 판매하는 보험회사에서 일한다고 하자. 상사가 당신에게 회계상의 이유를 들어 회사에 보험을 든 모든 의사 중 고소당할 가능성이 가장 큰 사람이 누군지 알아보라고 한다. 다시 한번 당신에게 두 가지 선택지가 주어진다. 첫 번째는 의사의 훈련 과정과 자격을 조사한 다음 지난 몇 년간 얼마나 많은 과실을 범했는지 기록을 분석하는 것이다. 두 번째는 각각의 의사와 환자들 간의 아주 짧은 대화 한 토막씩을 듣는 것이다.

지금쯤은 당신도 내가 두 번째 선택이 훨씬 낫다고 말할 거라고 예상할 것이다. 그렇다. 이유는 이렇다. 믿거나 말거나 의사가 의료 과오로 고소당할 가능성은 그 사람이 얼마나 과실을 많이 범하는가와는 거의 관계가 없다. 의료 과오 소송을 분석한 바에 따르면 기술이 매우 뛰어난데도 소송을 많이 당하는 의사가 있고, 실수를 많이 하는데도 전혀 소송을 당하지 않는 의사도 있다. 동시에 의사의 부주의로 인해 상해를 입은 사람들 중 압도적 다수는 의료 과오 소송을 걸지 않는다. 다시 말해 환자들은 조악한 진료로 상해를 입었다고 소를 제기하지는 않는다. 환자들이 소를 제기하는 것은 조악한 진료로 해를 입은 데 더해 뭔가 다른 일이 일어나는 경우다.

뭔가 다른 일이란 무엇일까? 바로 의사에게 어떤 대접을 받았는가이다. 의료 과오 소송에서 거듭 반복되어 등장하는 말은 환자가 짐짝처럼 취급되고, 무시당하고, 천덕꾸러기 대접을 받았다는 것이다. 의료 과오 소송 분야의 일급 변호사 앨리스 버킨Alice Burkin은 이렇게 말했다.

"사람들은 자기가 좋아하는 의사는 고소하지 않아요. 이 분야에서 오래 일해오는 동안 '나는 이 의사가 정말 좋고 이 짓을 하려니 끔찍하지만, 그를 고소하려고 합니다'라고 말하는 사람은 단 한 번도 본 적이 없습니다. 사람들이 어떤 전문의를 고소하겠다고 할 때, 우리는 '제 생각엔 전문의의 잘못이 아니라 당신 주치의가 과실을 범한 것 같은데요'라고 말하는 경우가 종종 있습니다. 고객은 이렇게 대꾸합니다. '그 선생이야 어찌했든 상관없어요. 나는 그분을 좋아하고, 또 그분을 고소하지 않을 겁니다.'"[5]

버킨에게 유방 종양을 앓는 고객이 한 사람 있었는데, 양성종양이 암으로 전이될 때까지 병원에서는 알아채지 못했다. 그녀는 진단이 늦었다는 혐의로 내과 전문의를 고소하려고 했다. 사실 과오의 잠재적 책임은 방사선의에게 있었다. 그러나 고객은 완강했다. 내과 전문의를 고소하겠다는 것이었다.

버킨은 이렇게 말했다.

"첫 번째 만남에서 그녀는 이 의사가 싫다고 말하더군요. 시간을 내어 자기에게 이야기를 하지도 않았고, 자신의 다른 징후들에 대해서는 물은 적도 없다는 것이었습니다. '그 의사는 나를 온전한 인격체로 바라본 적이 없습니다'라고 했지요. 의사는 환자를 치료하다 나쁜 결과가 나오면 시간을 내어 일이 어떻게 된 건지 설명하고, 또 환자의 질문에 답해주어야 합니다. 환자를 인격체로 대접해주어야 하는 거죠. 그러지 않는 의사들이 소송을 당합니다."

그러니 소송당할 가능성을 알기 위해 의사가 수술을 어떻게 하는지 시시콜콜 알 필요는 없다. 알아야 하는 것은 의사와 환자의 관계다.

의학자 웬디 레빈슨Wendy Levinson은 일단의 의사와 환자들 사이의 대화를 수백 편 녹음했다. 의사의 절반은 고소당한 적이 없는 사람들이었고, 나머지 절반은 두 번 이상 고소당한 사람들이었다. 레빈슨은 그 대화만으로도 두 그룹 간의 뚜렷한 차이를 발견할 수 있었다. 고소당한 적이 없는 의사들은 고소당한 의사들보다 한 환자와 함께 있는 시간이 3분 이상 더 길었다(18.3분 대 15분). 그들은 "우선 진찰부터 해보고 함께 문제를 이야기해봅시다"라거나 "나중에 질문할 시간을 드리겠습니다"라는 식으로 '환자를 편안하게 상황에 적응케 하는' 설명 방식을 즐겨 사용했다. 환자들이 진료가 어떤 식으로 진행될 예정이며, 궁금한 걸 언제 물어야 하는지 감을 잡을 수 있게 하는 말들이었다. 그들은 또한 "계속하세요. 그 이야기 좀 더 해주십시오"라며 적극적으로 경청하는 자세를 보이는 경향이 더 강했고, 진료 중에 웃거나 익살을 떠는 경향은 훨씬 더 강했다. 흥미롭게도 그들이 환자에게 주는 정보의 양이나 질에는 차이가 없었다. 처방 내용이나 환자의 상태에 대해 더 상세한 이야기를 들려주지도 않았다. 차이는 순전히 그들이 환자에게 어떻게 이야기하는가였다.

이 분석을 좀 더 깊이 파고들면 더욱 흥미로운 결과가 나온다. 심리학자 날리니 암바디는 외과 의사와 환자들 사이의 대화에 초점을 맞추어 레빈슨의 비디오테이프를 들었다. 그녀는 외과 의사 한 사람당 환자 2명과의 대화를 고른 다음 각각의 대화에서 의사가 이야기하는 부분을 담은 10초짜리 클립 2개를 선별했다. 클립 조각은 모두 합해 40초 분량이었다. 마지막으로 클립 조각에서 '내용을 걸러냈다.' 단어 하나하나를 인식할 수 없도록 이야기에서 고주파 음향을 제거했다는 뜻이다. 내용을 소거한 후 남은 것은 억양과 음조와 리듬만 들리는, 알아들을 수 없는 말 조각이었다. 이 조각들을 갖고서 (오로지 이 조각들만 갖고서) 암바디는 고트먼 식의 분석을 진행했다. 감정가들에게 알아들을 수 없는 말 조각들에서 따뜻함, 적대감, 우월감, 불안감 같은 속성들을 평가하게 했다. 그 결과 이 평가만 가지고도 어떤 의사가 고소를 당하고 고소당하지 않을지 예측할 수 있음을 발견했다.

암바디는 "나와 동료들은 이 결과에 정말 기절할 뻔했다"고 말했는데, 왜 그랬는지 이유를 알기는 어렵지 않다. 감정가들은 외과 의사들의 기술 수준에 대해 아는 바가 전혀 없었다. 그들이 얼마나 노련한지, 어떤 훈련을 받았는지, 어떤 방식의 수술을 선호하는지도 몰랐다. 심지어 의사들이 환자에게 무슨 말을 하고 있는지조차 몰랐다. 그들이 예측에 사용한 것이라고는 의사들의 음조를 스스로 분석한 것이 전부였다. 아니, 실제로는 그보다도 훨씬 더 기초적인 것이었다. 외과 의사의 목소리에서 우월감이 느껴진다고 판단하는 경우 그 의사는 고소당하는 그룹에 속할 가능성이 컸다. 목소리에서 우월감이 덜 느껴지고 환자에 대한 걱정이 더 배어 있는 경우에는 고소당하지 않는 그룹에 속할 가능성이 컸다. 그보다 더 얇은 조각이 있을 수 있을까?

의료 과오는 대단히 복잡하고 다차원적인 문제로 인식된다. 그러나 문제의 핵심은 존중심으로 귀결되고, 존중심이 소통되는 가장 단순한 방식은 목소리의 음조를 통해서이며, 의사가 낼 수 있는 최악의 음조는 우월감이 밴 음조이다. 암바디는 그 음조를 골라내기 위해 환자와 의사 간 만남의 이력 전체에서 표본을 채집해야 했을까? 아니다. 환자의 진찰도 고트먼의 갈등 토론이나 학생의 기숙사 방과 유사한 점이 많았기 때문이다. 진찰 과정이야말로 징후가 크고 분명하게 울려 나오는 상황 중 하나이다.

다음에 당신이 의사를 찾을 일이 생겼다고 하자. 의사가 이야기를 하면서 당신 말에 귀 기울이지도 않고, 당신을 내려다보며 말하고, 당신을 존중하는 마음으로 대하고 있지 않다는 느낌이 들면 그 느낌에 귀 기울여보라. 그를 얇게 조각내어 관찰해보면 그가 모자라는 사람임을 발견하게 될 것이다.

일견의 힘

'얇게 조각내기'는 특출한 재능이 아니다. 그것은 우리가 인간이기 위해 꼭 갖추어야 하는 중요한 능력의 한 부분이다. 우리는 새로운 사람을 만나거나, 뭔가를 재빨리 파악할 필요가 있거나, 새로운 상황에 마주칠 때마다 얇게 조각내어 관찰한다. 필요에 의해 얇게 조각내기를 하는 것이다. 거기에 숨겨진 '필적'이 많기 때문에, 단 1초나 2초라도 매우 얇은 조각의 세세한 면에 조심스럽게 주의를 기울일 경우 엄청나게 많은 것을 얻을 수 있는 상황이 많기 때문에 우리는 그 능력에 의지한다.

일례로 얼마나 많은 직업이나 분야가 경험의 줍디줍은 한 폭까지도 깊숙이 읽어내는 특별한 재능을 묘사하는 어휘를 갖고 있는지 알면 무척 놀랍다. 농구에서는 주변에서 일어나는 모든 상황을 죄다 흡수해 파악하는 능력을 가진 선수를 일컬어 '코트 감각'이 있다고 말한다. 군대에서는 빼어난 장군들에게 '혜안coup d'œil'이 있다고 말하는데, 'coup d'œil'는 프랑스어로 '한눈에 알아차리는 힘power of the glance'이라는 뜻이다. 전황을 순식간에 파악하는 능력이다. 나폴레옹Napoleon에게는 혜안이 있었다. 패튼Patton도 그랬다. 조류학자 데이비드 시블리David Sibley는 뉴저지주의 케이프메이에 갔을 때 200미터 떨어진 거리에서 날고 있는 새 한 마리를 보고 순간적으로 깝작도요 무리 중 희귀종인 목도리도요임을 알았다고 한다. 그는 날고 있는 목도리도요를 본 적도 없었고, 새를 주의 깊게 관찰하며 식별할 시간의 여유도 없었다. 그러나 조류 관찰자들이 새의 '지스giss(본질, 정수, 진수)'라고 부르는 것을 포착했고, 그것으로 충분했다.

시블리는 말했다.

"조류 식별의 기본 바탕은 대체로 일종의 주관적 인상입니다. 새가 날아가는 모양새와 각기 다른 각도에서 본 순간적인 모습, 모습이 변화하는 순서 같은 것들에 대한 느낌이지요. 새가 고개를 돌릴 때와 날아갈 때 그리고 선회할 때 각기 다른 형태와 각도가 어떤 순서로 나타나는지 보입니다. 이 모든 것이 결합해 새의 독특한 인상을 만들어내는데, 그건 정말 따로 떼어 생각할 수도 없고 말로 설명할 수도 없지요. 이 분야에서 새를 관찰할 때는 새를 분석하면서 이건 이렇고 저건 이러이러하니 이 새는 이 종이 틀림없다고 이야기할 시간이 없습니다. 새의 식별은 자연스럽고 본능적인 측면이 강합니다. 많은 훈련을 거친 후 새를 보면 뇌에서 작은 방아쇠가 당겨집니다. 제대로 보이는 거죠. 당신은 한눈에 그게 뭔지 알게 됩니다."

20년 동안 대흥행작을 많이 만들어온 할리우드의 영화 제작자 브라이언 그레이저Brian Grazer도 거의 똑같은 언어를 써가며 자신이 배우 톰 행크스Tom Hanks를 처음 만났던 때를 묘사했다. 때는 1983년이었다. 당시 행크스는 무명이었다. 출연작이라고는 지금은 거의 잊힌 〈보솜 버디스Bosom Buddies(친한 친구)〉라는 TV 시트콤이 전부였다.

그레이저는 말했다.

"그가 들어와 영화 〈스플래시〉의 대본을 읽었지요. 바로 그 순간, 거기서 내가 본 것을 지금도 생생하게 말할 수 있습니다."

바로 그 첫 순간에 그는 행크스가 특별하다는 것을 알아챘다.

"우리는 수백 명에게 영화 대본의 한 부분을 읽게 했는데, 개중에는 행크스보다 더 재미있게 대본을 읽는 사람도 많았습니다. 하지만 그처럼 호감이 가지는 않았습니다. 마치 그의 몸속에 들어가 살 수 있을 것 같은 느낌이었지요. 그의 문제가 곧 내 문제인 것처럼 느껴졌습니다. 알겠지만 사람들을 웃게 만들려면 스스로 재미있어야 하고, 재미있으려면 비열한 짓도 서슴지 않아야 합니다. 코미디는 분노에서 나오고, 재미는 성내는 것에서 나옵니다. 그렇지 않으면 갈등이 없지요. 그는 비열할 줄 알았고, 우리는 그런 그를 용서했습니다. 우리는 누군가를 용서할 줄도 알아야 합니다. 마지막 순간에 그가 여자를 차버리거나 아니면 우리가 동의하지 않는 어떤 선택을 한 뒤에도 우리는 여전히 그와 함께 있어야 하니까요. 이 모든 것을 당시에는 말로 표현할 수 없었습니다. 나중에 가서야 풀어서 설명할 수 있는 일종의 직관적 결론이었지요."

내 생각엔 톰 행크스에 대해 그와 같은 인상을 받는 사람이 많은 것 같다. 당신에게 그가 어떠냐고 묻는다면, 의젓하고 믿음직스럽고 현실적이고 재미있다고 말할 것 같다. 그러나 당신은 그에 대해 아는 게 없다. 당신은 그와 친구가 아니다. 당신은 영화 속에서 폭넓은 범주의 각기 다른 인물을 연기하는 그를 보았을 뿐이다. 그럼에도 당신은 경험의 얇은 조각들에서 톰 행크스에 대해 의미심장한 무엇인가를 추출하는 데 성공했고, 그 인상은 당신이 톰 행크스의 영화를 보고 느끼는 방식에도 강력한 영향을 미친다. 그레이저는 히트한 영화 〈아폴로 13〉에 행크스를 캐스팅한 이유에 대해 이렇게 말했다.

"모두가 톰 행크스는 우주비행사답지 않다고 했지요. 글쎄요, 난 톰 행크스가 우주비행사에 어울릴지 어떨지는 알 수 없었습니다. 하지만 난 이 영화를 위험에 빠진 우주선을 그린 영화로 보았어요. 그렇다면 세계는 누구를 가장 되찾아오고 싶어 할까요? 미국은 누구를 구하고 싶어 할까요? 톰 행크스이지요. 우리는 그가 죽는 것을 보고 싶어 하지 않습니다. 우리는 그를 너무 좋아해요."

만일 우리가 얇게 조각내어 관찰하기를 할 수 없다면(정말로 몇 달이고 누군가를 알고 지내야만 그의 진짜 모습을 파악할 수 있다면) 〈아폴로

13)은 그 극적인 성격을 빼앗겼을 것이고, 〈스플래시〉는 재미없는 영화가 됐을 것이다. 그리고 우리에게 순식간에 복잡한 상황을 파악할 수 있는 능력이 없었다면 농구는 지리멸렬해졌을 것이고, 들새 관찰자는 대책이 없었을 것이다. 얼마 전에 일단의 심리학자들이 이혼 예측 테스트 작업을 다시 했는데, 나는 그 결과를 보고 놀라 자빠질 뻔했다. 그들은 고트먼의 커플 비디오테이프를 여러 개 골라 비전문가들에게 보여주었다. 다만 이번에는 평가자들에게 약간의 조언을 해주었다. 눈여겨볼 감정의 목록을 준 것이다. 심리학자들은 비디오테이프를 30초짜리 조각으로 나누어 평가자들에게 나누어주고는 각 조각을 두 번씩(한 번은 남자에게, 한 번은 여자에게 초점을 맞추어) 보게 했다. 결과는 어땠을까? 테스트의 최종 결과에서 관찰자들은 어떤 부부가 결혼 생활을 잘 유지할지 80% 이상의 정확도로 예측했다. 그것은 고트먼만큼 훌륭하지는 않았다. 그러나 매우 인상적이었다. 사실 놀랄 일도 아니었다. 우리는 얇게 조각내기의 선수들인 것이다.

MALCOLM GLADWELL

2장

잠긴 문

순간적 판단을 내리는
무의식의 비밀

세계 정상급 테니스 코치 빅 브레이든Vic Braden은 얼마 전부터 테니스 경기를 볼 때마다 이상한 일이 일어나는 것을 알아차렸다. 테니스에서는 선수가 두 번의 서브 기회 중 한 번을 성공시키면 되는데, 두 번째 서브마저 놓칠 경우 '더블폴트double-fault'라는 말을 듣게 된다. 브레이든은 선수가 더블폴트를 당하기 직전에 자신이 어김없이 그것을 눈치챈다는 사실을 깨달았다. 선수가 공을 띄우고 라켓을 뒤로 당겼다가 막 공을 치려는 순간, 브레이든은 불쑥 내뱉는다.

"아, 안 돼. 더블폴트야."

그 말이 끝나자마자 공은 너무도 확실하게 옆으로 비껴 나가거나 멀리 날아가거나 네트를 맞는다. 시합을 하는 사람이 남자든 여자든, 경기를 현장에서 직접 보든 TV 중계로 보든, 서브를 넣는 선수를 얼마큼이나 알든, 그것은 문제가 아닌 듯했다.

브레이든은 말했다.

"언젠가는 생전 본 적도 없는 러시아 여자 선수에게 '더블폴트!' 라고 외치고 있었지요."

단지 운은 아니었다. 행운이라는 말은 동전 던지기에서 이겼을 때나 하는 말이다. 더블폴트는 드물게 일어난다. 프로 선수는 한 경기에서 수백 번 서브를 넣지만, 더블폴트는 서너 번이 고작이다. 어느 해인가 남캘리포니아에 있는 브레이든의 집 근처 인디언웰스에서 큰 규모의 프로 테니스 대회가 열렸다. 그는 작정하고 경기를 지켜보다가 관람한 경기에서 나온 17개의 더블폴트 중 16개를 정확히 예견했다.

브레이든은 말했다.

"한동안 맘이 편치 않은 나머지 두렵기까지 했습니다. 말 그대로 겁이 나더군요. 나는 마침내 20개 중 20개를 맞히기에 이르렀고, 누가 더블폴트를 거의 범하지 않는지까지 이야기하고 있었습니다."

이 책을 집필할 당시 브레이든은 70대였다. 젊었을 때는 세계적인 테니스 선수였고, 지난 50년간 테니스 역사상 가장 훌륭한 선수들을 많이 가르치고 상담하며 알고 지냈다. 체구는 작지만 자기 나이의 절반쯤 되는 젊은이 같은 에너지를 지닌, 못 말리는 사람이었다. 당신이 만약 테니스계 인사와 이야기를 나눌 일이 있다면 빅 브레이든이야말로 경기의 미묘하고 세세한 면을 그 누구보다도 잘 아는 사람이라는 말을 듣게 될 것이다. 그러니 빅 브레이든이 서브를 한눈에 읽는 능력이 정말 뛰어난 것도 그리 놀랄 일이 아니다.

이는 J. 폴 게티 미술관의 쿠로스를 보고 순간적으로 모조품임을 알아채는 미술 전문가의 능력과 조금도 다르지 않다. 테니스 선수의 자세나 공을 올리는 방식 또는 동작의 흐름에서 보이는 그 무엇이 브레이든의 깊은 곳에 내재한 무의식의 어떤 부분을 건드리는 것이다. 그는 본능적으로 더블폴트의 '지스'를 골라낸다. 서비스 동작의 어떤 부분을 얇게 조각내어 관찰해(눈 깜짝할 사이에!) 그걸 알아채는 것이다. 그러나 여기엔 함정이 있다. 브레이든이 낭패감을 느끼는 것도 당연한데, 그는 자신이 그걸 어떻게 아는지 전혀 설명할 수 없기 때문이다.

브레이든은 말했다.

"내가 뭘 본 거지? 나는 침대에 드러누워 내가 어떻게 그럴 수 있었는지 생각했습니다. 모르겠더군요. 그게 날 미치게 했습니다. 고문당하는 것 같았어요. 시간을 되돌려 머릿속으로 서브를 되짚어보며 그걸 알아내려고 기를 썼습니다. 그 선수들이 비틀거렸나? 발을 한 번 더 뗀 건가? 공에 바운드를 주었나? 선수들의 동작에 뭔가 변화가 있었던 건가?"

자신의 결론을 끌어내는 데 사용한 증거는 그의 무의식 어딘가에 묻혀 있는 것 같은데, 그것을 잡아 올릴 수 없었다.

이것이 우리의 무의식으로부터 보글보글 솟아나는 생각과 결정에 관련된 두 번째로 중요한 사실이다. 무엇보다도 순간적 판단은 굉장히 빠르다. 경험의 매우 얇은 조각에 의존하기 때문이다. 그러나 그것 역시 무의식적이다. 아이오와 대학교의 도박 실험에서 노름꾼들은 자신이 빨간 카드 더미를 피하고 있다는 사실을 실제로 의식하기 훨씬 전부터 이미 위험한 빨간 카드 더미를 피하기 시작했다. 의식을 담당하는 뇌가 상황이 어떻게 돌아가는지 파악하기까지는 70장의 카드가 더 필요했다.

에벌린 해리슨과 토머스 호빙 그리고 그리스 조각 전문가들은 J. 폴 게티 미술관의 쿠로스를 처음 대면했을 때 반발의 파동을 느끼거나 어떤 단어가 머리에 떠오르는 경험을 했으며, 해리슨은 "유감스러운 일이군요"라는 말을 불쑥 내뱉었다. 처음 의혹을 느낀 그 순간에 그들은 어떻게 해서 그런 느낌을 갖게 됐는지 상세히 설명할 수 있는 상태와는 거리가 멀었다. 호빙은 자신이 '모조품 감정가fakebuster'라 부르는 많은 미술 전문가와 이야기를 해봤는데, 그들 또한 한결같이 미술품의 진위를 파악하는 행위를 매우 불명확한 과정으로 설명했다고 한다.

호빙은 말했다.

"그들은 미술 작품을 볼 때 일종의 지적 흥분, 즉 쏟아지는 시각적 영상들이 머릿속으로 홍수처럼 밀려드는 느낌을 받습니다. 어떤 감정가는 그 경험을 자신의 눈과 감각이 마치 수십 개의 벌집을 들락날락하는 벌새 떼가 된 것 같은 느낌으로 묘사하더군요. 그는 몇 분 또는 몇 초 내에 자신을 향해 '조심해!' 하고 외치는 듯한 것들을 빠짐없이 머릿속에 저장합니다."

호빙은 미술품 감정가로 유명한 미술사가 버나드 베런슨Bernard Berenson을 이렇게 묘사했다.

"그는 특정 작품에서 보이는 미미한 결함이나 모순을 어찌 그리도 확실하게 꼬집어내어 덜떨어진 재생품이라거나 모조품이라는 낙인을 찍을 수 있는지 그 근거를 명료하게 표현할 수가 없어 때때로 동료들을 곤혹스럽게 만들곤 했지요. 베런슨은 실제로 법정 소송에서도 단지 속이 거북했을 뿐이라고 답했습니다. 귓속에서 묘한 울림이 느껴지거나 순간적으로 맥이 탁 풀리기도 했습니다. 때론 정신이 멍해지며 혼미해지기까지 했습니다. 그럴듯한 위조품이나 모조품 앞에 서 있다는 것을 자신이 어떻게 알았는지 과학적으로 설명한다는 것은 거의 불가능했습니다. 그러나 적어도 그게 모조품이라는 것은 알 수 있었지요."[1]

순간적 판단과 빠른 인식은 잠긴 문 저편에서 일어난다. 빅 브레이든은 그 방의 내부를 들여다보고자 했다. 그는 밤을 꼬박 새워가며 테니스 서브에서 자신의 판단에 마중물을 부은 것이 무엇인지 알아내려 애썼다. 그러나 알 수 없었다.

나는 우리가 잠긴 문이라는 실재를 다루는 데 뛰어나다고 생각하지 않는다. 순간적 판단이나 얇게 자른 조각의 엄청난 힘을 인정하는 것과 그토록 불가사의해 보이는 무언가를 믿는다는 것은 전혀 별개의 문제이다.

억만장자 투자가 조지 소로스George Soros의 아들은 말했다.

"우리 아버지는 자리를 턱 잡고 앉아 지론을 펼쳐가며 당신이 이러저러하게 행동한 이유를 설명할 겁니다. 하지만 어렸을 때 본 기억으로는 적어도 그 절반은 허풍이라고 생각해요. 아버지는 주식시장이나 다른 무언가에 대해 자신의 입장을 바꾸는 이유를 등이 쑤시기 시작하는 증상에서 찾았습니다. 아버지는 말 그대로 발작을 일으키곤 했는데, 그것이 바로 조기 경보였지요."

이는 조지 소로스가 자신의 일에 매우 유능하다는 증거 중 하나임이 분명하다. 그는 자신의 무의식적인 추론 결과의 가치를 아는 사람이었다. 그러나 당신이나 내가 소로스와 공동 투자를 하고자 할 때, 그가 결정을 내리는 이유가 등이 쑤시는 것뿐이라면 우리는 아마 신경질이 날 것이다. 잭 웰치Jack Welch처럼 크게 성공한 CEO는 자신의 회고록에 《잭 웰치, 가슴으로부터의 고백Jack, Straight from the Gut》(한국어판 제목은 《잭 웰치, 끝없는 도전과 용기》)과 같은 표제를 달 수도 있다. 그러나 그는 뒤에 가서 자신을 남다르게 만든 것은 가슴만이 아니라 경영, 시스템은 물론 원칙까지도 신중하게 구축한 이론 덕분이기도 하다는 것을 명백하게 밝혔다.

우리가 사는 세상에서 의사결정은 근거를 밝히며 조목조목 설명할 것을 요구하는바, 어떻게 느끼는지 말한다면 왜 그렇게 느끼는지도 자세히 설명할 준비를 해야만 한다. J. 폴 게티 미술관이 적어도 처음에는 호빙과 해리슨, 체리 같은 사람들의 견해를 수용하기 힘들었던 이유도 바로 이것이었다. 과학자나 변호사의 의견에 쉽게 솔깃했던 것은 그들이 자신의 결론을 뒷받침하는 수천 장의 문서를 준비할 수 있었기 때문이다. 나는 그런 식의 접근 방법이 틀렸다고 생각한다. 우리가 의사결정의 질을 향상시키는 법을 터득하고자 한다면 순간적 판단의 불가사의한 본질을 인정해야만 한다. 우리는 어떻게 알았는지 모르고서도 무언가를 아는 것이 가능하다는 사실을 존중

하고, 또 그럴 때(때로는) 더 나은 결과를 낼 수 있다는 사실을 받아들여야 한다.

사전 주입된 행동

내가 교수고, 어느 날 내가 당신에게 내 사무실로 와달라고 요청했다고 하자. 당신은 긴 복도를 따라 걸어와 출입문을 통과해 테이블 앞에 앉는다. 당신 앞에는 5개의 단어가 한 세트로 된 목록 하나와 종이 한 장이 놓여 있다. 당신은 가능한 한 빨리 각각의 세트에서 문법에 맞는 4개의 단어로 이루어진 문장을 만들어야 한다. 이른바 '뒤죽박죽 문장 테스트'라는 것이다. 준비됐나?[2]

01 him was worried she always

02 from are Florida oranges temperature

03 ball the throw toss silently

04 shoes give replace old the

05 he observes occasionally people watches

06 be will sweat lonely they

07 sky the seamless gray is

08 should now withdraw forgetful we

09 us bingo sing play let

단순한 테스트 같은가? 실은 그렇지 않다. 믿거나 말거나 당신이 테스트를 마치고 사무실에서 나갈 때는 들어올 때보다 더 천천히 걸어 나갈 것이다. 이 테스트로 나는 당신의 행동 방식에 영향을 끼쳤다. 어떻게?

자, 목록을 다시 보자. 'worried(근심했다)', 'Florida(플로리다)', 'old(낡은)', 'lonely(외로운)', 'gray(잿빛의)', 'bingo(빙고)', 'wrinkle(쭈글쭈글한)' 같은 수상쩍은 단어들이 곳곳에 흩어져 있다. 내가 언어 테스트를 하고 있을 뿐이라고 당신은 생각했을 것이다. 그러나 사실 나는 그와 동시에 당신 뇌 속의 큰 컴퓨터가(당신의 적응 무의식이) 노년에 대해 생각하도록 만들고 있었다. 적응 무의식은 뇌의 나머지 영역에 자신의 갑작스러운 집착을 알리진 않았지만, 노년에 관련된 이 모든 단어를 아주 진지하게 받아들이도록 만들어 당신이 테스트를 마치고 복도를 걸어 나갈 때쯤에는 노인처럼 행동하게 했다. 그리고 당신은 느리게 걸었다.

이 검사를 고안한 사람은 총명한 심리학자 존 바그John Bargh였다. 이른바 '사전 주입 실험priming experiment'의 한 실례로, 바그와 여타의 사람들이 훨씬 매력적인 변주를 수없이 거듭한바 이 실험과 그 모든 변주가 무의식의 잠긴 문 저편에서 얼마나 많은 일이 진행되는지를 생생하게 보여준다.[3]

한번은 바그와 뉴욕 대학교의 두 동료, 마크 첸Mark Chen과 라라 버로스Lara Burrows가 바그의 연구실 바로 옆 복도에서 실험을 했다. 그들은 일단의 대학생을 대상으로 그룹의 모든 성원에게 두 가지의 뒤죽박죽 문장 테스트 문항 중 하나를 주었다. 첫 번째에는 'aggressively(공격적으로)', 'bold(대담한)', 'rude(무례한)', 'bother(괴롭히다)', 'disturb(어지럽히다)', 'intrude(강요하다)', 'infringe(침해하다)' 같은 단어들을 흩어놓았다. 두 번째에는 'respect(존경하다)', 'considerate(사려 깊은)', 'appreciate(감사하다)', 'patiently(참을성 있게)', 'yield(양보하다)', 'polite(공손한)', 'courteous(예의 바른)' 등의 단어들을 흩어놓았다. 두 경우 모두 학생들이 무슨 의도인지 알아차릴 수 있을 만큼 유사한 단어를 남발하지는 않았다(사전에 준비한 것을 피실험자가 의식하게 되면 당연히 사전 주입은 먹혀들지 않는다). 5분 정도 걸리는 테스트가 끝난 후 학생들은 복도를 지나 연구실 안의 실험 진행자를 찾아가 다음 과제를 받으라는 지시를 받았다.

그러나 학생들이 연구실에 도착할 때마다 바그는 실험 진행자가 다른 사람과 이야기를 하느라 바쁘다는 사실을 확인시켜주었다. 공모자 한 사람에게 연구실 입구를 가로막은 채 실험 진행자와 이야기를 나누게 한 것이다. 바그는 공손한 단어들을 사전 주입받은 사람이 무례한 단어들을 사전 주입받은 사람보다 얼마나 더 오래 기다렸다가 실험 진행자와 공모자의 대화에 끼어드는지 알고 싶었다. 그는 무의식의 영향력이 지닌 신비한 힘에 대해 충분히 알고 있어 차이를 느낄 정도는 되겠지만, 그 영향은 미미할 거라고 예상했다. 바그가 일전에 이 인간 실험을 승인해주는 뉴욕 대학교의 위원회를 찾아갔을 때 위원들은 그에게 복도에서의 대화를 10분으로 제한하라고 말했다.

바그는 다음과 같이 회고했다.

"그렇게 말하는 위원들을 보면서 우리는 웃기는 사람들이라고 생각했지요. 우리는 농담으로 1,000분의 1초 단위의 차이를 측정할 생각이라고 했습니다. 이 사람들은 뉴요커잖아요. 이들이 그냥 멍청하게 거기에 서 있을 리 없지요. 우리의 생각은 몇 초 아니면 기껏해야 1분이었습니다."

그러나 바그와 동료들은 틀렸다. 무례한 단어들을 사전 주입받은 사람들은 결국 실험 진행자와 공모자의 대화에 끼어들었는데, 평균적으로 5분 정도 지나서였다. 그러나 공손한 단어들을 사전 주입받은 사람들 중 압도적 다수인 82%는 대화를 전혀 방해하지 않았다. 만약 실험이 10분으로 제한돼 있지 않았더라면 그들이 얼마나 더 오랫동안 얼굴에 공손하고 참을성 있는 미소를 머금은 채 복도에 서 있었을지 아무도 모른다.

바그는 회상했다.

"실험은 내 연구실 바로 옆 복도에서 진행됐습니다. 나는 똑같은 대화를 계속 반복해서 들어야 했어요. 새로운 실험 대상이 도착할 때마다요. 정말 따분한 일이었지요. 학생들은 복도를 걸어와서는 연구실 입구에 버티고 서서 실험 진행자와 이야기를 나누는 공모자를 봅니다. 그리고 공모자는 자신이 해야 할 일이 이해가 잘 안 된다며 쉼 없이 말합니다. 10분 동안 묻고 또 묻는 거지요. '이건 어디에다 표시해야 하죠? 무슨 말인지 모르겠어요.'"

바그는 그때의 기억과 그 묘한 느낌에 넌더리를 냈다.

"한 학기 내내 실험이 계속되었지요. 공손한 테스트를 받은 사람들은 마냥 그 자리에 서 있었고요."

사전 주입이 세뇌와 다르다는 점은 반드시 짚고 넘어가야 한다. 'nap(낮잠)'이나 'bottle(젖병)', 'teddy bear(곰 인형)' 같은 단어들을 사전 주입한다고 해서 당신의 어린 시절에 관한 지극히 개인적인 이야기들을 시시콜콜 끌어낼 수는 없다. 나를 위해 은행을 털도록 프로그래밍할 수도 없다. 그러나 사전 주입의 영향은 결코 사소하지 않다.

한번은 네덜란드인 연구자 2명이 두 그룹의 학생들에게 '시시한 추적Trivial Pursuit'이라는 보드게임에서 추려낸 42개 문항의 꽤 까다로운 문제들에 답하도록 하는 연구를 진행했다.[4] 절반의 학생들에게는 사전에 5분의 시간을 주고 교수가 된다는 것의 의미를 생각하며 마음속에 떠오르는 것은 무엇이든 적으라고 주문했다. 그 학생들은 문제의 55.6%를 맞혔다. 나머지 절반의 학생들에게는 그냥 앉아서 축구 훌리건에 대해 생각하라고 주문했다. 그들은 '시시한 추적' 문제의 42.6%를 맞혔다. '교수' 집단이 '축구 훌리건' 집단보다 더 많이 아는 건 아니었다. 더 총명하거나, 더 집중력이 뛰어나거나, 더 진지한 것도 아니었다. 그들은 단지 '총명한' 기분을 느꼈고, 마치 교수처럼 스스로를 총명한 무언가에 대한 생각과 결부시킴으로써('시시한' 문제가 나간 바로 그 긴장된 순간에) 문제를 훨씬 쉽게 생각해 불쑥 정답을 내뱉게 된 것이 분명했다. 55.6%와 42.6%의 차이는 굉장하다는 점을 반드시 짚고 넘어가야 한다. 합격과 불합격을 가르는 차이일 수도 있다.

심리학자 클로드 스틸Claude Steele과 조슈아 애런슨Joshua Aronson 은 흑인 대학생을 상대로 대학원 진학 표준 시험인 졸업 인증 시험Graduate Record Examination에서 가려 뽑은 20개 문항을 활용해 이 테스트의 훨씬 더 극단적인 버전을 만들었다. 학생들에게 사전 설문 지에다 자신의 인종을 밝히라고 주문한 것이다. 그 단순한 행위는 그들에게 아프리카계 미국인과 학업 성적에 관련된 온갖 부정적인 전형을 사전 주입하기에 충분했고, 그 결과 맞힌 문항 수가 절반으로 뚝 떨어졌다.[5]

사회적으로 우리는 시험에 대단한 신뢰를 부여한다. 응시자의 능력과 지식에 대한 믿을 만한 척도라고 생각하기 때문이다. 그러나 실제로 그럴까? 명문 사립고등학교 출신의 백인 학생이 도심 학교 출신의 흑인 학생에 비해 SAT(대학 진학 적성 시험)에서 더 높은 점수를 받는다면 백인 학생이 정말 더 뛰어난 학생이어서일까? 아니면 백인으로 명문 사립고등학교에 다니면서 줄곧 '총명하다'는 생각을 사전 주입받아서일까?

훨씬 더 인상적인 것은 사전 주입의 영향이 얼마나 불가사의한가 이다. 문장 완성 테스트를 할 때 당신은 '노년'을 생각하도록 사전 주 입받고 있다는 사실을 알지 못했다. 왜 그랬을까? 단서가 아주 미묘 했기 때문이다. 그러나 더 충격적인 것은 사람들이 연구실을 나와 복도를 천천히 걸어갈 때까지도 자신의 행동이 어떤 영향을 받았는지 여전히 깨닫지 못했다는 것이다. 한번은 바그가 사람들에게 보드게임을 시킨 적이 있는데, 게임에 이기려면 반드시 참가자들이 서로 협력하는 법을 터득해야만 했다. 참가자들에게 협동심을 사전 주입시켰더니 그들은 실제로 훨씬 더 협조적이 되었고, 게임도 훨씬 더 순탄하게 진행됐다.

바그는 말했다.

"나중에 그들에게 얼마나 잘 협력했는지, 얼마나 협력을 원했는지 따위를 물어보았습니다. 그런 다음 그것을 그들의 실제 행동과 대비해보았지요. 상호 연관성이 제로더군요. 게임이 15분 동안 진행되었는데, 사람들은 막판까지 자신이 무엇을 했는지 알지 못했습니다. 정말 몰랐습니다. 그들의 설명은 두서없는 헛소리일 뿐이었습니다. 내가 놀란 것은 바로 그 점입니다. 나는 사람들이 적어도 자신의 기억을 돌아볼 수 있지 않을까 생각했습니다. 그러나 그러지 못했습니다."

애런슨과 스틸도 자신이 어떤 인종인지 상기한 후에 매우 좋지 않은 성적을 낸 흑인 학생들에게서 똑같은 점을 발견했다.

애런슨은 말했다.

"나중에 흑인 학생들과 이야기하면서 '어떤 요인 때문에 성적이 떨어졌느냐'고 물었지요. '내가 인종을 밝히라고 주문해서 괴로웠느냐'고 묻기도 했습니다. 그것이 그들의 성적에 지대한 영향을 끼친 건 분명했으니까요. 하지만 돌아온 답은 언제나 '아뇨'라든가 '내가 여기 있을 만큼 똑똑하지 못한 거죠'일 뿐이었습니다."

확실히 이 실험 결과는 매우 혼란스럽다. 우리가 자유 의지라고 생각하는 것이 대부분 착각임을 암시하기 때문이다. 많은 시간 우리는 자동조종장치를 따라 움직일 뿐이고, 우리가 어떻게 사고하고 행동하는지(그리고 순간의 자극에 반응하며 얼마나 잘 사고하고 행동하는지)는 우리가 의식하는 것보다 외부의 영향에 훨씬 더 민감하다. 그러나 무의식이 이처럼 은밀하게 자신의 역할을 수행하는 데서 오는 의미심장한 장점도 있다.

내가 노년에 관한 단어들을 동원해가며 제시한 앞의 문장 완성 사례에서 당신은 그 단어들로 문장을 만드는 데 시간이 얼마나 걸렸는가? 내 추측으로는 한 문장에 단 몇 초밖에 걸리지 않았을 것이다. 당신은 과제에 집중하면서 정신을 산란케 하는 요인들을 차단할 수 있었기 때문에 신속하게 그 실험을 수행할 수 있었다. 당신이 만일 그 단어 목록에서 가능한 패턴들을 샅샅이 훑고 있었더라면 정신이 산란해져 그렇게 빨리 과제를 완수하지 못했을 것이다.

노년에 관한 단어들이 당신이 그 방을 걸어 나가는 속도에 변화를 주었지만, 그게 뭐 나쁜가? 당신의 무의식은 당신 몸에 이렇게 속삭이고 있었을 뿐이다. '우리가 노년과 관련 있는 환경 속에 있다는 몇 가지 단서를 찾았다. 그에 따라 행동하자.' 이런 의미에서 당신의 무의식은 일종의 정신적 시종 역할을 하면서 당신 삶의 정신적인 부분을 소소한 데까지 모두 보살피고 있었다. 당신의 주변에서 일어나는 모든 일을 감시하고 당신이 그에 적절히 대응하게 하면서 당신이 중요한 당면 과제에 집중할 수 있도록 자유롭게 풀어주고 있었던 것이다.

아이오와 대학교의 도박 실험을 창안한 팀의 책임자는 신경학자 안토니오 다마지오Antonio Damasio였다. 다마지오 팀은 우리 사고의 너무 많은 부분이 잠긴 문 저편에서 발생할 때 어떤 일이 일어나는지에 관한 꽤 매혹적인 연구를 진행했다. 다마지오는 코 뒤쪽에 있는 전두엽 피질이라는, 뇌의 작지만 중요한 부분이 손상된 환자들을 연구했다. 전두엽은 의사결정에 중요한 역할을 한다. 우연성과 연관성을 파악하고, 우리가 외부 세계에서 얻는 산더미 같은 정보를 분류해 그 우선순위를 정하고 즉각적 관심을 요하는 일들에 표시를 해둔다. 전두엽에 손상을 입은 사람들은 완벽하게 이성적이다. 그들은 지적 활동이나 기능적 수행은 잘하지만, 판단은 못 한다. 더 정확히 말하면 다른 일에는 신경을 놓고 정말 중요한 문제에만 집중할 수 있게 해주는 무의식 속의 정신적 시종을 갖고 있지 않다.

다마지오는 자신의 저서 《데카르트의 오류Descartes' Error》에서 이런 유의 뇌 손상 환자와 약속을 잡으려고 애쓰던 기억을 다음과 같이 묘사했다.

나는 다음 달의 두 날 중 하루를 제안했는데, 두 날은 불과 며칠 안 떨어져 있었다. 환자가 약속장을 꺼내더니 달력을 찬찬히 들여다보기 시작했다. 다른 몇몇 조사원도 목격한 바이지만, 그가 뒤이어 보인 행동은 주목할 만한 것이었다. 환자는 족히 30분은 두 날짜가 좋고 안 좋은 갖가지 이유를 늘어놓았다. 선약, 다른 약속과의 근접, 예상되는 기상 조건 등등 날짜 하나를 잡으며 생각할 수 있는 사실상 모든 것을 두루 열거했다. 그는 우리를 지루한 손익 분석, 끝이 없는 윤곽 잡기, 선택과 그 가능한 결과에 대한 결말 없는 비교 속으로 끌고 다녔다. 탁자를 내리치며 '그만하라'고 소리치지 않고 이 말을 죄 듣고 있는 데는 대단한 수양이 필요했다.

다마지오 팀은 자신들의 전두엽 환자들에게 도박 실험도 진행했다. 환자들도 대부분 여느 사람과 마찬가지로 결국엔 빨간 카드 더미에 문제가 있음을 파악했다. 그러나 전두엽 환자들은 어떤 시점에도 손바닥에 땀이 배지 않았다. 어떤 시점에도 파란 카드 더미가 빨간 카드 더미보다 더 낫다는 육감을 갖지 못했다. 또 어떤 시점에도(심지어는 게임을 파악하고 난 뒤에조차도) 전략을 바꾸어 문제의 카드 더미를 피하는 행동을 하지 못했다. 그들은 지적으로는 무엇이 옳은지 알았지만, 그 지식은 게임을 하는 방식을 변화시키기엔 불충분했다.[6]

아이오와 대학교 팀의 연구자 안토이네 베차라Antoine Bechara는 이렇게 말했다.

"마치 마약중독자 같았어요. 마약중독자는 자기 행동의 결과는 아주 잘 설명합니다. 하지만 그에 따라 행동하진 못하거든요. 뇌에 문제가 있기 때문이지요. 그것이 우리가 내린 결론이었습니다. 전두엽 손상은 아는 것과 행동하는 것 사이의 단절을 불러옵니다."

그 환자들에게 결여된 것은 말없이 그들을 올바른 방향으로 인도하며 거기에 손바닥의 땀 분비 같은 감정의 작은 조력자를 붙여주어 그들이 일을 잘하고 있는지 확인해주는 시종이었다. 판돈이 크고 판이 빠르게 돌아가는 상황에서 우리는 아이오와 대학교의 전두엽 환자들처럼 감정적이지 않고 순수하게 이성적인 사람이 되기를 원치 않는다. 선택 가능성만 끝없이 이야기하면서 가만히 서 있기를 원치 않는다. 때로는 잠긴 문 저편의 무의식이 우리 대신 결정을 내려주는 것이 더 좋을 때도 있다.

말로 설명하기의 문제점

얼마 전 어느 상쾌한 봄날 저녁, 맨해튼의 한 술집 별실에 24명의 남녀가 모여들어 '스피드 데이트speed-dating'라는 독특한 형식의 모임을 가졌다. 이들은 모두 20대 전문직 종사자로 어설픈 월스트리트 타입은 물론 의학도와 교사들도 있었고, 근처의 앤 클라인 보석상 본사에서는 4명의 여자가 떼로 몰려왔다. 여자들은 모두 빨간색이나 검은색 스웨터에 청바지나 짙은 색깔의 바지를 입었다. 남자들은 한둘 빼고는 모두 맨해튼의 근무복인 군청색 셔츠에 검은 바지 차림이었다. 처음에는 모두 어색한 듯 술잔만 비우고 있었는데, 이윽고 큰 키에 인상적으로 생긴 케일린Kailynn이라는 이름의 진행자가 행사의 시작을 알렸다.

케일린은 모든 남자가 돌아가며 한 여자와 6분씩 대화를 나누게 될 거라고 설명했다. 여자들은 미팅이 끝날 때까지 방을 빙 둘러 벽에 붙여놓은 낮고 긴 소파에 앉아 있었다. 케일린이 벨을 울려 6분이 됐다는 신호를 할 때마다 남자들은 자리를 옮겨가며 차례로 상대를 바꾸었다. 6분 후 상대가 마음에 들면 상대의 번호 옆 네모 칸에 체크하라는 안내와 함께 참가자 모두에게 배지와 번호표, 간단한 표가 하나씩 주어졌다. 내가 어떤 사람을 점찍었는데 동시에 그 사람도 나를 점찍었다면 두 사람은 24시간 내에 서로의 이메일 주소를 통지받게 된다. 방 안이 기대감으로 술렁였다. 몇몇은 미팅 시작 1분을 남겨놓고 화장실로 달려갔다. 케일린이 벨을 울렸다.

남자와 여자들이 자리를 잡았고, 방 안에는 금세 대화의 물결이 넘실거렸다. 남자들의 의자가 여자들 자리에서 꽤 떨어져 있어 양편이 모두 상체를 앞으로 숙인 채 무릎에 팔꿈치를 얹고 있어야 했다. 여자 한둘은 소파 쿠션 위에서 연신 몸을 동동거렸다. 테이블 번호가 3번인 여자와 이야기를 나누던 남자가 맥주를 그녀의 치마에 쏟았다. 1번 테이블에서는 멜리사라는 이름의 까무잡잡한 아가씨가 상대의 말을 끌어내려고 연타로 질문을 퍼부었다.

"당신에게 세 가지 소원이 있다면 그게 뭐죠? 형제자매는 있나요? 혼자 사세요?"

다른 테이블에서는 데이비드란 이름의, 나이가 더 어려 보이는 금발의 남자가 상대 여자에게 이 데이트의 밤 행사에 왜 참가했는지 물었다. 여자가 대답했다.

"난 스물여섯이에요. 내 친구들 중엔 고등학교 때부터 알던 남자

친구를 사귀는 애가 많고, 약혼하거나 벌써 결혼까지 한 친구들도 있거든요. 그런데 난 아직 혼자인 데다 또⋯ 아아."

방의 한쪽 벽을 따라 놓인 바 옆에 서 있던 케일린이 초조하게 대화를 나누는 커플들을 쳐다보며 말했다.

"여러분이 이 만남을 즐기면 시간은 빨리 지나갑니다. 그렇지 않으면 생애에서 가장 긴 6분이 될 거고요. 가끔은 신기한 일도 일어납니다. 결코 잊지 못할 일이 있는데, 지난 11월의 일이었지요. 퀸스에서 온 남자분이 붉은 장미 열두 송이를 들고 나타났는데, 자신이 대화를 나눈 모든 여자분에게 꽃을 한 송이씩 선물하더군요. 그는 예복을 입고 있었어요."

케일린이 살며시 미소 지으며 덧붙였다.

"예식장으로 달려갈 준비가 되어 있었던 거지요."

스피드 데이트는 지난 몇 년 사이에 세계적으로 크게 유행했는데, 그 이유를 알기는 어렵지 않다. 스피드 데이트는 데이트를 온전히 순간적 판단으로 증류한 것이다. 그 자리에 나와 앉은 사람들은 모두 지극히 단순한 물음의 답을 찾고자 했다. 이를테면 '내가 이 사람을 다시 보고 싶을까?' 같은 물음이었다. 그에 답하는 데는 저녁 시간이 다 필요하지도 않다. 정말 몇 분이면 된다. 한 예로 앤 클라인 보석상에서 온 네 여자 중 한 사람인 벨마는 아무 남자도 고르지 않았는데, 그녀는 남자들을 보는 즉시 한 사람 한 사람에 대한 결정을 내렸다고 말했다. 벨마는 눈을 굴리며 말했다.

"그들은 '안녕하세요' 하고 말하는 순간 나를 놓쳤습니다."

투자은행에서 금융 분석가로 일하는 론이라는 이름의 남자는 두 여자를 점찍었는데, 그중 한 여자는 대화가 1분 30초쯤 흘렀을 때 결정했다. 다른 한 여자는 2번 자리의 릴리언이었는데, 이 경우는 그녀 앞에 앉는 순간 결정했다. 그는 감탄하며 말했다.

"그녀는 혀에 피어싱을 하고 있었어요. 이런 자리에 오는 여자들은 변호사가 떼로 모여 있는 모습 같은 걸 기대합니다. 하지만 그녀는 전혀 다른 얘기를 했지요."

릴리언 역시 론이 맘에 들었다. 그녀는 물었다.

"왠지 아세요? 그는 루이지애나주 출신이에요. 난 그쪽 악센트가 좋거든요. 그가 어떻게 하는지 보려고 펜을 떨어뜨려봤지요. 그랬더니 얼른 주워주더라고요."

나중에 밝혀진 사실이지만, 그 자리에 나온 많은 여자가 만나는 순간 론을 마음에 들어 했고, 또 많은 남자가 첫눈에 릴리언을 좋아했다. 둘 다 사람의 이목을 끄는 매혹적인 불꽃 같은 분위기를 지니고 있었다.

파란 양복 차림의 의학도인 존은 만남이 끝난 후 이렇게 말했다.

"아시겠지만 여자들은 진짜 눈치가 빠릅니다. 단박에 알지요. 이 남자가 맘에 드는지, 이 사람을 부모님께 선보일 수 있을지, 아니면 이 사람이 세상 물정 모르는 바보인지."

여자들만 눈치가 빠르다고 말한 것을 제외하면 존은 꽤 정확했다. 짝이 될 수도 있는 상대를 얇게 조각내어 관찰하게 되면 거의 모든 사람이 눈치가 빨라진다.

그러나 내가 끼어들어 스피드 데이트의 규칙을 아주 조금만 수정한다고 가정해보자. 잠긴 문 저편을 들여다보기 위해 참가자들에게 선택의 이유를 설명해보라고 한다면 어떻게 될까? 그런 일은 물론 가능하지 않다는 것을 우리는 안다. 무의식적 사고의 메커니즘은 영원히 숨겨져 있기 때문이다. 그럼에도 무모하게 첫인상과 순간적 판단에 대해 어떻게든 설명해보라고 강요한다면 어떻게 될까? 이것이 바로 컬럼비아 대학교의 두 교수, 시나 아이엔가Sheena Iyengar와 레이먼드 피스먼Raymond Fisman이 지금껏 해온 일이다. 그들은 사람들에게 자신에 대해 설명해보라고 하면 매우 이상하고 곤혹스러운 일이 일어난다는 것을 발견했다. 얇게 조각내는 훈련의 가장 투명하고 순수한 형태처럼 보이던 일이 매우 혼란스러운 일로 변해버리는 것이다.[7]

아이엔가와 피스먼은 묘한 커플이다. 아이엔가는 인디언의 후손이다. 피스먼은 유태인이다. 아이엔가는 심리학자다. 피스먼은 경제학자다. 그들이 스피드 데이트에 관계하게 된 것은 오로지 그들이 어떤 파티에서 중매결혼과 연애결혼의 상대적 장점에 관해 벌인 논쟁 때문이었다.

"생각해보면 우리는 긴 로맨스를 하나 키워왔다고 할 수 있지요."

피스먼은 내게 이렇게 말했다. 그는 10대처럼 보이는 호리호리한 체격의 남자로, 뻐딱한 유머 감각을 지녔다.

"그 점에 나는 자부심을 느낍니다. 유태인의 천국에 들어가는 데는 분명히 세 가지만 있으면 됩니다. 그러니 난 길을 잘 잡은 것이지요."

두 교수는 컬럼비아 대학교 맞은편 브로드웨이의 웨스트엔드 바 별실에서 자기들 나름대로 스피드 데이트의 밤을 진행했다. 한 가지만 제외하면 뉴욕의 여느 스피드 데이트 밤 행사와 다를 바 없었다. 그들이 여는 행사의 참가자들은 데이트를 한 후 '좋다'와 '아니다' 칸에 체크만 하고 끝나지 않는다. 네 차례에 걸쳐(스피드 데이트가 시작되기 전, 행사가 끝난 후, 스피드 데이트의 밤 행사가 끝나고 한 달 후 그리고 6개월 후) 그들은 자신의 잠재적인 파트너에게서 찾고 있는 것에 1점부터 10점까지의 점수를 매기는 간단한 설문지를 작성해야 한다. 범주는 매력, 공통의 관심사, 재미 또는 유머 감각, 성실성, 지성, 야망이다. 그뿐 아니라 '데이트'가 끝날 때마다 그들은 똑같은 범주에 기초해 자신이 방금 만난 사람을 평가한다. 그리하여 밤 행사가 하나씩 끝날 때마다 피스먼과 아이엔가는 참가자들이 데이트 진행 중에 정확히 어떤 느낌이었다고 말하는 것에 대한 믿기지 않을 만큼 세밀한 그림을 갖게 된다. 이상한 점이 시작되는 것은 바로 당신이 그 그림을 볼 때이다.

예를 들어 컬럼비아 대학교의 모임에서 나는 창백한 피부에 금발 고수머리의 아가씨와 초록 눈에 기다란 갈색 머리의 훤칠하고 활달한 남자에게 특별히 주목했다. 이름을 모르니 메리와 존이라고 부르자. 나는 데이트 내내 그들을 주시했는데, 메리가 존을 정말 좋아하고 존도 메리를 정말 좋아한다는 것이 금세 드러났다. 존이 메리의 테이블에 앉았다. 그들의 눈이 감겼다. 그녀는 수줍은 듯 눈길을 떨어뜨렸다. 조금 초조한 표정이었다. 그녀가 앉은 채로 상체를 앞으로 숙였다. 외부에서 볼 때 그것은 순간적 이끌림의 완벽한 사례 그 자체처럼 보였다.

그러나 그 이면을 들여다보면서 몇 가지 간단한 질문을 해보자. 우선 존의 인성에 대한 메리의 평가가 저녁 만남이 시작되기 전에 메리가 남자에게 원한다고 말한 그 인성과 부합하는가? 다시 말해 그녀는 자신이 어떤 성격의 남자를 좋아하는지 얼마나 잘 예견했는가? 피스먼과 아이엔가는 쉽게 그 질문에 답할 수 있었던바, 스피드 데이트 신청자들이 사전에 원한다고 한 것과 만남의 순간 실제로 이끌린 것을 비교해가며 알게 된 사실은 그 두 가지가 맞아떨어지지 않는다는 점이다. 일례로 메리가 만남이 시작되기 전에 지적이고 성실한 남자를 원했다고 해서 그녀가 지적이고 성실한 남자에게만 매력을 느낄 거라는 뜻은 결코 아니다. 그녀가 다른 어느 누구보다도 맘에 든 존이 매력적이고 재미있는 남자이긴 하지만, 특출하게 성실하거나 똑똑한 남자는 결코 아닌 것으로 밝혀지는 경우도 얼마든지 있을 수 있다는 이야기다.

두 번째로 만일 메리가 스피드 데이트 중에 최종적으로 점찍은 남자가 모두 총명하고 성실하다기보다는 오히려 매력적이고 재미있는 사람들이었다면, 다음 날 자신의 이상적인 남성상을 그려보라는 주문을 받았을 때 메리는 아마도 매력적이고 재미있는 남자를 좋아한다고 말하게 될 것이다. 그러나 다음 날뿐이다. 한 달 후에 다시 물으면 그녀는 다시 예전으로 되돌아가 지적이고 성실한 사람을 원한다고 말할 것이다.

앞 단락에서 헷갈리는 부분이 있다는 걸 눈치챘는지 모르겠다. 혼란스러운 부분은 바로 여기다. 메리가 자신이 어떤 부류의 사람을 원하는지 말한다. 그런데 그 뒤로 무수한 선택지가 펼쳐지고, 그녀는 정말 맘에 드는 누군가를 만난다. 순간 그녀는 자신이 원하는 사람에 대한 생각을 완전히 바꾼다. 그러나 한 달이 지난 후에는 다시 원래 원한다고 말했던 사람으로 되돌아간다. 그렇다면 메리가 남자에게 정말 원하는 것은 무엇일까?

아이엔가는 이 질문에 이렇게 답했다.

"모르겠군요. 사전에 이상형을 설명한 사람이 진짜 나일까요?"

피스먼이 입을 열었다.

"행동으로 드러난 내가 진짜 나입니다. 경제학자가 할 수 있는 말은 이겁니다."

아이엔가는 당혹스러운 표정이었다.

"심리학자가 할 수 있는 말은 모르겠다는 것입니다."

그들은 의견의 일치를 보지 못했다. 거기엔 정답이 없기 때문이다. 메리가 남자에게 바라는 상이 있고, 그것은 잘못된 것이 아니다. 다만 불완전할 뿐이다. 그녀가 애초에 설명한 것은 그녀의 의식적인 이상형이다. 차분히 앉아서 생각할 때 자신이 원한다고 믿는 것이다. 그러나 그녀가 확신을 가질 수 없는 것은 누군가를 맞대면하는 첫 순간 자신의 선호도를 형성하는 데 사용하는 기준이다. 그 정보는 잠긴 문 저편에 있다.

브레이든은 프로 운동선수에 대한 연구에서 유사한 경험을 했다. 그는 몇 년간에 걸쳐 가능한 한 많은 세계 정상급 테니스 선수와 이야기할 기회를 만들고는 그들이 왜, 어떻게 해서 그런 식으로 경기를 하게 되었는지 질문했는데, 결과는 하나같이 실망스러울 뿐이었다.

브레이든은 말했다.

"정상급 선수들을 대상으로 우리가 해온 모든 조사에서 자신의 동작을 정확히 알고 일관되게 설명하는 선수는 단 한 사람도 없었습니다. 그들 모두 그때그때 다른 대답을 하거나 의미 없는 답변을 했을 뿐입니다."

그가 하는 일 중 하나는 정상급 테니스 선수들을 비디오카메라로 녹화한 다음 그들의 동작을 디지털화해 컴퓨터상에서 한 프레임씩 분석하는 작업이었다. 그러면 일례로 피트 샘프러스Pete Sampras가 대각선 방향의 백핸드를 구사할 때 어깨의 각도를 몇 도나 트는지 정확히 알게 된다.

브레이든이 디지털화한 비디오테이프 중 하나는 포핸드를 날리는 위대한 테니스 선수 앤드리 애거시Andre Agassi의 동영상이었다. 그 영상은 발가벗겨졌다. 애거시의 몸에서 살을 제거하고 골격만 남겼는데, 그럼으로써 그가 공을 치려고 몸을 움직일 때 신체의 모든 관절이 어떻게 움직이는지 샅샅이 살피며 측정까지 할 수 있게 되었다. 애거시의 비디오테이프는 순간적으로 우리가 어떻게 행동하는지 묘사하는 건 불가능하다는 주장의 완벽한 예시다.

브레이든은 말했다.

"전 세계의 거의 모든 프로 선수가 포핸드를 칠 때 손목으로 라켓을 틀어 공을 때린다고 말합니다. 왜 그럴까요? 그들은 무얼 본 걸까요? 자, 보십시오."

브레이든이 화면을 가리키며 말을 계속했다.

"그가 공을 칠 때를 보십시오. 우리는 디지털 영상으로 손목이 45도 돌아가는 것까지도 알 수 있습니다. 하지만 선수들은 손목을 거의 움직이지 않습니다. 얼마나 미동조차 없는지 보십시오. 공을 치고 나서 한참 뒤까지도 손목은 움직이지 않습니다. 그는 충격을 받을 때 손목을 움직인다고 생각하지만, 실제로는 충격 후에도 한참 동안이나 움직임이 없습니다. 그렇다면 왜 그토록 많은 사람이 지금껏 속아온 걸까요? 사람들은 코치에게 달려가 수백 달러씩 내면서 손목을 어떻게 틀어 공을 쳐야 하는지 배우려고 하는데, 그로 인해 생긴 일이라고는 팔 부상의 급격한 증가뿐입니다."

브레이든은 야구 선수 테드 윌리엄스Ted Williams에게서도 똑같은 문제를 발견했다. 윌리엄스는 역사상 가장 뛰어난 타자라 해도 손색없는 선수로, 타격 기술에 대한 지식과 통찰력으로 존경받는 인물이다. 그는 자신이 방망이를 향해 날아오는 공을 볼 수 있고, 방망이에 부딪히는 순간까지도 공을 추적할 수 있다고 늘 말하곤 했다. 그러나 브레이든이 테니스에 대해 연구한 바로는 그건 불가능한 일이었다. 테니스공이 선수를 향해 최종 1.5미터를 날아오는 동안 공은 너무 가까이에서 매우 빠른 속도로 움직이기 때문에 볼 수 없다. 선수는 그 순간 사실상 장님이 되는 것이다. 야구의 경우에도 마찬가지

다. 아무도 방망이를 향해 날아오는 공을 볼 수 없다.

브레이든은 이렇게 말했다.

"테드 윌리엄스를 한 번 만난 적이 있어요. 둘 다 시어스Sears 소속으로 일할 때라서 같은 행사장에서 보게 되었지요. 내가 말했습니다. '어이, 테드. 방금 우리 팀이 인간은 방망이로 날아오는 공을 추적할 수 없다는 사실을 입증하는 연구를 막 마쳤다네. 그건 1,000분의 3초 사이에 일어나는 사건이야.' 그러자 그가 솔직하게 말하더군요. '그래, 내가 그렇게 말한 건 그럴 수 있을 것 같은 느낌이 든 것뿐일 거야.'"

테드 윌리엄스는 역사상 최고의 타자였고, 어떻게 그럴 수 있는지 분명한 확신을 갖고 설명할 수 있었다. 그러나 그의 설명은 자신의 행동과 일치하지 않았다. 남자에게 원하는 바에 대한 설명이 순간적으로 끌리는 사람과 꼭 일치하지는 않았던 메리와 똑같은 경우다. 우리는 인간이기에 조목조목 이야기하는 데 따르는 문제점을 갖고 있다. 정말 설명할 수 없는 일들을 설명하기에 우리는 너무 빠른 편이다.

오래전에 심리학자 노먼 마이어Norman R. F. Maier는 온갖 종류의 연장과 물건과 가구로 가득한 방의 천장에 기다란 밧줄 2개를 매달아놓고 실험을 했다. 두 밧줄은 멀리 떨어져 있어서 한쪽 밧줄의 끝을 잡으면 다른 쪽 밧줄은 제아무리 기를 써도 손에 잡히지 않았다.[8] 그 방에 들어온 사람들은 모두 똑같은 질문을 받았다. 저 두 밧줄의 끝을 한데 묶는 방법이 몇 가지 있을까?

이 문제에는 네 가지 답이 있다. 첫 번째는 밧줄 하나를 최대한 다른 밧줄 쪽으로 잡아당겨 의자 같은 물건에 묶어둔 다음 다른 밧줄을 마저 가져와 묶는 것이다. 두 번째는 제3의 기다란 줄을 가져와 한쪽 밧줄의 끝에 연결해 다른 밧줄에 묶을 수 있을 만큼 길이를 늘이는 것이다. 세 번째는 한 손으로 밧줄 하나를 잡고 다른 손으로 기다란 막대 같은 도구를 사용해 다른 밧줄을 당신 쪽으로 끌어당겨 오는 것이다.

마이어가 발견한 것은 사람들 대부분이 이 세 가지 해결책은 아주 쉽게 알아낸다는 점이다. 그러나 네 번째 해결책(한쪽 밧줄을 진자처럼 흔들어놓고는 다른 쪽 밧줄을 붙잡아오는 방법)은 불과 몇 사람에게서만 나왔다. 다른 사람들은 난감해했다. 마이어는 그들을 앉혀놓고 10분간 애를 태운 다음 말없이 방을 가로질러 창 쪽으로 가면서 밧줄 하나를 툭 건드려 앞뒤로 움직이게 했다. 그러자 대다수의 사람들이 갑자기 "아하!" 하며 진자 운동을 생각해냈다. 하지만 마이어가 사람들에게 어떻게 그걸 생각해냈는지 설명해보라고 하자 그중 한 사람만 정확한 이유를 댔다.

마이어는 이렇게 말했다.

"그들은 이런 식으로 설명했습니다. '그것은 돌연한 깨달음이었어요.' '남은 건 그 방법뿐이었지요.' '거기에 추를 달면 밧줄이 왔다 갔다 하리라는 걸 깨달은 거지요.' '물리 수업 때 배운 진자 운동이 떠올랐던 것 같습니다.' '줄을 당겨올 방법을 생각해보았는데, 그걸 흔드는 방법밖에 없겠더라고요.' 한 심리학 교수는 다음과 같이 말했습니다. '다른 방법은 다 나왔으니 다음은 밧줄을 흔드는 거였지요. 나는 밧줄을 타고 강을 가로지르는 상황을 생각했습니다. 나무에서 나무로 그네를 타며 이동하는 원숭이의 모습도 떠오르더군요. 이런 이미지들이 해결책과 동시에 떠오른 거지요. 완벽한 생각인 것 같았습니다.'"

이 사람들이 거짓말을 하고 있었던 걸까? 힌트를 얻고 나서야 문제를 풀 수 있었다는 사실을 받아들이기가 쑥스러웠던 걸까? 결코 그렇지 않다. 마이어의 암시는 너무나 미묘해서 무의식 차원에서만 포착할 수 있었을 뿐이다. 그것은 잠긴 문 저편에서 진행된 일이었고, 그래서 설명을 요구받았을 때 마이어의 실험 대상자들이 할 수 있었던 일은 그들에게 가장 그럴듯해 보이는 설명을 만들어내는 것이 전부였다.

이것이 잠긴 문의 무수한 혜택에 우리가 지불하는 대가다. 사람들에게 자신의 생각(특히 무의식으로부터 나오는 생각)을 설명하라고 주문할 때 그들의 대답을 어떻게 해석할 것인지 신중할 필요가 있다. 연애를 하면 이 말을 쉽게 이해할 수 있다. 우리는 우리가 사랑에 빠지게 될 사람이 어떤 부류의 사람일지 이성적으로 설명할 수 없다는 것을 알고 있다. 그것이 우리가 데이트를 하는 이유다. 자신을 매료시키는 사람에 대한 가설을 테스트해보는 것이다. 또한 테니스나 골프를 치는 방법이나 악기를 연주하는 방법(단지 말로만이 아니라)을 보여주는 전문가를 찾는 것이 더 낫다는 것은 누구나 안다. 말로 하는 교육에는 실질적인 한계가 있기 때문에 본보기나 직접경험을 통해 배우는 것이다.

그러나 나는 우리가 삶의 또 다른 측면들에서 잠긴 문의 신비함과 말로 설명하는 문제의 위험성을 항상 중시하는지 확신할 수 없다. 우리는 설명이 사실상 불가능할 때 설명을 요구하는 경우가 있는데, 이 책의 다음 장들에서 살펴보겠지만 그 경우 심각한 결과를 초래할 수도 있다.

심리학자 조슈아 애런슨은 말했다.

"O. J. 심슨의 평결이 끝난 후 한 배심원이 TV에 출연해 확고한 신념을 내비치며 이렇게 말했지요. '인종 관념은 나의 결정과는 절대로 무관합니다.' 그런데 그녀가 대체 그걸 어떻게 알 수 있죠? 인종 사전 주입과 시험 성적에 대한 나의 연구, 대화 방해자에 대한 바그의 연구, 밧줄을 이용한 마이어의 실험이 보여주는 것은 사람들이 자신의 행동에 영향을 끼친 것에 대해 무지하며, 나아가 자신들이 무지하다는 것도 거의 느끼지 못한다는 사실입니다. 우리는 우리의 무지를 인정하고 '모른다'는 말을 더 자주 할 필요가 있습니다."

물론 마이어의 밧줄 실험에는 똑같이 소중한 또 다른 교훈 하나가 담겨 있다. 그의 실험 대상자들은 난감해했다. 그들은 10분간 자리에 앉아 있었고, 그중 다수는 아무 의심 없이 자신이 중요한 테스트에 불합격했을 뿐 아니라 자신이 바보임을 폭로당했다고 느끼고 있었다. 그러나 그들은 바보가 아니었다. 왜 아닐까? 그 방에 있는 사람들은 모두 하나가 아닌 2개의 정신세계를 갖고 있었다. 그들의 의식 세계가 일종의 장벽에 막혀 있는 동안 그들의 무의식은 내내

방 안을 꼼꼼히 살피고, 여러 가능성을 세밀하게 타진하고, 생각할
수 있는 모든 단서를 가공하고 있었던 것이다. 그리고 답을 발견하
는 즉시 무의식은 그들을 조용히, 그러나 확실하게 해결책으로 안내
한 것이다.

MALCOLM GLADWELL

3장

워런 하딩의
오류

우 리 는 왜 키 크 고
잘생긴 남자에게 반하는가

1899년 어느 이른 아침, 오하이오주 리치우드의 글로브 호텔 후원에서 번쩍거리는 구두를 신은 두 남자가 만났다. 한 사람은 주도인 콜럼버스에서 온 변호사이자 로비스트인 해리 도허티Harry Daugherty였다. 땅딸막한 체구에 곧은 흑발을 한 그 홍안의 재사는 오하이오 정계의 마키아벨리로 불리는 전형적인 막후 실력자로, 어떤 인물이나 최소한 그의 정치적 기회에 대해서는 예리한 판단을 하는 통찰력의 소유자였다. 또 한 사람은 오하이오주의 소도시 매리언의 한 신문사 편집장으로, 당시 오하이오주 상원의원 당선을 일주일 남겨두고 있던 워런 하딩Warren Harding이었다. 도허티는 하딩을 본 순간 그의 인상에 압도당했다. 신문기자 마크 설리번Mark Sullivan은 그때 그 후원의 정경을 이렇게 묘사했다.

하딩은 눈길을 끄는 인물로, 당시 35세쯤이었다. 머리며 얼굴이며 어

깨며 체격이 모두 시선을 사로잡기에 딱 좋은 크기였다. 그 하나하나
의 비율이 어느 곳에 있더라도 잘생겼다는 것 이상의 표현을 듣는 게
아주 당연할 사람이었다. 몇 년 후 그가 지역사회 너머로까지 자신의
존재를 알리게 되었을 때, 그를 묘사하는 데 종종 '로마인'이란 단어
가 사용되곤 했다. 단상에서 걸어 내려올 때 그의 두 다리는 기가 막
히게 균형 잡힌 미끈한 몸을 든든히 받쳐주고 있었다. 신의 은총을 받
은 신체와 남자다운 인상에 경쾌한 걸음걸이, 꼿꼿한 자세, 편안한 거
동이 더해졌다. 장대하면서도 유연한 골격과 광채가 나는 큼직하고
시원시원한 눈, 짙은 흑발, 선명한 구릿빛 얼굴은 그에게 잘생긴 인디
언 같은 풍모를 부여했다. 다른 손님에게 자리를 양보할 때의 정중함
은 모든 인류를 향한 진실한 우정의 표현이었다. 그의 목소리는 울림
이 크고 남자다우면서도 따스했다. 구두닦이의 솔질에 관심을 보인
다는 것은 소도시 사람으로서는 보기 드물게 의상에까지 신경을 쓴
다는 표시였다. 팁을 주는 그의 태도는 물질적 풍요로움과 진실한 온
정에서 비롯된 후한 인심과 나눔의 정신이 발현된 것이었다.[1]

그 순간 도허티는 하딩을 가늠해보면서 미국의 역사를 한번 바꾸
어볼까 하는 생각을 했다. 이 사람이 위대한 대통령이 되지 말라는
법이 있을까?

워런 하딩은 그다지 지적인 인간은 아니었다. 그는 포커 게임과
골프와 술, 특히 여자를 좋아했다. 실제로 그의 성욕은 전설적이었
다. 정치적 지위가 올라갈 때도 그는 결코 자신의 입장을 드러내는

법이 없었다. 그는 정책 사안에 대해 모호하면서도 양면적인 태도를 취했다. 그의 연설은 한때 "아이디어를 찾아 이곳저곳 기웃거리는 한 떼의 화려한 말들"이라고 묘사된 적이 있다. 그는 1914년 연방 상원의원으로 선출된 후 당대의 두 가지 커다란 정치적 쟁점이던 여성 참정권과 금주법 토론에 불참했다. 그가 오하이오 정계에서 꾸준히 중앙 정치 무대로 진출한 것은 오로지 아내 플로렌스의 부추김과 책략가 해리 도허티의 발판 작업 때문이었고, 또 나이가 들수록 외모가 뇌쇄적이라 할 만큼 더욱 출중해졌기 때문이다.

한번은 어떤 연회에서 한 지지자가 외쳤다.

"봐, 저 사람 꼭 상원의원처럼 생겼잖아."

그리고 그는 상원의원이 되었다. 하딩의 전기 작가 프랜시스 러셀Francis Russel은 중년 초반에 접어든 그의 모습에 대해 이렇게 표현했다.

"그의 짙고 풍성한 눈썹은 은회색 머리칼과 좋은 대조를 이루어 힘 있는 인상을 주었고, 떡 벌어진 어깨와 구릿빛 얼굴은 건강한 느낌을 더해주었다."

러셀에 따르면 하딩은 연극 〈줄리어스 시저Julius Caesar〉에서 토가를 걸치고 무대 위를 걷는다 해도 전혀 이상할 게 없었다. 도허티는 1916년 공화당 대통령 후보 선출 전당대회에서 하딩이 연설을 할 수 있게 했다. 사람들이 하딩을 눈으로 직접 보고 그의 나직이 울리는 멋진 목소리를 듣기만 하면 하딩이 좀 더 높은 자리를 맡기에 손색없는 인물이라는 확신을 갖게 되리라는 걸 알고 있었기 때문이다.

1920년 도허티는 하딩의 보다 올바른 판단에도 아랑곳없이 그에게 백악관행을 결심하도록 설득했다. 도허티는 우스갯소리를 하고 있는 게 아니었다. 그는 진지했다.

설리번은 이렇게 썼다.

"도허티는 두 사람이 만난 이래로 줄곧 하딩이 '위대한 대통령'이 될 거라는 생각을 속내에 품고 있었다. 때로는 무의식적으로 보다 정확한 표현을 써서 '위대해 보이는 대통령'이라고 말하기도 했다."

그해 여름, 하딩은 여섯 후보 중 여섯 번째로 공화당 전당대회에 진입했다. 도허티는 개의치 않았다. 대회는 선두 후보 2명의 치열한 경합으로 교착 상태에 빠져 있었고, 그에 따라 대의원들이 다른 대안을 찾을 수밖에 없을 것으로 도허티는 내다보았다. 그 절망적 순간에 대의원들이 상식과 위엄 그리고 일거수일투족이 대통령 같은 인상을 내뿜는 사람 말고 다른 누구에게 눈을 돌리겠는가?

이른 아침 시간에 시카고 블랙스톤 호텔의 연기 자욱한 별실에 모인 공화당 각 계파의 보스들이 마침내 두 손을 들었다. 그리고 물었다. 우리 모두가 동의할 수 있는 후보는 없을까? 그때 이름 하나가 즉시 떠올랐다. 하딩! 그야말로 정말 대통령 후보처럼 생겼잖아. 그리하여 상원의원 하딩은 대통령 후보 하딩이 되었고, 그해 가을 오하이오주 매리언에 있는 자기 집 현관에서의 선거 유세 후 하딩은 대통령이 되었다. 하딩은 2년간 대통령으로 일하다가 돌연사했다. 그는 미국 역사상 최악의 대통령 중 하나였다는 것이 역사가들의 중론이다.

'얇게 조각내어 관찰하기'의 어두운 면

《블링크》에서 지금까지 나는 '얇게 조각내어 관찰하기'가 얼마나 놀랄 만큼 강력한 힘을 발휘하는지 이야기해왔는데, 얇게 조각내어 관찰하기를 가능케 만드는 것은 물밑 정황을 신속하게 파악하는 우리의 능력이다. 토머스 호빙과 에벌린 해리슨 그리고 그리스 미술 전문가들은 모조품 제작자들의 탁월한 솜씨 뒤에 감춰진 이면을 한눈에 볼 수 있었다. 수전과 빌은 처음에는 행복하고 다정한 커플의 전형인 것처럼 보였다. 그러나 그들의 대화를 유심히 들어보며 긍정적 감정 대 부정적 감정의 비율을 측정해본 결과 다른 이야기가 포착되었다. 날리니 암바디의 연구는 벽에 걸린 자격증과 흰 가운을 넘어 그 사람의 목소리 음조에 초점을 맞출 경우 의사가 고소당할 가능성에 대해 우리가 얼마나 많은 것을 알 수 있는지 보여주었다. 그런데 그 신속한 사고의 회로가 어떤 것에 의해서든 방해를 받는다면 무슨 일이 일어날까? 우리가 물밑 사정을 전혀 파악하지 않은 상태에서 순간적 판단에 도달한다면 어떻게 될까?

앞 장에서 나는 존 바그가 수행한 실험을 이야기한 바 있는데, 그 실험에서 그는 우리가 특정한 단어들(예컨대 '플로리다', '잿빛의', '주름', '빙고' 등등)에 매우 강한 연상 고리를 갖고 있어 그것을 접하기만 해도 행동에 변화를 일으킬 수 있음을 보여주었다. 내 생각엔 사람들의 외모(체격이나 형상, 피부색, 성별 등)에도 그와 매우 유사한 형태의 강렬한 연상을 일으키는 것이 있다. 대부분의 사람들은 워런 하딩의 놀라우리만큼 잘생기고 출중한 외모만 보고도 곧바로(경계심도 전혀 품지 않은 채) 그가 용기 있고 총명하고 성실한 사람이라는 결론으로 비약했다. 그들은 물밑을 들여다보지 않았다. 그의 외모가 너무나도 강렬한 의미를 동반해 정상적인 사고 작용을 마비시켜버린 것이다.

워런 하딩의 오류는 신속한 인식의 어두운 면이다. 수많은 편견과 차별의 뿌리에 그것이 있다. 일자리의 적임자를 뽑는 것이 그토록 어려운 것도 그런 까닭이고, 또 우리가 인정하고 싶지 않을 만큼 지극히 평범한 사람이 종종 매우 책임이 큰 자리에 오르는 경우가 많은 것도 그런 까닭이다. 얇게 조각내어 관찰하기와 첫인상을 진지하게 받아들인다는 것은 우리가 가끔은 누군가 또는 무엇인가에 대해 몇 달간의 연구 끝에 알 수 있는 것보다도 더 많은 것을 눈 깜빡할 사이에 알아내기도 한다는 사실을 받아들인다는 뜻이다. 그러나 그와 동시에 신속한 인식이 우리를 빗나가게 하는 상황이 있다는 것도 인정하고, 이해해야만 한다.

흑과 백 사이에서의 순간 포착

지난 몇 년 사이 여러 심리학자들은 이런 종류의 무의식적(그 세계에서는 '암묵적' 또는 '내재적'이라고 즐겨 부르는) 연상이 우리의 믿음과 행동에 어떤 역할을 하는지 좀 더 면밀하게 관찰하기 시작했다. 그들의 작업 중 다수는 이른바 '암묵적 연상 테스트Implicit Association Test,

IAT'라고 불리는 아주 매혹적인 수단에 집중돼왔다.[2] 앤서니 그린월드Anthony G. Greenwald, 마자린 바나지Mahzarin Banaji, 브라이언 노섹Brian Nosek이 고안한 IAT는 얼핏 보기엔 명백한(하지만 그럼에도 무척 심원한) 관찰에 토대를 두고 있다.

우리는 우리에게 생소한 개념의 짝보다는 머릿속에서 이미 연결돼 있는 개념의 짝을 훨씬 더 빨리 연결 짓는다. 무슨 뜻이냐고? 예를 하나 들어보겠다. 아래에 단어 목록이 있다. 연필이나 펜을 집어 들고 단어의 왼쪽이나 오른쪽 중 한 곳에 체크 표시를 한 뒤 하나하나의 이름을 각기 그것이 속하는 범주에 갖다 놓아보라. 왼쪽이나 오른쪽의 적합한 줄에 손가락을 톡톡 짚어가며 분류해도 상관없다. 가능한 한 빨리 작업을 마쳐라. 단어를 빼먹고 건너뛰지 마라. 그리고 실수를 하더라도 염려하지 마라.

남자		여자
....	존	....
....	밥	....
....	에이미	....
....	홀리	....
....	조앤	....
....	데릭	....
....	페기	....
....	제이슨	....
....	리사	....
....	매트	....
....	세라	....

쉽지 않은가? 이 작업이 쉬운 것은 우리가 '존'이나 '밥', '홀리'라는 이름을 읽거나 들을 때 그게 남자 이름인지 여자 이름인지 생각조차 할 필요가 없기 때문이다. 우리는 모두 존 같은 이름과 남성, 리사 같은 이름과 여성 사이에 강렬한 사전 연상 고리를 갖고 있다.

이건 워밍업이었다. 이제 진짜 IAT를 완수해보자. 원리는 워밍업과 같은데, 한 가지 다른 점은 이번에는 내가 전혀 다른 별개의 범주두 가지를 뒤섞어놓을 거라는 점이다. 다시 한번 각 단어의 오른쪽또는 왼쪽 중 한 곳에 체크 표시를 해 단어가 속하는 범주에 갖다 놓아라.

남자 또는 직업		여자 또는 가정
....	리사	....
....	매트	....
....	세탁물	....
....	기업가	....
....	존	....
....	상인	....
....	밥	....
....	자본가	....
....	홀리	....
....	조앤	....
....	집	....
....	회사	....
....	형제자매	....
....	폐기	....
....	제이슨	....
....	부엌	....
....	집안일	....

	부모	
....	세라	....
....	데릭	....

추측하건대 대부분 조금 어려워졌다는 생각은 들겠지만, 여전히 꽤 빠른 속도로 각 단어를 해당 범주에 분류해 넣었을 것이다. 자, 이제 다음 테스트도 같은 방법으로 해보라.

남자 또는 가정		여자 또는 직업
....	아기들	....
....	세라	....
....	데릭	....
....	상인	....
....	고용	....
....	존	....
....	밥	....
....	홀리	....
....	가사	....
....	기업가	....
....	사무실	....
....	조앤	....
....	페기	....
....	사촌	....
....	조부모	....
....	제이슨	....
....	집	....
....	리사	....
....	회사	....
....	매트	....

차이를 깨달았는가? 이 테스트가 앞의 테스트보다 조금 더 어렵

지 않았나? 당신이 여느 사람과 다를 바 없다면 '직업'이 '여자'와 짝지어져 있을 경우 '직업'이 '남자'와 짝지어져 있을 때보다 '기업가'를 '직업'의 범주에 놓는 데 시간이 좀 더 걸렸을 것이다. 우리는 대부분 직업과 연관된 개념과 여자다움보다는 직업 관련 개념과 남자다움 사이에 훨씬 더 강한 심리적 연상 고리를 갖고 있다. '남자'와 '자본가'는 우리 머릿속에서 '밥'과 '남자'나 다를 바 없이 동행한다. 그러나 범주가 '남자 또는 가정'일 경우에는 '상인' 같은 단어를 어찌할지 정하기 전에(단 수십만분의 1초 동안이라도) 동작을 멈추고 생각해야 한다.

심리학자들은 IAT를 수행할 때 대개 방금과 같은 종이와 연필 테스트를 하지 않고 컴퓨터상에서 테스트를 한다. 단어가 한 번에 하나씩 화면 위에 나타나는데, 주어진 단어가 왼쪽 줄에 속할 경우 수검자는 글자 'e'를 치고 오른쪽 줄에 속할 경우에는 글자 'i'를 친다. IAT를 컴퓨터상에서 수행할 때의 이점은 응답 시간을 1,000분의 1초 단위로까지 측정할 수 있다는 것인데, 그 수치들을 이용해 수검자의 점수를 매긴다. 예컨대 당신이 두 번째 '직업·가정' IAT를 마치는 데 첫 번째 IAT 때보다 조금 더 시간이 걸렸다면 당신은 남자와 노동력 사이에 보통 수준의moderate 연상 고리를 갖고 있다고 할 수 있다. 만일 두 번째 테스트를 마치는 데 상당한 시간이 더 걸렸다면 당신은 노동력이라는 개념을 생각할 때 자동적으로 남자를 강하게 연상한다는 것이다.

근년에 와서 IAT가 연구 수단으로 매우 유명해진 한 가지 이유는 그 측정에서 드러나는 결과가 결코 신기한 게 아니라는 것이다. 위의 두 번째 '직업·가정' IAT에서 속도가 느려지는 것을 느낀 사람들이 입증하고 있듯이 IAT는 그 결론으로 당신의 머리를 탁 내리치는 도구다.

그린월드는 말했다.

"사전 연상 고리가 강할 때 사람들은 1,000분의 400~600초 사이에 답을 하지요. 그렇지 않을 때는 그보다 1,000분의 200~300초가 더 걸립니다. 이런 종류의 영향을 측정하는 실험에서 그 차이는 큽니다. 동료 심리학자 중 한 사람은 이를 두고 해시계로도 측정할 수 있는 영향이라고 설명하더군요."

컴퓨터화된 IAT를 시험해보고 싶으면 www.implicit.harvard.edu라는 사이트를 찾아가보라. 거기 가면 유명한 인종 IAT를 비롯한 몇 가지 테스트를 접할 수 있다. 나는 인종 IAT를 여러 차례 해봤는데, 결과는 언제나 소름이 돋는 느낌이었다. 테스트의 서두에서 당신은 흑인과 백인에 대한 태도를 묻는 질문을 받는다. 대부분의 사람들이 그렇겠지만, 나는 두 인종이 동등하다고 생각한다고 답했다. 이윽고 테스트가 시작된다. 당신은 테스트를 빨리 진행하라는 권고를 받는다. 먼저 워밍업 테스트가 나온다. 화면 위에 얼굴 사진이 연달아 등장한다. 검은 얼굴이 보이면 자판의 'e'를 눌러 그것을 왼쪽 범주에 놓는다. 흰 얼굴이 보이면 'i'를 눌러 오른쪽 범주에 놓는다. 테스트는 순식간에 연속으로 진행된다. 아무것도 생각할 필요가 없다. 이윽고 첫 번째 테스트가 등장한다.

유럽계 미국인 또는 나쁜 것		아프리카계 미국인 또는 좋은 것
· ·	해치다	· ·
· ·	악한	· ·
· ·	영광스러운	· ·

· ·

· ·
· · · · · · · · · · · · · · · 훌륭한 · · · · · · · · · · · · · · ·

　순간적으로 뭔가 이상한 일이 일어났다. 단어와 얼굴을 오른쪽 범주에 놓는 일이 별안간 어려워졌다. 나는 속도가 느려지는 것을 깨달았다. 생각을 해야 했다. 때로는 내가 사실 뭔가를 어떤 범주에 놓을 생각이었음에도 다른 범주에 놓고 있었다. 나는 최대한의 노력을 기울이고 있었고, 내 마음의 밑바닥에서는 굴욕감 같은 것이 자라나고 있었다. '좋은 것'이 '아프리카계 미국인'과 짝지어져 있을 때 '영광스러운'이나 '훌륭한' 같은 단어를 '좋은 것' 범주에 놓는 일, 혹은 '나쁜 것'이 '유럽계 미국인'과 짝지어져 있을 때 '악한'이라는 단

어를 '나쁜 것' 범주에 놓는 일이 왜 그토록 곤혹스러웠을까? 이어서
두 번째 테스트가 나왔다. 이번에는 범주가 뒤바뀌어 있었다.

유럽계 미국인 또는 좋은 것		아프리카계 미국인 또는 나쁜 것
....	해치다	....
....	악한	....
....	영광스러운	

....		....
....	훌륭한	....

이번에는 나의 굴욕감이 한층 더 커졌다. 조금도 곤혹스럽지가
않았던 것이다.

악한? 아프리카계 미국인 또는 나쁜 것.

해치다? 아프리카계 미국인 또는 나쁜 것.

훌륭한? 유럽계 미국인 또는 좋은 것.

나는 다시 한번 테스트를 해보았다. 이어서 세 번째, 네 번째로 끔찍한 편견이 사라지기를 기대하며 테스트를 거듭해보았다. 차이가 없었다. 지금까지 이 테스트를 한 사람들 중 80% 이상이 백인 선호 연상을 한다는 결과가 나왔다고 한다. 나쁜 것을 흑인과 연결 지으라는 주문을 받았을 때보다 좋은 것을 '흑인' 범주에 놓으라는 주문을 받았을 때 응답 시간이 측정 가능할 만큼 더 걸렸다는 뜻이다. 나는 그렇게 썩 나쁜 편은 아니었다. 인종 IAT에서 나는 '보통 수준의 백인 자동 선호도'를 갖고 있는 것으로 분류되었다. 그러나 다시 생각해보면 나는 반흑인이다(나의 어머니는 자메이카인이다).

그렇다면 이것이 뜻하는 바는 뭘까? 내가 인종주의자, 자기혐오증에 빠진 흑인이라는 의미일까? 꼭 그렇지는 않다. 이것이 뜻하는 바는 인종이나 성별 같은 문제에 대한 우리의 태도가 두 가지 차원에서 작용한다는 것이다. 우선 의식적인 태도가 있다. 우리가 선택해 믿는 것이다. 이것은 우리가 공식 표명하는 가치로, 우리는 이에 입각해 신중하게 자신의 행동 방침을 정한다. 남아프리카의 아파르트헤이트 정책이나 아프리카계 미국인의 투표를 제한한 미국 남부 주의 법은 의식적 차별의 표현으로, 인종주의나 시민권 투쟁 이야기를 할 때 일반적으로 언급하는 것이 바로 이런 종류의 차별이다.

그러나 IAT는 그와는 다른 것을 측정한다. IAT가 측정하는 것은 우리 태도의 두 번째 차원인 무의식 차원의 인종에 대한 태도, 즉 미처 생각할 시간을 갖기도 전에 불쑥 튀어나오는 즉각적이고 자연발생적인 연상이다. 우리는 자신의 무의식적인 태도를 심사숙고해 선택하지는 않는다. 그리고 제1장에서도 이야기했듯이 심지어는 그것을 의식조차 못하기도 한다. 거대한 무의식의 컴퓨터는 우리가 경험한 것들, 우리가 만난 사람들, 우리가 배운 교훈들, 우리가 읽은 책들, 우리가 본 영화들, 그러한 온갖 것에서 나온 모든 데이터를 조용히 분석해 하나의 견해를 형성해낸다. IAT에서 표출되는 것은 바로 그것이다.

테스트가 심란한 것은 우리의 무의식적 태도가 때로는 우리가 공식 표명한 의식적 가치와 완전히 모순될 수도 있음을 보여준다는 것이다. 예를 들어 지금까지 인종 IAT를 수행한 아프리카계 미국인 5만 명 중 절반 정도가 나처럼 흑인보다는 백인 쪽에 더 강한 동류의식을 갖고 있는 것으로 밝혀졌다. 어떻게 그러지 않을 수 있을까? 우리는 백인을 좋은 것과 연결 짓는 문화 메시지를 연일 퍼부어대는 북아메리카에 살고 있다.

IAT 연구의 선두 주자 중 한 명으로 하버드 대학교에서 심리학을 가르치는 마자린 바나지는 말했다.

"당신은 지배 집단과 적극적으로 사귀는 것을 선택하지는 않습니다. 하지만 그러라는 요구를 받지요. 사방을 둘러보아도 그 집단이 좋은 것들과 짝지어져 있거든요. 신문을 펼쳐 들든, TV를 켜든, 당신은 거기서 달아날 수 없습니다."

IAT는 태도에 대한 한낱 추상적인 수치 그 이상이다. 특정한 유형의 자연발생적 상황에서 우리가 어떻게 행동할지에 대한 강력한 예고자이기도 하다. 예컨대 당신이 강렬한 백인 선호 연상 패턴을 갖고 있을 경우 그것은 분명히 흑인 앞에서 당신의 행동 방식에 영향을 미친다. 물론 당신이 무엇을 말하고 느끼고 행할지를 선택하는 데까지 영향을 주지는 않는다. 십중팔구 당신은 스스로가 백인 앞에서와 조금이나마 다르게 행동하고 있다는 것을 의식하지도 못할 것이다. 그러나 모르긴 해도 아마 몸을 앞으로 조금 덜 숙이고, 그 사람에게서 살짝 돌아서고, 몸을 조금 움츠리고, 자기표현을 조금 줄이고, 눈을 덜 마주치고, 조금 더 떨어져 서고, 미소를 조금 줄이고, 말을 조금 더 망설이거나 더듬고, 농담을 해도 조금 덜 웃고 할 것이다. 그게 문제가 되냐고? 물론 문제가 된다.

당신이 입사 면접을 하고 있다고 치자. 그리고 지원자가 흑인이라고 하자. 그는 당신의 그 불안정함과 거리감을 눈치챌 것이고, 그것은 당연히 스스로에 대한 믿음을 조금 떨어뜨릴 뿐 아니라 그의 자신감을 조금 갉아먹고, 그를 조금 덜 친근한 사람으로 만들 것이다. 그러면 그에 대해 당신은 어떻게 생각할까? 본능적으로 당연히 그 지원자가 필수적 자질이 정말 부족하거나, 어쩌면 다소 냉담한 사람이거나, 어쩌면 정말로 일자리를 원하는 게 아닌 것 같다는 느낌을 받게 될 것이다. 다시 말해 무의식적인 첫인상의 영향으로 그의 입사 면접은 가망 없는 길로 빠져들고 말 것이다.

다른 예로 당신이 면접하고 있는 사람이 키가 크다면 어떻게 될까? 의식적 차원에서는 우리가 키 큰 사람을 키 작은 사람과 조금도 다르지 않게 대한다고 생각할 거라고 나는 확신한다. 그러나 키, 특히 남자의 키는 특정한 경향의 매우 긍정적인 무의식 연상을 일으킨

다는 것을 시사하는 증거가 많다.[3]

나는 '포춘 500' 리스트(경제지 〈포춘〉이 매년 미국 및 해외 기업을 대상으로 선정하는 매출 규모 상위 500개 기업 리스트) 중 약 절반의 회사에 설문을 돌려 각 회사의 CEO에 관한 조사를 진행했다. 나는 어느 누구에게도 새삼스러운 일이 아닐 거라고 믿지만, 대기업 총수들은 백인이 압도적이었다. 모종의 암묵적 편견이 반영된 게 틀림없다. 그리고 거의 대부분의 CEO가 장신이었다. 나의 표본에서 남자 CEO들의 평균 키는 약 182센티미터였다. 미국 남자의 평균 키가 약 175센티미터임을 감안하면 CEO 집단의 키가 평균보다 7센티미터 크다는 뜻이다. 그러나 이 통계 수치는 실상을 제대로 전하지 못하고 있다. 미국인 중 키가 182센티미터 이상인 사람은 약 14.5%다. '포춘 500'에 든 기업의 CEO 중에서는 그 비율이 58%이다. 더욱 놀랍게도 미국의 전체 성인 남자 중 키가 188센티미터 이상인 사람은 3.9%에 불과하다. 그런데 나의 CEO 표본 중에서는 3분의 1에 가까운 수가 188센티미터 이상이었다.

최고경영진 중에 여자나 소수 인종이 별로 없다는 데는 최소한 그럴듯한 설명이라도 있다. 차별이나 문화 패턴과 연관된 수많은 이유로 오랫동안 여자나 소수 인종이 미국 기업의 경영진 대열에 진입하는 경우가 그리 많지 않았다는 것이다. 그리하여 오늘날까지도 이 사회에서 최고경영진 자리에 필요한 경험이 있는 사람들을 찾을 때, 경영자 후보군에 여자나 소수 인종이 많지 않다고 주장하는 것은 그래도 조금은 그럴듯하게 들린다.

그러나 이 말은 키 작은 사람들에겐 적용되지 않는다. 큰 회사의 임직원 전체를 백인만으로 채울 수는 있지만, 키 작은 사람을 배제하고 키 큰 사람만으로 큰 회사를 모두 채우는 것은 가능하지 않다. 키 큰 사람들이 천지에 널려 있지는 않기 때문이다. 그럼에도 이제까지 키 작은 사람이 경영진의 반열에 오르는 데 성공한 경우는 드물다. 키가 167센티미터가 안 되는 미국인 남자는 수천만 명이지만, 나의 표본에서 CEO 단계까지 오른 사람은 모두 합해 10명뿐이었다. 키가 작은 것이 여자나 아프리카계 미국인만큼이나 기업에서 성공하는 데 핸디캡으로 작용하고 있는 것 같다는 말이다(당당한 예외가 있기는 하다. 아메리칸 익스프레스의 CEO 케네스 셔놀트Kenneth Chenault이다. 그는 키도 175센티미터로 크지 않은 편인 데다 흑인이다. 그는 워런 하딩의 두 가지 오류를 훌륭하게 극복해온 인물임에 틀림없다).

이것은 의도된 선입견일까? 물론 아니다. 어느 누구도 키가 너무 작아서 역량 있는 CEO 후보를 탈락시킨다고 말하지는 않는다. 이것은 IAT가 짚어내는 것과 같은 종류의 무의식적 편견임이 분명하다. 우리들 대부분은 스스로 전혀 의식하지 못하는 상태에서 자동적으로 지도력과 당당한 체격을 연계시킨다. 우리에겐 리더는 이런 모습일 거라는 감이 있는데, 정형화된 그 상은 매우 강력해서 누군가가 그에 부합할 경우 함께 고려할 다른 측면에는 그만 눈을 감아버린다. 그리고 이런 현상은 경영진 선출에 국한되지 않는다.

얼마 전 몇몇 연구자가 출생 때부터 성인기까지 수천 명의 일생을 추적한 방대한 조사 연구 작업에서 나온 데이터를 분석한 끝에 나이와 성별, 몸무게 등의 변수를 보정할 경우 키 2.5센티미터는 연봉 789달러의 값어치가 있음을 계산해냈다. 다른 조건들이 똑같을 경우 키가 185센티미터인 사람은 167.5센티미터인 사람보다 매년 평균 5,523달러를 더 번다는 뜻이다.[4] 키와 연봉 연구의 입안자 중 한 사람인 티머시 저지Timothy Judge는 이렇게 지적했다.

"이 수치를 30년 경력에 적용하고 이자를 복리로 계산할 경우, 키 큰 사람은 말 그대로 수십만 달러의 소득을 더 올리게 된다는 이야기이지요."

당신은 왜 그토록 평범한 사람들이 회사나 조직의 책임 있는 자리에 오르는 경우가 많은지 의문을 품어본 적이 있는가? 그것은 매우 중요한 직책을 맡을 인물을 결정할 때조차도 우리의 선택이 우리가 생각하는 것보다 훨씬 덜 이성적이기 때문이다. 우리는 키 큰 사람을 보면 약해진다.

고객을 소중히 대하라

뉴저지주의 중심 도시 플레밍턴에 있는 닛산Nissan 대리점의 판매 책임자는 밥 골롬Bob Golomb이라는 50대의 남자다. 골롬은 키가 작고, 숱이 적은 검은 머리에 철테 안경을 쓰고 있다. 그는 평소에 짙은 색의 수수한 양복을 입고 있어 마치 은행원이나 주식중개인처럼 보인다. 골롬은 10여 년 전 자동차 판매 비즈니스를 시작한 이래 한 달

평균 약 20대의 차를 팔아왔다. 자동차 세일즈맨 평균 판매량의 2배가 넘는 실적이다. 골롬의 책상 위에는 5개의 황금 별이 한 줄로 놓여 있는데, 대리점에서 그의 실적을 인정하고 치하하며 준 것이다. 자동차 판매업계에서 골롬은 거장이다.

골롬처럼 성공한 세일즈맨이 되는 것은 얇게 조각내어 관찰하는 능력이 비상하게 요구되는 일이다. 당신이 한 번도 만난 적이 없는 누군가가 어쩌면 자신의 일생에서 가장 비싼 쇼핑이 될지도 모를 일을 결심하고서 대리점 안으로 걸어 들어온다. 어떤 사람은 불안정하고, 어떤 사람은 신경질적이다. 어떤 사람은 자신이 무엇을 원하는지 정확히 알고 있다. 어떤 사람은 아무 생각이 없다. 개중에는 차에 대해 잘 알고 있어서 선심 쓰는 듯한 어조로 말하는 세일즈맨에게 기분이 상하는 이도 있다. 반면에 누군가가 자기 손을 잡아끌고 가서는 도저히 저항할 수 없을 것 같은 절차를 거쳐 자신을 납득시켜주기를 갈망하는 사람도 있다. 세일즈맨은 판매를 성공시키려면 그 모든 정보를 모아서(예컨대 남편과 아내, 아버지와 딸 사이의 역학 관계를 알아내어) 처리하고, 그에 맞추어 자신의 행동을 조절해야 하며, 더욱이 만난 지 처음 몇 분 안에 그 모든 일을 해내야만 한다.

밥 골롬은 얇게 조각내어 관찰하는 일쯤은 별 힘 들이지 않고 하는 부류의 사람임에 틀림없다. 그는 자동차 판매업계의 에벌린 해리슨이다. 그에겐 차분하면서도 주의 깊은 지성과 공손한 매력이 있다. 그는 생각이 깊고 주도면밀하다. 그는 훌륭한 경청자다.

골롬은 자기에겐 자신의 일거수일투족을 안내하는 세 가지 단순한 규칙이 있다고 말했다.

"고객을 소중히 대하라. 고객을 소중히 대하라. 고객을 소중히 대하라."

당신이 만일 골롬에게 차를 한 대 산다면, 다음 날 그는 전화를 걸어 모든 게 이상이 없는지 확인할 것이다. 당신이 만일 대리점에 들렀다가 아무것도 사지 않고 그냥 간다면, 다음 날 그는 방문해주어서 고맙다고 전화를 해올 것이다.

골롬은 말했다.

"기분이 좋지 않은 날이더라도 항상 최고의 얼굴을 하고 있어야 합니다. 고객에게 남는 것은 그 얼굴입니다. 집에 끔찍한 일이 있다 해도 고객에게는 최선을 다해야 합니다."

내가 골롬을 만났을 때 그는 링이 3개 박힌 두툼한 바인더 하나를 꺼내 보여주었다. 여러 해에 걸쳐 만족한 고객들에게서 받은 수많은 편지를 철해놓은 것이었다. 그가 말했다.

"편지 하나하나마다 사연이 있습니다."

그는 그 모든 내용을 기억하고 있는 것 같았다. 그가 무심코 바인더를 넘기다가 타자 친 짤막한 편지 하나를 가리켰다.

"1992년 11월 말 토요일 오후. 커플. 이 사람들은 풀 죽은 얼굴을 하고서 대리점에 들어왔습니다. 내가 말했지요. '손님들, 종일 차를 보고 다니셨군요.' 그렇다는 대답이 돌아왔습니다. 아무도 그들을 진지하게 대하지 않았던 것이지요. 내가 결국 그들에게 차를 한 대 팔았는데, 말하자면 로드아일랜드쯤 되는 곳에서 차를 가져와야 했습니다. 나는 640킬로미터 떨어진 곳에 운전기사를 보냈어요. 그들은 무척 행복해했습니다."

그가 또 한 장의 편지를 가리켰다.

"여기 이 신사분. 우리는 1993년 이래 이분에게 차를 여섯 대나 인도했습니다. 차를 받을 때마다 그는 편지를 한 장씩 써 보냈습니다. 그런 편지가 많아요. 여기 이 친구는 여기서 64킬로미터 떨어진 뉴저지주 키포트 근처에 사는데, 내게 가리비 한 접시를 보내왔습니다."

그러나 골롬의 성공에는 훨씬 더 중요한 또 하나의 이유가 있었다. 그는 자신이 따르는 매우 단순한 규칙이 하나 더 있다고 했다. 고객의 욕구와 기분에 대해 순간적 판단을 수없이 하지만, 결코 사람의 외모를 기준으로 누군가를 판단하지는 않는다는 것이다. 그는 문안으로 걸어 들어오는 사람 모두가 차를 살 가능성은 정확히 똑같다고 상정한다.

"이 비즈니스에서는 사람들을 예단할 수 없습니다."

우리의 만남에서 그는 이 말을 계속 되풀이했는데, 그때마다 그의 얼굴은 강한 확신에 차 있었다. 골롬은 말했다.

"예단은 죽음과의 입맞춤이지요. 모든 사람에게 최선의 시도를 다해야 합니다. 풋내기 세일즈맨은 고객을 보고 이렇게 말합니다. '이 사람은 차를 살 사람처럼 보이지 않아.' 이것은 최악의 자세입니다. 때로는 전혀 살 것 같지 않던 사람이 대박을 터뜨리는 경우도 있거든요. 내가 거래하는 농부가 하나 있는데, 나는 여러 해에 걸쳐 그에게 모든 종류의 차를 다 팔았습니다. 악수를 하며 계약을 끝낸 뒤 그는 내게 100달러 지폐를 한 장 건네며 말합니다. '내 농장으로 보내주십시오.' 우리는 배송 계약서를 작성할 필요도 없습니다. 당신이 지금 이 자리에서 쇠똥 묻은 작업복을 걸친 그를 본다면 아마도 귀중한 고객이라는 생각은 들지 않을 겁니다. 하지만 우리 업계의 표현을 빌려 말하자면 그는 사실 현찰 덩어리이지요. 또 어떤 사람들은 10대의 청소년이 들어오면 내쫓아버리는 경우가 간혹 있습니다. 그런데 그날 밤 그 10대가 부모를 대동하고 와서 차를 고릅니다. 계약서를 작성하는 건 물론 다른 세일즈맨이지요."

골롬의 이야기는 대다수의 세일즈맨이 전형적인 워런 하딩의 오류에 빠지기 쉽다는 것이다. 그들은 누군가를 보고는 어찌 된 일인지 그 사람의 외모에서 받은 첫인상에 휘둘린 나머지 첫 대면에서 이럭저럭 긁어모은 다른 모든 정보 조각을 떠내려 보내고 만다. 그에 반해 골롬은 정보를 엄선하려고 노력한다. 그는 안테나를 세우고 저 손님이 확신에 차 있는가, 아니면 불안정한가? 아는 게 많은가, 아니면 순박한가? 잘 믿는 기질인가, 아니면 의심하는 기질인가? 등등의 정보를 수집한다. 그렇게 얇게 조각내어 관찰한 결과 얻어낸 정보의 홍수 속에서 오로지 외모에서만 받은 인상만큼은 걸러내려고 애쓴다. 골롬의 성공 비결은 워런 하딩의 오류와 맞서 싸우기로 결심한 데 있다.

애송이 점찍기

밥 골룸의 전략은 왜 그토록 잘 먹힐까? 자동차 판매 비즈니스에서는 워런 하딩의 오류가 비록 널리 인정되진 않았지만 지대한 역할을 하는 것으로 드러났다. 예일 대학교 로스쿨 교수이면서 경제학자이기도 한 이언 에어즈Ian Ayers가 1990년대에 수행한, 괄목할 만한 사회 실험을 예로 들어 생각해보자.

에어즈는 38명으로 팀을 구성했다(18명은 백인 남자, 7명은 백인 여자, 8명은 흑인 여자, 5명은 흑인 남자였다). 에어즈는 가능한 한 이들이 비슷하게 보이도록 하는 데 크게 신경 썼다. 이들은 모두 30대 중반이었고, 평균 정도의 매력을 지니고 있었다. 에어즈는 이들에게 수수한 캐주얼 차림을 하라고 주문했다. 여자들은 블라우스와 H라인 스커트 차림에 굽 없는 신발을 신었고, 남자들은 폴로셔츠나 남방셔츠와 평상복 바지 차림에 평상화를 신었다. 그리고 이들 모두에게 똑같이 꾸며낸 이야기가 전달되었다.

이들은 시카고 일대의 자동차 대리점 총 242개를 찾아가 자신을 시카고 근교의 멋진 마을인 스트리터빌에 살며, 대학 교육을 받은 젊은 전문가(표본 직업은 은행의 시스템 분석가)라고 소개하라는 교육을 받았다. 이들이 할 일에 대한 지침은 훨씬 더 명확했다. '자동차 대리점에 걸어 들어간다. 세일즈맨이 다가올 때까지 기다린다. 대리점에 전시된 차 중 가장 낮은 가격의 차를 가리키며 "이 차를 샀으면 합니다"라고 말한다. 그리고 세일즈맨이 최초로 제시한 가격을 들은 다음, 세일즈맨이 제의를 수용하거나 아니면 더 이상의 흥정을 거부할 때까지 밀고 당기며 계속 흥정한다.' 대체로 약 40분이 걸리는 과정이었다.

에어즈의 의도는 매우 명확한 한 가지 문제에 초점이 맞추어져 있었다. '다른 모든 요소가 절대적으로 같을 경우 피부색이나 남녀 차이가 자동차 세일즈맨이 제시하는 차량 가격에 얼마나 영향을 미치는가?'

결과는 기절초풍할 만했다. 백인 남자가 세일즈맨에게서 받은 최초의 제시 가격은 딜러의 송장(즉 대리점에서 제조사에 지불한 차량 가격)보다 725달러 높은 가격이었다. 백인 여자는 송장보다 935달러 높은 가격을 제시받았다. 흑인 여자가 처음 제시받은 가격은 송장보다 평균 1,195달러 높았다. 그리고 흑인 남자는? 송장보다 무려 1,687달러 높은 가격이었다. 약 40분간의 흥정 끝에 흑인 남자가 간신히 깎은 가격조차도 송장보다 평균 1,551달러 높았다. 에어즈의 실험에 참여한 흑인 남자들은 결국 지루한 협상을 거치고도 여전히 백인 남자들이 말 한마디 하지 않고 제시받은 가격보다 800달러 이상 높은 가격에서 흥정을 끝내야 했다.[5]

이 실험 결과를 어떻게 보아야 할까? 시카고의 자동차 세일즈맨들은 믿기 힘들 정도의 성차별주의자이거나 완강한 편견에 사로잡힌 사람들일까?

이는 현상에 대한 매우 극단적인 설명임에 틀림없다. 자동차 판매 비즈니스에서는 누군가에게 정가(대리점에 전시된 자동차 유리에 붙어 있는 가격)대로 지불하도록 설득할 수 있다면, 또 그들에게 가죽 시트와 음향 시스템, 알루미늄 휠 등의 풀 프리미엄 패키지를 선택하게 할 수 있다면, 집요하게 흥정을 벌일 태세가 되어 있는 5~6명의 고객에게 뽑아낼 수 있는 커미션을 잘 속는 고객 한 사람에게서 챙길 수 있다. 다시 말해 자동차 세일즈맨은 누구나 애송이를 점찍고 싶은 유혹이 매우 크다. 자동차 세일즈맨들 사이에는 정가대로 지불하는 이런 애송이 고객을 일컫는 특별한 단어까지 있다. 이른바 '왕거니lay-down'이다. 에어즈의 연구에 대한 한 가지 해석은 이 자동차 세일즈맨들이 그저 여자와 흑인은 왕거니라는 포괄적 결론을 내린 것뿐이라는 것이다. 그들은 백인 남자가 아닌 누군가를 보면 속으로 생각한다.

'아하! 이 사람은 멍청하고 순진하니까 이참에 돈을 왕창 뜯어낼 수 있을 거야.'

그러나 이 해석은 그다지 이치에 맞지 않는다. 에어즈의 흑인과 여자 고객들은 우선 자신이 멍청하고 순진한 인간이 아니라는 표시를 하나하나 분명하게 드러냈다. 그들은 대학 교육을 받은 전문가였다. 유망한 직업을 갖고 있었다. 또 부촌에 살고 있었다. 성공한 사람들의 차림새였다. 그들은 40분이나 흥정을 벌일 만큼 지식이 있었다. 이 중 무엇이 그들이 애송이임을 시사하는가?

에어즈의 연구가 의식적 차별을 입증하기 위한 것이라면 시카고의 자동차 세일즈맨들은 극악무도한 편견에 사로잡힌 인간들이거나(그런 것 같지는 않다), 아니면 숱한 단서를 모조리 잊어버리는 무지몽매한 인간들이어야 한다(역시 그런 것 같지 않다). 내 생각엔 그게 아니고 보다 미묘한 뭔가가 여기에 흐르고 있는 것 같다.

어떤 이유에서든(경험에서든, 자동차 판매 지식이나 다른 세일즈맨들에게 들은 이야기를 통해서든) 그들이 왕거니와 여자나 소수 인종 사이에 자연발생적이고 강한 연상 고리를 갖고 있었다면 어떻게 될까? 수백만 명의 미국인이 인종 IAT에서 '악한'과 '범인'이라는 단어를 아프리카계 미국인과 연결 지었듯이 그들이 이 두 가지 개념을 머릿속에서 무의식적으로 연결 지어 여자나 흑인이 문으로 걸어 들어오는 순간 본능적으로 애송이를 떠올린다면?

이 세일즈맨들은 어쩌면 의식적으로는 인종이나 성 평등에 대해 강렬한 책무 의식을 갖고 있을지도 모른다. 또 십중팔구는 아마도 매우 세심하게 읽어낸 고객들의 성격을 토대로 가격을 조금씩 조정해 제시하는 것뿐이라고 주장할 것이다. 그러나 고객 하나하나가 문으로 걸어 들어오는 바로 그 순간에 그들이 내린 결정은 다른 종류의 것이었다. 그것은 무의식적 반응이었다. 그들은 에어즈의 자동차 구매자들에 관한 매우 즉자적卽自的이고 명백한 사실들(그들의 성별과 피부색)을 조용히 골라 집어 들고는 여러 방면의 새롭고 모순되는 증거들이 속속 드러나는데도 그 판단을 고수했다. 그들은 1920년 대통령 선거에서 워런 하딩을 한 번 보고는 곧바로 결론을 내린 다음 생각하기를 그친 미국 유권자들과 똑같이 행동하고 있었다. 유권자들의 경우 그들의 오류는 미국에 역사상 최악의 대통령을 선사했다는 것이다. 자동차 세일즈맨들의 경우 여자나 흑인에게 부당하게 높은 가격을 부른 그들의 결정은 그러지 않았다면 차를 샀을지도 모르는 사람들을 멀찌감치 밀어냈다.

골롬은 모든 고객을 조금도 다르지 않게 대하고자 한다. 인종이나 성별이나 외모에 입각한 순간적 판단이 얼마나 위험한지 잘 알기 때문이다. 때로는 더러운 작업복을 걸친 인상 나쁜 농부가 실제로는 4,000에이커의 대농장을 소유한 거부인 경우도 있고, 10대 청소년이 나중에 부모를 대동하고 다시 나타나는 경우도 있다. 젊은 흑인이 하버드 대학교 MBA를 갖고 있는 경우도 있다. 금발의 소녀가 가족 전체의 차를 선택할 수도 있다. 때로는 은발에 듬직한 어깨, 각진 턱의 소유자가 별 볼일 없는 사람인 경우도 있다. 따라서 골롬은 '왕거니'를 점찍으려 하지 않는다. 그는 차 한 대에서 높은 마진을 얻는 것을 포기하고 모든 사람에게 같은 가격을 부르며 양으로 승부한다. 골롬이 공평하다는 말이 널리 퍼지면서 그의 실적 중 3분의 1은 만족한 고객의 추천에서 나올 정도에 이르렀다.

골롬은 말했다.

"누군가를 얼핏 보고 '이 사람이 차를 살 사람일까?' 하고 말하는 게 가능할까요? 그럴 수 있으면 정말 좋겠지만, 나로서는 알 길이 없습니다. 때로는 완전히 허를 찔리기도 합니다. 한 남자가 수표책을 흔들며 들어와 이렇게 말합니다. '오늘 당장 차를 사러 왔습니다. 가격만 맞으면 오늘 차를 사겠습니다.' 결과는 어떨까요? 열에 아홉은 사지 않습니다."

킹 박사를 생각하라

우리는 워런 하딩의 오류에 어떻게 대처해야 할까? 우리가 여기서 이야기하는 부류의 편견들은 그렇게 명명백백한 것이 아니어서 해결책을 찾아내기가 쉽지 않다. 흑인들은 백인과 같은 샘에서 물을 마실 수 없다고 하는 법이 있다면 법을 바꾸는 것이 분명한 해결책이다. 그러나 무의식적 차별은 조금 까다롭다. 1920년의 유권자들이 워런 하딩의 훌륭한 외모에 속아 넘어가고 있다는 걸 느끼지 못한 것처럼 시카고의 자동차 세일즈맨들도 자신이 얼마나 지독하게 여자와 소수 인종을 속이고 있는지 깨닫지 못했으며, 이사회도 자신들이 얼마나 어처구니없이 키 큰 사람들에게 강한 호의적 편견을 품고 있는지 인식하지 못했다. 이처럼 의식 바깥에서 진행되는 오류는 어떻게 바로잡아야 할까?

답은 우리가 첫인상 앞에서 속수무책이지 않다는 것이다. 무의식에서(우리 뇌 속의 잠긴 문 저편에서) 첫인상이 솟아날 수는 있지만, 뭔가가 의식 바깥에 있다고 해서 반드시 제어가 불가능하다는 뜻은 아니다. 예를 들어 당신이 인종 IAT나 직업 IAT를 원하는 만큼 반복하면서 상대적으로 문제가 되는 범주에 더 빨리 응답할 수 있도록 열심히 노력할 수는 있지만, 그런다고 별반 달라지는 게 없다는 것은 사실이다. 그러나 믿든 안 믿든 당신이 IAT를 하기 전에 마틴 루터 킹Martin Luther King이나 넬슨 만델라Nelson Mandela, 콜린 파월Colin Powell 같은 이들에 관한 일련의 사진이나 기사를 훑어본다면 아마도 반응 시간이 달라질 것이다. 긍정적인 것들에서 흑인을 연상하는 일이 갑작스럽지만 그다지 어렵지 않게 느껴질 것이다.

마자린 바나지는 말했다.

"매일같이 습관처럼 IAT를 하는 학생이 하나 있었습니다. 그의 생각은 일삼아 테스트를 계속하면서 그저 데이터를 한번 모아보자는 것이었지요. 그러던 어느 날 흑인에 대해 긍정적인 연상 결과가 나왔습니다. 그는 말하더군요. '이상한 일이었습니다. 그런 적이 한 번도 없었거든요.' 모두들 IAT의 점수를 변화시키려고 기를 써보았지만 그럴 수가 없었으니까요. 하지만 그는 육상 팬이었고, 생각 끝에 자신이 그날 아침 올림픽 경기를 지켜보며 시간을 보냈다는 것을 깨달았습니다."

첫인상은 우리의 경험과 환경에서 생성된다. 이는 그 인상을 형성하는 경험들을 변화시킴으로써 첫인상을 바꿀 수 있다는(얇게 조각내어 관찰하는 방식을 바꿀 수 있다는) 의미다. 당신이 모든 면에서 흑인을 동등하게 대하고 싶어 하는 백인(백인에 대해 갖고 있는 것만큼 흑인에 대해서도 긍정적인 연상을 갖고 싶어 하는 백인)이라면 평등에 대한 단순한 언급 이상의 것이 필요하다. 소수 인종 앞에 일상적으로 모습을 드러내고, 그들과 함께 있을 때 편안함을 느끼며, 그들의 좋은 문화에 친숙해지도록 소수 인종의 성원과 만나고, 약속하고, 이야기하고, 그들을 채용하고자 할 때 망설임이나 불안감이 드러나지 않도록 당신의 삶을 변화시키는 것이 필요하다. 신속한 인식을 진지하게 받아들이고자 한다면(좋든 나쁘든 첫인상이 우리의 삶에 행사하는, 믿기지 않는

힘을 인정하고자 한다면) 능동적으로 걸음을 내디뎌 첫인상을 관리하고 제어할 수 있어야 한다.[6]

다음 장에서는 첫인상과 순간적 판단의 결과에 맞서 싸운 사람들에 관한 세 가지 이야기를 하려고 한다. 어떤 사람은 성공했고, 어떤 사람은 성공하지 못했다. 그러나 그 모두가 얇게 조각내어 관찰하는 것의 놀라운 힘을 어떻게 해야 더 잘 이해할 수 있는지, 또 그 놀라운 힘과 어느 선에서 타협하면 좋은지를 알 수 있는 중대한 교훈을 준다.

MALCOLM GLADWELL

4장

폴 밴 라이퍼의
승리

즉 흥 성 의   발 현
구 조 를   만 드 는   법

폴 밴 라이퍼Paul Van Riper는 대머리에 철테 안경을 쓰고, 키가 크고 깡마른 남자다. 어깨를 쭉 펴고 걷는 그의 목소리는 거칠면서도 당당하다. 친구들은 그를 립Rip이라고 부른다. 그와 쌍둥이 형제가 열두 살이던 어느 날, 그들과 함께 차에 타고 있던 아버지가 신문에서 한국전쟁 이야기를 읽다가 말했다.

"얘들아, 이제 전쟁이 곧 끝나겠다. 트루먼이 해병대를 보냈거든."

밴 라이퍼가 커서 해병대원이 되겠다고 결심한 건 그때였다. 베트남에 처음 갔을 때, 그는 사이공 근교의 논에 있던 북베트남군의 기관총을 끌어내다가 대포알에 맞아 하마터면 반 토막이 날 뻔했다. 1968년, 그는 마이크 부대(해병 1사단 제7해병 3대대)의 부대장이 되어 베트남에 돌아왔다. 주둔지는 남베트남의 논과 언덕이 혼재하는 농촌 지역으로, 해병대에서 도지시티Dodge City와 애리조나 테리터리Arizona Territory라고 부르는 두 위험 지대 사이에 위치한 곳이었다.

그의 임무는 북베트남군이 다낭에 로켓포를 쏘지 못하게 하는 것이었다. 그가 부임하기 전에는 부대의 정찰 구역 안에서 일주일에 한 번, 어떤 때는 두 번까지 로켓포 공격이 있었다. 하지만 그가 매복하고 있던 3개월 동안에는 딱 한 번뿐이었다.

마이크 부대에서 밴 라이퍼의 포병 상사로 있던 리처드 그레고리Richard Gregory는 말했다.

"그를 처음 만나던 때가 어제처럼 선합니다. 다낭의 남동쪽 근교, 55번 고지와 10번 고지 사이였지요. 우리는 악수를 나눴습니다. 그는 나지막한 중간 톤의 목소리가 힘 있고 분명하더군요. 단도직입적이었습니다. 간명했고요. 더할 나위 없을 만큼 자신만만했습니다. 전쟁 통에도 그런 태도는 늘 변함이 없었습니다. 전투 지역에 사무실(초가집)이 있었지만, 난 거기서 그를 본 적이 단 한 번도 없어요. 그는 늘 들판에 나가거나 벙커 근처를 거닐며 다음 할 일을 생각했습니다. 그는 어떤 생각이 떠오를 때마다 주머니 속에 늘 넣고 다니던 종잇조각에 그걸 적어두었지요. 회의가 열릴 때면 주머니 속에서 일고여덟 장의 종잇조각을 끄집어내곤 했습니다. 그와 함께 강에서 몇 미터 떨어진 정글 속에 있을 때의 일입니다. 그는 강 하류 쪽의 어떤 지역을 정찰하고 싶어 했어요. 하지만 그곳은 보이지 않았습니다. 덤불숲이 가로막고 있었거든요. 그는 조금도 망설임 없이 신발을 벗어 던지고 강 속으로 뛰어들더니 강 한복판으로 나아가 선 채로 헤엄을 치며 하류 쪽을 살폈습니다."

1968년 11월 첫째 주에 마이크 부대는 수가 훨씬 많은 북베트남군 부대와 힘겨운 전투를 벌였다. 부대의 소대장 중 하나이던 존 메이슨John Mason은 그때를 이렇게 기억했다.

"전투 중에 우리는 부상자 몇 명을 후송할 헬리콥터 한 대를 불렀습니다. 헬리콥터가 착륙하려는 순간, 북베트남군이 로켓포를 발사해 지휘소 요원들을 싹쓸이하기 시작했습니다. 순식간에 12명이 죽어 나갔지요. 나쁜 상황이었습니다. 3~4일 후 겨우 그곳을 빠져나오면서 보니 사상자가 전부 합해 45명이더군요. 하지만 우리는 목표를 달성했습니다. 55번 고지를 탈환했고, 바로 그다음 날 우리는 분대 전술과 정찰 훈련 그리고 믿거나 말거나 신체 단련PT을 하고 있었습니다. 당시 젊은 중위이던 나로서는 정글 속에서 PT를 한다는 건 상상도 할 수 없는 일이었지요. 그러나 우리는 했습니다. 숲속에서 소대 전술이나 분대 전술, 총검술 훈련을 한다는 것도 나로서는 상상도 못 한 일이지만, 우리는 했습니다. 전투 후엔 짧은 휴식 시간이 주어졌고, 다음엔 곧장 일상으로 돌아가 훈련을 하곤 했지요. 그게 립이 부대를 지휘하는 방식이었습니다."

밴 라이퍼는 엄격했다. 그리고 공정했다. 그는 전투 시 병사들이 어떻게 행동해야 하는지에 대해 명확한 생각을 가진 전쟁 학도였다. 마이크 부대의 또 다른 병사는 이렇게 회상했다.

"그는 총잡이였습니다. 책상에 가만히 앉아 있지 않고 앞장서서 부대원을 이끄는 사람이었지요. 그는 늘 공격적이었습니다. 하지만 그가 하라고 지시한 일이면 전 부대원이 거리낌 없이 나섰습니다. 언젠가 1개 분대를 이끌고 야간 매복을 나갔던 때가 생각납니다. '선장skipper(해병대에서 부대장을 부르던 호칭)'에게서 무전 연락이 왔어요. 그는 내게 난쟁이(북베트남군이라는 뜻) 121명이 우리 쪽으로 오고 있으니 격퇴하라고 했습니다. 나는 말했지요. '선장, 우리는 다 해서 아홉뿐입니다.' 그는 만약 내가 필요로 한다면 자신이 반격 부대를 이끌고 오겠다고 말하더군요. 그게 그의 방식이었지요. 비록 아군은 9명이고 적군은 121명이지만, 그의 머릿속에는 적이 나타났으니 적과 맞서 싸워야 한다는 생각뿐이었고 그 생각에는 추호의 의심도 없었습니다. 선장이 작전하는 곳곳에서 적은 그의 전술에 격퇴되었습니다. 그는 '나도 살고 적도 살리는' 그런 사람이 아니었지요."

2000년 봄, 일단의 국방부 고위 관리가 밴 라이퍼를 찾아왔다. 그는 당시 발군의 오랜 경력을 두루 거쳐 퇴임한 상태였다. 국방부는 '밀레니엄 챌린지 2002Millenium Challenge 2002'라는 전쟁 게임의 입안 초기 단계에 있었다. 역사상 규모가 가장 크고, 비용도 가장 많이 들어가는 전쟁 게임이었다. 마침내 연습이 무대에 오를 때(2년 반 뒤인 2002년 7월에서 8월 초)까지 총 2억 5,000만 달러를 투입할 계획이었는데, 이는 웬만한 나라의 국방 예산 총액보다도 더 많은 액수였다. 밀레니엄 챌린지 2002 시나리오에 따르면 악당 군 지휘자 하나가 페르시아만 어딘가의 자기네 정부에 반기를 들고 일어나 일대를 전쟁에 빠뜨리겠다고 위협했다. 그는 강력한 종교적·민족적 충성심을 바탕으로 상당한 권력 기반을 갖추었고, 서로 다른 4개의 테러 조직에 은신처를 제공하며 후원하고 있었다. 또한 그는 악성 반미주의자였다. 밀레니엄 챌린지 2002(이 게임은 결국 고무적인 혹은 관점에 따라서는 참담한 캐스팅을 한 작품으로 드러났다)에서 밴 라이퍼가 요청받은 역할은 악당 사령관 역이었다.

페르시아만의 어느 아침

미국 군부에서 전쟁 게임을 지휘하는 그룹은 연합군 사령부Joint Forces Command라고 부르는데, JFCOM으로 더 잘 알려져 있다. JFCOM은 워싱턴D.C.에서 남동쪽 방향으로 차를 타고 몇 시간 달리면 도착하는 버지니아주 서쪽의 굽이진 도로 끝에 나지막한 콘크리트 건물 두 동을 차지하고 있다. 거리에서는 보이지 않는 주차장 입구 바로 앞에 작은 경비 초소가 있고, 경계에는 쇠사슬 담장이 둘러쳐져 있다. JFCOM의 내부는 지극히 평범한 사무용 건물 같아 보이는데, 회의실과 칸막이 방이 줄지어 있고 카펫 없는 기다란 복도에는 밝은 조명이 설치돼 있다. 그러나 JFCOM이 하는 일은 결코 평범하지 않다. JFCOM은 국방부에서 군 조직에 관한 새로운 아이디어를 테스트하고, 새로운 군사작전을 실험하는 곳이다.

　전쟁 게임에 대한 기획이 본격적으로 시작된 것은 2000년 여름이다. JFCOM은 수백 명의 군사 분석가와 전문가, 소프트웨어 전문가들을 불러 모았다. 전쟁 게임 언어에서 미국과 동맹국은 항상 청팀Blue Team으로 불리고, 적국은 홍팀Red Team으로 불린다. JFCOM은 각 팀의 종합 명세를 만들었는데, 아군의 전력과 적의 전력으로 추정된 모든 사항이 두루 포함돼 있다. 게임에 앞서 몇 주 동안 홍군과 청군은 결전에 대비한 일련의 '돌풍' 훈련에 참가했다. 악당 사령관은 갈수록 호전적이 되었고, 미국의 상황은 갈수록 어두워졌다.

7월 말 양측은 서픽에 도착해 JFCOM 본부 건물 1층의 테스트실로 알려진 창문 없는 큰 방 여러 개에 설비를 차렸다. 전국의 여러 군사기지에 있는 해병대, 공군, 육군, 해군 부대들이 홍팀과 청팀 지휘관의 명령을 집행하기 위해 대기했다. 가끔씩 청팀이 미사일을 쏘거나 비행기를 발진시킬 때마다 미사일이 실제로 발사되거나 비행기가 이륙했고, 그러지 않을 때는 42개의 각각 독립된 컴퓨터 모델 중 하나가 그 행동을 하나하나 너무나도 정확하게 모사해 방 안에 있는 사람들은 종종 그게 실제인지 가상인지 분간하지 못할 정도였다. 게임은 2주일 반 동안 계속되었다. 차후의 분석을 위해 JFCOM의 전문가 팀이 대화 내용을 하나도 빼놓지 않고 모니터링하며 기록했고, 컴퓨터 한 대가 발사된 모든 탄환과 미사일, 배치된 탱크들을 일일이 추적했다. 이는 실험 이상이었다. 1년도 채 안 되어(강력한 민족적 권력 기반을 갖고 있고, 테러리스트들을 숨겨두고 있다고 추정되는 악당 사령관이 있던 한 중동 국가를 미국이 침공했을 때) 분명해졌지만, 이는 철저한 전쟁 연습이었다.

밀레니엄 챌린지가 표방한 목적은 국방부에서 어떻게 전쟁을 치를지에 관한 새롭고 급진적인 일련의 아이디어를 검증하는 것이었다. 1991년 '사막의 폭풍 작전Operation Desert Storm'으로 미국은 쿠웨이트에서 사담 후세인Saddam Hussein의 세력을 뿌리 뽑았다. 그러나 그것은 철저한 재래식 전쟁이었다. 중무장하고 완전 편제된 두 군대가 탁 트인 전장에서 만나 싸우는 방식이었다. 사막의 폭풍 작전이 끝난 뒤 국방부는 그런 식의 전쟁은 곧 시대착오가 될 것임을 확신하기에 이르렀다. 순전히 군사적인 전투 방식으로 미국에 정면으로 도전할 만큼 어리석은 나라는 없을 것이다. 미래의 분쟁은 산개전이다. 전장만큼이나 도시에서도 빈번하게 전투가 벌어질 것이고, 무기 못지않게 사상이 전쟁을 유발할 것이며, 문화와 경제가 전쟁에서 차지하는 비중이 군대만큼이나 커질 것이다.

JFCOM의 한 분석가는 이렇게 썼다.

"다음 전쟁은 군대를 기반으로 한 군사 전쟁만이 아닐 것이다. 얼마나 많은 탱크를 때려 부수느냐, 얼마나 많은 배를 침몰시키느냐, 얼마나 많은 비행기를 격추하느냐가 승패의 결정적 요인이 될 수 없다는 의미다. 결정적 요인은 적의 시스템을 어떻게 해체하느냐다. 그들의 전투 능력을 추적하기보다는 전쟁을 만들어내는 능력에 주의를 기울여야 한다. 군사 시스템은 경제 시스템과 연결돼 있고, 경제 시스템은 문화 시스템과 연결돼 있으며, 문화 시스템은 개인 간 관계와 연결되어 있다. 그 모든 시스템 간의 연계 고리를 이해해야만 한다."

밀레니엄 챌린지에서 당시 청팀에는 어쩌면 역사상 어떤 군대보다도 더 큰 규모의 지적 자원이 제공되었다. JFCOM은 '작전용 그물망 평가Operational Net Assessment'라는 도구를 고안했는데, 이는 적을 일련의 시스템(군사·경제·사회·정치 시스템)으로 분해한 뒤 그 모든 시스템이 서로 어떻게 연결되어 있고 그중 어떤 고리가 가장 취약한지 보여주는 매트릭스를 만들어내는 일종의 의사결정 도구였다. 청팀 지휘관들에게는 '효과 베이스 작전Effects-Based Operations'이라는 도구도 제공되었다. 적의 군사력을 표적으로 삼아 파괴하는 전통적 작전 방식을 뛰어넘어 사고하도록 안내해주는 도구였다. '공동작전도Common Relevant Operational Picture, CROP'라는 이름의 실시간 종합 전투 상황도와 함께 상호 대화하며 계획을 세우는 데 필요한 도구도 주어졌다. 미국 정부 구석구석에서 나온 전례 없는 양의 정보와 지식 그리고 논리적이고 체계적이며 합리적이고 엄격한 방법론도 제공되었다. 국방부 병기창에서 나온 온갖 장난감도 그들의 차지였다.[1]

JFCOM 사령관 윌리엄 커넌William F. Kernan 장군은 전쟁 게임이 끝난 뒤에 가진 국방부 기자회견에서 다음과 같이 말했다.

"우리는 적의 환경(정치적·군사적·경제적·사회적·문화적·제도적 환경)에 영향을 미치기 위해 우리가 할 수 있는 것들을 빠짐없이 살펴보았습니다. 그 모든 것을 정말 종합적으로 관찰했습니다. 우리의 각 기관이 현재 보유한 자원 중에는 저들의 능력을 차단할 수 있는 것들이 있습니다. 저들의 통신을 두절시키고 그 국민들에게 힘을 주며, 국민들의 의지에 영향을 미쳐… 저들에게서 권력을 빼앗기 위해 할 수 있는 일들이 있습니다."

2세기 전에 나폴레옹은 "장군이 확실하게 아는 것은 아무것도 없고, 적을 똑똑히 보지도 못하며, 자신이 어디에 있는지도 명확하게 알지 못한다"라고 기록했다. 전쟁은 안개에 덮여 있었다. 밀레니엄 챌린지의 초점은 고성능 위성과 센서와 슈퍼컴퓨터를 활용해 그 안개를 걷어낼 수 있음을 보여주려는 것이었다.

폴 밴 라이퍼가 적군인 홍팀의 사령관으로 선택된 것이 여러 면에서 무척 고무적이었다는 것은 바로 그 때문이다. 밴 라이퍼가 무언가를 상징한다면 그것은 JFCOM의 그런 입장에 반대한다는 것이었다. 밴 라이퍼는 전쟁의 안개를 걷어낼 수 있다는 이론을 믿지 않았다. 버지니아주에 있는 그의 집 2층 서재에는 복잡성 이론과 군사 전략에 대한 저작들이 줄줄이 꽂혀 있다. 베트남에서의 경험과 독일의 군사 이론가 카를 폰 클라우제비츠Carl von Clausewitz의 책 읽기를 통해 밴 라이퍼는 전쟁이란 본디 예측 불가능하고 뒤죽박죽이며, 직선적이지 않은 것임을 확신하게 되었다. 1980년대에 밴 라이퍼는 종종 훈련에 참여했는데, 그 또한 군사 교범에 입각해 JFCOM이 밀레니엄 챌린지에서 테스트하고 있는 것과 같은 종류의 분석적이고 체계적인 의사결정 방식을 따르도록 요구받곤 했다. 그는 그게 싫었다. 그러자면 시간이 너무 오래 걸렸다.

밴 라이퍼는 말했다.

"언젠가 훈련 중에 있었던 일이 생각납니다. 사단장이 말하더군요. '정지! 적이 어디 있는지 봅시다.' 우리는 거의 8~9시간을 그 자리에 있었고, 적은 이미 우리 뒤편에 와 있었습니다. 우리가 세운 계획은 수포로 돌아가고 말았지요."

밴 라이퍼가 모든 합리적 분석에 넌더리를 낸 건 아니었다. 전투 중에는 적절치 않다고 생각한 것뿐이다. 전쟁의 불확실성과 시간의 압박이 여러 선택지를 조심스럽게 차분히 비교하는 일을 불가능하게 만든다는 것이었다.

1990년대 초 버지니아주 퀸티코에 있는 해병대학 학장으로 있을 때, 밴 라이퍼는 게리 클라인Gary Klein이라는 남자와 친해졌다. 클라인은 오하이오주에서 컨설팅 회사를 경영하며 의사결정에 관한 고전적 저작의 하나인《권력의 원천Sources of Power》을 썼다.[2] 클라인은 간호사, 집중 치료 요원, 소방관, 그 밖에 긴박한 상황에서 결정을 해야 하는 사람들을 연구했는데, 그가 내린 결론 중 하나는 전문가들이 결정을 내릴 때 가능한 한 모든 선택지를 논리적이고 체계적으로 비교하지는 않는다는 것이었다. 결정할 때는 그렇게 하라고 교육받지만, 실제에 적용하기엔 너무 느렸기 때문이다. 클라인의 간호사와 소방관들은 거의 즉각적으로 상황을 파악하고 경험과 직관, 일종의 거친 정신적 모의실험에 입각해 행동하곤 했다. 밴 라이퍼에게는 그것이 전장에서 사람들이 어떻게 결정을 내리는가에 대한 훨씬 더 정확한 묘사인 듯했다.

한번은 밴 라이퍼와 클라인 그리고 10명이 넘는 해병대 장군들이 호기심에서 뉴욕 상업거래소Mercantile Exchange 현장을 방문한 적이 있었다. 밴 라이퍼는 속으로 전시의 군사 지휘소를 빼놓고 이런 아수라장은 일찍이 본 적이 없다(여기서 뭔가 배울 수 있겠다)고 생각했다. 그날 마감 벨이 울린 뒤 장군들은 플로어에 내려가 거래 게임을 했다. 그런 다음 일단의 선물거래인을 대동하고 월스트리트에서 뉴욕만을 가로질러 거버너스섬의 군사기지로 가 컴퓨터로 전쟁 게임을 했다. 선물거래인들은 정말 잘했다. 전쟁 게임은 정보가 제한된 초긴장 상태에서 속사포를 쏘듯 중요한 결정을 내릴 것을 요구했는데,

그들이 종일 하는 일이 바로 그것이었다. 밴 라이퍼는 이어서 선물 거래인들을 퀸티코로 데려가 탱크 속에 앉힌 뒤 실제 사격 연습을 시켜보았다. 밴 라이퍼에게는 이 '과체중의 쑥대머리 장발족'들과 해병대 간부들이 기본적으로는 같은 일에 종사하고 있다는 생각이 갈수록 또렷해졌다. 유일한 차이는 한 그룹은 돈을 걸고 다른 한 그룹은 목숨을 건다는 것이었다.

게리 클라인은 말했다.

"선물거래인들과 장군들이 처음 만나던 때가 생각납니다. 칵테일 파티에서였는데, 정말 놀라운 광경을 목격했습니다. 한쪽은 해병대 원들로, 별을 둘이나 셋씩 단 장군들이었지요. 해병대 장군이 어떤 사람이라는 건 누구나 압니다. 개중에는 뉴욕 땅을 밟아본 적이 없는 사람도 있었지요. 다른 한쪽은 선물거래인들로, 20대나 30대 나이의 시건방진 청년 뉴요커들이었습니다. 방 안을 둘러보니 2~3명씩 짝지어 있는데, 한쪽 사람들로만 이루어진 그룹은 단 하나도 없었습니다. 그들은 그저 예의를 갖추고 앉아 있는 게 아니라 서로 활기차게 이야기를 나누고 있었지요. 그들은 정보를 교환하며 관계를 트고 있었습니다. 난 속으로 생각했습니다. 이 사람들은 마음이 통하는 친구들이구나. 그들은 서로를 진심으로 존중하고 있었습니다."

달리 말하자면 밀레니엄 챌린지는 한낱 두 군대 간의 싸움이 아니었다. 그것은 완전히 반대되는 두 군사 철학 간의 싸움이었다. 청팀은 적의 의도와 능력을 체계적으로 이해하는 데 필요한 데이터베이스와 매트릭스와 방법론을 갖고 있었다. 홍팀은 고래고래 소리 지르며 사람들을 밀치고 1시간에도 1,000번씩이나 순간적 결정을 내리는 선물거래인, 그 직감적인 쑥대머리 장발족들에게 진정한 동료 의식을 느낀 그런 사내의 지휘를 받고 있었다.

전쟁 게임 개막일, 청팀은 수만 명의 군대를 페르시아만에 쏟아부었다. 그들은 홍팀의 본국 바로 앞 해안가에 항공모함 전투단을 정박시켰다. 청팀은 막강한 군사력을 과시하며 밴 라이퍼에게 포인트 8의 최후통첩을 날렸다. 포인트 8은 항복 요구다. 그들은 자신만만하게 행동했다. '작전용 그물망 평가'의 매트릭스가 홍팀의 취약지는 어디인지, 예상하는 홍팀의 다음 움직임은 무엇인지, 홍팀의 선택지에는 무엇무엇이 있는지 알려주었기 때문이다. 그러나 밴 라이퍼는 컴퓨터가 예측한 대로 행동하지 않았다. 청팀은 밴 라이퍼의 마이크로파 송신탑을 파괴하고 광섬유 라인을 잘랐다. 그러면 홍팀이 위성통신이나 통화구역 방식의 이동전화를 쓸 수밖에 없어 그들의 통신을 모니터링할 수 있을 거라는 가정하의 작전이었다.

밴 라이퍼는 회상했다.

"그들은 홍팀이 그 사태에 경악할 거라고 말했지요. 경악? 글쎄요. 어느 정도 보고 들은 게 있는 사람이라면 누구라도 그런 기술에 의지해서는 안 된다는 것쯤은 알 겁니다. 그건 청팀의 사고방식이었지요. 아프가니스탄에서 오사마 빈 라덴Osama bin Laden에게 무슨 일이 일어났는지 안 뒤에도 이동전화나 위성통신을 쓸 사람이 누가 있겠습니까? 우리는 밀사를 오토바이에 태워 보내는 방식으로 교신했고, 메시지는 기도문 속에 숨겼습니다. 그들이 묻더군요. '당신들은 조종사와 관제탑 간의 통상적인 교신도 없이 어떻게 비행장에서 비행기를 이륙시켰습니까?' 나는 대답했습니다. '제2차 세계대전 때 기억 안 나요? 우리는 조명 장치를 쓰기로 했어요.'"

청팀은 마치 펼쳐진 책처럼 환히 읽을 수 있을 것 같던 적의 움직임이 갑자기 조금 알쏭달쏭해졌다. 그 순간 홍팀은 뭘 하고 있었을까? 밴 라이퍼는 마땅히 덩치 큰 적의 출현에 겁을 먹은 채 납작 웅크리고 있어야 했다. 그러나 그러기에 그는 너무 대단한 총잡이였다. 전쟁 둘째 날, 그는 페르시아만에 소형 보트 선단 하나를 띄워 침공해오는 청팀의 해군 함정들을 추적했다. 그런 다음 경고도 없이 1시간 동안 그 함정들에 크루즈 미사일 공격을 계속해서 퍼부었다. 홍팀의 기습 공격이 끝났을 때는 미군 함정 열여섯 척이 페르시아만 바닥에 가라앉아 있었다. 밀레니엄 챌린지가 그냥 예행연습이 아니고 실제 전쟁이었다면 미군 병사 2만 명은 총 한 발 쏴보지도 못한 채 물귀신이 되었을 것이다.

밴 라이퍼는 말했다.

"홍팀 사령관으로서 그 자리에 앉아 있어 보니 청팀이 선제공격 전략을 쓸 거라던 말이 실감 나더군요. 그래서 먼저 공격했습니다. 우리는 그들의 함정이 얼마나 많은 크루즈 미사일에 대처할 수 있는지 상세히 계산해보았습니다. 그런 다음 단순하게 그보다 더 많은 수의 미사일을 각기 다른 여러 방향에서, 내륙에서, 해안에서, 공중에서, 바다에서 마구 쏘아댄 것이지요. 아마도 함정 중 절반은 미사일에 맞았을 겁니다. 우리는 우리가 원하는 배들을 골라잡았어요. 항

공모함과 가장 큰 순양함 그리고 여섯 척의 상륙정이 있었는데, 그 중 다섯 척을 파괴했습니다."

다음 몇 주, 몇 달 동안 7월의 그날 정확히 무슨 일이 일어났는지에 대해 JFCOM의 분석가들의 무수한 설명이 있었다. 단순히 전쟁 게임이 행해지는 특수한 방식의 산물로 치부하는 사람도 있었다. 현실 세계에서는 배들이 게임에서만큼 취약하지는 않다고 말하는 사람도 있었다. 그러나 그 어떤 설명도 청팀이 대재앙을 맞았다는 사실을 바꾸지는 못했다. 악당 사령관은 악당 사령관이 할 일을 했다. 그는 단지 맞서 싸웠을 뿐인데, 어찌 된 일인지 이 사실이 청팀을 경악시켰다. 어떤 면에서 이는 쿠로스를 감정 평가할 때 J. 폴 게티 미술관이 겪은 실패담과 유사한 점이 많았다. 미술관 측에서는 상상 가능한 우연적 요소들을 두루 포괄하는 철저하게 합리적이고 엄격한 분석을 했지만, 어찌 된 연유에서인지 본능적으로 포착해야 마땅했던 한 가지 진실을 놓쳤다. 페르시아만에서의 그 순간, 홍팀의 신속한 인식 능력은 온전했다. 반면에 청팀은 그렇지 않았다. 어떻게 해서 그런 일이 일어났을까?

즉흥극의 규칙

그리 오래되지 않은 어느 토요일 저녁, '마더Mother'라는 이름의 즉흥 코미디 그룹이 맨해튼 웨스트사이드의 한 슈퍼마켓 지하에 있는 소극장에서 공연을 했다. 추수감사절 직후의 눈 내리는 저녁 시간이었지만, 극장은 관객들로 가득 찼다. 마더의 단원은 8명인데, 여자 셋에 남자가 다섯이고 모두 20대 또는 30대였다. 무대에는 아무것도 없이 흰색 접이의자 6개만 달랑 놓여 있었다. 마더의 공연작은 즉흥극계에서 '해럴드Harold'로 알려진 형식의 극이었다. 단원들은 자신이 어떤 인물을 연기할 건지, 어떤 플롯을 펼쳐나갈 건지 등등에 대한 아무런 구상도 없이 무대에 올랐고, 객석에서 아무 제안이나 불쑥 받아서는 단 한 순간의 협의조차 없이 백지 상태에서 30분짜리 극을 만들어갔다.

단원 하나가 객석을 향해 제안을 하라고 외쳤다. 누군가가 소리쳤다.

"로봇."

즉흥극에서 제안은 말 그대로 행해지는 경우가 드문데, 이때 처음 연기를 시작한 여배우 제시카가 '로봇'이라는 말을 듣고 머리에 떠올린 것은 감정의 이탈과 기술이 관계에 영향을 미치는 방식이었다. 자리에서 일어선 그녀는 곧장 무대 위로 걸어 나가 케이블 TV 방송사에서 날아온 고지서를 읽고 있는 척했다. 무대에는 그녀에게 등을 돌린 채 의자에 앉아 있는 남자가 하나 더 있었다. 그들이 이야기를 시작했다. 그 순간 그는 자신이 어떤 역을 연기하고 있는지 알았을까? 전혀 몰랐다. 제시카도, 객석의 어느 누구도 몰랐다. 그러나 어찌어찌하다 보니 그녀는 아내, 남자는 남편이 되어 있었다. 아내 역의 제시카가 케이블 TV의 포르노 영화 시청료 액수를 보고 화를 내자 남편은 10대 아들에게 비난의 화살을 돌리는 것으로 응수했다. 잠시 활기찬 밀고 당기기가 이어진 후 2명의 배우가 더 무대 위로 뛰어 올라와서는 같은 이야기의 또 다른 두 배역을 연기했다. 그중 하나는 위기에 처한 가족을 돕는 정신과 의사였다. 장면이 바뀌고 화가 난 배우 하나가 의자에 푹 쓰러지며 말했다.

"난 내가 저지르지도 않은 죄의 벌을 받고 있어."

그는 부부의 아들이었다. 대사가 끝나는 순간, 말문이 막히거나 몸이 얼어붙거나 망연자실하지 않은 사람이 없었다. 연기는 배우들이 마치 며칠 동안 예행연습을 한 듯 매끈하게 진행되었다. 가끔은 말과 행동이 정확하게 맞아떨어지지 않는 순간도 있었다. 그러나 무척 재미있는 장면이 많았고, 그때마다 관객들은 박장대소하며 즐거워했다. 극은 매 순간 매혹적이었다. 우리의 바로 눈앞, 방송 카메라 하나 없는 무대에서 극을 만들어가는 8명의 단원이 거기 있었다.

즉흥 코미디는 '순간 포착'이 어떤 식의 사고인지 잘 보여주는 훌륭한 사례다. 거기에는 어떤 종류의 대본이나 플롯의 도움도 없이 순간적인 감각만으로 매우 복잡한 결정을 내리는 사람들이 나온다. 즉흥극이 사람을 가만히 내버려두지 않고(솔직히 말하자면) 무시무시하게 만드는 것은 바로 그 점이다.

만일 당신에게 어떤 극을 한 달 동안 연습한 뒤 관객들 앞에서 직접 공연하라고 하면 아마 대부분 안 하겠다고 할 것이다. 혹시 무대 공포증이 오면 어쩌나? 대사를 까먹으면 어쩌나? 관객들이 야유를 보내면 어쩌나? 그러나 전통적인 연극에는 적어도 체계가 있다. 모든 말과 동작이 대본에 낱낱이 쓰여 있다. 모든 배우가 예행연습을 해야 한다. 사람들 한 명 한 명에게 무얼 어찌하라고 이야기하는 책임 감독이 있다. 자, 당신에게 다시 한번 관객들 앞에 서서 공연을 하라고 요청하겠다. 그런데 이번에는 극본도 없고, 당신이 무슨 역을 하는지, 당신이 무슨 말을 하기로 되어 있는지 그 어떤 실마리도 없다. 그러면서도 당신은 관객들로부터 재미있을 거라는 기대를 받고 있다는 설명이 덧붙는다. 장담컨대 당신은 차라리 불타는 장작 위를 걷겠다고 할 것이다. 즉흥극이 무시무시한 것은 임의적이고 무질서한 것으로 비치기 때문이다. 마치 무대 위에 올라가 즉석에서 모든 것을 만들어내야만 할 것 같다.

그러나 진실은 다르다. 즉흥극은 절대로 임의적이고 무질서하지 않다. 예컨대 당신이 마더의 단원과 한자리에 앉아 충분히 이야기를 나눠본다면 그들이 어릿광대 같고 충동적이고 기분 내키는 대로 하는 사람들, 당신이 아마 그럴 거라고 상상한 그런 사람들이 전혀 아니라는 것을 금세 깨닫게 될 것이다. 어떤 사람들은 매우 진지하고, 심지어는 어리숙하기까지 하다. 그들은 매주 모여 오랜 시간 예행연습을 한다. 공연이 끝날 때마다 무대 뒤에 모여 서로의 연기를 냉정하게 비판한다. 그들은 왜 그렇게 연습을 많이 할까? 즉흥극은 일련의 규칙이 적용되는 예술 형식이며, 그들은 자신이 무대에 설 때 무대 위의 모든 이가 반드시 그 규칙을 따라주기를 원한다.

"우리는 이 일이 농구 경기와 닮은 점이 많다고 생각합니다."

마더의 배우 중 한 명이 이렇게 말했는데, 적절한 비유다. 농구는 몇 분의 1초를 다투는, 즉흥적 판단으로 가득한 복잡미묘하면서 속도가 빠른 게임이다. 그러나 그 즉흥적 판단은 우선 모든 선수가 오랜 시간의 매우 반복적이고 체계적인 훈련(슛하고 드리블하고 패스하고 달리는 플레이를 거듭 반복하며 완성해가는 훈련)에 참가하고, 또 모두가 코트 위에서 세심하게 정해진 역할을 하는 데 동의할 때에야 가능해진다. 이는 즉흥극의 귀중한 교훈인 동시에 밀레니엄 챌린지의 퍼즐을 이해하는 열쇠이기도 하다. 즉흥성이란 결코 제멋대로가 아닌 것이다. 밴 라이퍼의 홍팀은 전쟁 게임에서 상대보다 더 총명하거나 운이 좋아서 이긴 것이 아니다. 신속한 인식과 판단을 요하는 급변하는 초긴장 상태에서 사람들이 얼마나 훌륭한 결정을 내리는가는 훈련과 규칙과 예행연습에 달려 있다.

예를 들어 즉흥극을 가능하게 하는 가장 중요한 규칙 중 하나는 동의의 개념이다. 즉 이야기나 유머를 만들어내는 매우 간단한 방법은 등장인물들로 하여금 자신에게 일어나는 모든 일을 순순히 받아들이게 하는 것이라는 개념이다. 즉흥극의 창시자 중 하나인 키스 존스톤Keith Johnstone은 이렇게 말했다.

"어느 날 당신이 잠시 책 읽기를 그치고 당신이나 당신이 사랑하는 누군가에게 일어나지 않았으면 하는 어떤 일을 생각하는 순간, 무대에 올리거나 영화로 찍을 만한 무엇인가를 생각한 셈이다. 우리는 레스토랑 안으로 걸어 들어가다가 날아오는 커스터드 파이에 얼굴을 얻어맞고 싶지 않고, 할머니의 휠체어가 갑자기 절벽 끝을 향해 굴러가는 것을 보고 싶지도 않지만, 그런 사건이 일어나는 공연은 돈을 내고 보러 간다. 실생활에서 우리는 대부분 행동을 억제하는 데 매우 능숙하다. 즉흥극 교사들이 하는 일은 이 능력의 방향을 역전시키는 것뿐이며, 그럼으로써 천성적으로 '타고난' 즉흥연기자들을 만들어낸다. 나쁜 즉흥연기자는 흔히 수준 높은 기량으로 행동을 차단한다. 좋은 즉흥연기자는 행동을 발전시킨다."[3]

존스톤이 가르치던 반에서 두 배우가 주고받은 즉흥 대화를 예로 들어보자.

A 내 다리에 문제가 있습니다.

B 안됐지만 절단해야 할 것 같은데요.

A 그럴 순 없습니다, 선생님.

B 왜죠?

A 내가 오히려 다리에 붙어 있는걸요.

B (낙담한 표정으로) 자, 자, 진정하시고요.

A 내 팔에도 같은 병이 났거든요, 선생님.

이 장면에 등장하는 두 배우는 곧 심한 좌절감에 빠졌다. 상황을 더 이상 이어나갈 수가 없었던 것이다. 배우 A는 농을 던졌지만("내가 오히려 다리에 붙어 있는걸요"라는 말은 꽤 창의적인 농담이었다), 장면 자체는 재미있지 않았다. 그래서 존스톤은 그들을 제지하고 문제점을 지적해주었다. 배우 A가 동의의 규칙을 어겼다. 상대역이 제안을 했는데 묵살해버린 것이다. 그는 "그럴 순 없습니다, 선생님"이라고 말

했다. 그리하여 둘은 다시 시작했다. 다만 이번에는 동의하는 말로
대사를 바꿨다.

A 아아!

B 무슨 일이죠?

A 내 다리요, 선생님.

B 심해 보이는군요. 절단해야겠습니다.

A 지난번에 선생님이 절단한 다리인걸요.

B 그럼 그 나무다리가 아프다는 말인가요?

A 예, 선생님.

B 그게 무슨 의미인지는 아시지요?

A 나무좀벌레는 아니죠, 선생님!

B 아니, 맞습니다. 온몸에 퍼지기 전에 제거해야겠어요.

(A의 의자가 폭삭 주저앉는다.)

B 저런! 가구에까지 번지고 있군요!

똑같은 두 사람이 똑같은 수준의 능력을 갖추고 정확히 똑같은
배역을 연기하며 거의 똑같은 내용으로 극을 시작했다. 그러나 첫
번째 경우에는 장면이 미숙한 결말에 이르렀으나, 두 번째 경우에는
장면에 가능성이 넘친다. 단순한 규칙을 따름으로써 A와 B가 이끄
는 극이 재미있어졌다.

존스톤은 다음과 같이 말했다.

"좋은 즉흥연기자는 텔레파시가 통하는 것 같다. 만사가 미리 정해진 것처럼 보인다. 이는 모든 제안을('보통' 사람이라면 할 리 없는 제안까지도) 다 수용하기 때문이다."

즉흥극의 또 다른 아버지 델 클로스Del Close가 마련한 워크숍에서 있었던 사례를 하나 더 살펴보자. 한 배우는 경찰관 역이고, 다른 배우는 경찰관에게 추격당하는 강도 역이다.

경찰 (헉헉거리며) 어이, 난 나이가 쉰 살인 데다 몸도 좀 축났어. 잠시 쉬었다 가면 안 될까?

강도 (헉헉거리며) 쉬는 사이에 날 붙잡지 않을 거죠?

경찰 약속하지. 몇 초만 쉬자고. 셋을 셀게. 하나, 둘, 셋.

이 장면을 연기하는 데 유난히 재치가 빠르거나 머리가 좋거나 동작이 기민할 필요가 있을까? 실은 그렇지 않다. 이는 매우 직선적인 대화다. 유머는 전적으로 연기자들이 어떤 제안도 부정할 수 없다는 규칙을 얼마나 확고하게 지키는가에서 나온다. 이처럼 뼈대만 올바르다면 부지불식간에 유창하고, 힘도 들지 않고, 순발력도 있는 대화를 이끌어가기가 한결 쉬울 뿐 아니라 좋은 즉흥극이 만들어진다. 밀레니엄 챌린지에서 밴 라이퍼가 이해한 것도 바로 이것이었다. 그는 자신의 팀을 덩그러니 무대 위에 올려놓고 그들의 머릿속에 갑자기 재미있는 대화가 튀어나오기를 기대하거나 바라지 않았다. 다만 그는 즉흥성이 잘 구현될 수 있는 조건을 만들어냈다.

반추의 위험성

밴 라이퍼가 동남아시아에 처음 가서 남베트남군의 고문 역할을 하며 오지에 나가 있을 때 멀리서 대포 소리가 들려오는 경우가 종종 있었다. 전장에 새로 투입된 젊은 중위이던 그는 처음에는 늘 무전기를 켜고 야전 부대에 무슨 일인지 물었다. 그러나 몇 주 지나자 자신이 그 대포 소리가 무슨 의미인지 모르는 것처럼 그가 무전기로 호출한 사람들 역시 그 의미를 모른다는 것을 깨달았다. 그저 대포 소리일 뿐이었다. 그것은 무슨 일의 시작이었으나, 그게 무엇인지는 아직 분명하지 않았다. 그래서 밴 라이퍼는 묻기를 그만두었다. 베트남에 두 번째로 갔을 때, 그는 대포 소리가 들려오면 늘 기다렸다.

밴 라이퍼는 말했다.

"대포 소리가 들리면 나는 손목시계를 내려다보았습니다. 그것은 5분 동안 아무 일도 하지 않겠다는 뜻이었지요. 도움이 필요하면 그들이 고래고래 소리를 질러댈 테니까요. 5분이 지나고 사태가 진정됐을 때도 난 역시 아무 일도 하지 않았습니다. 사람들이 스스로 상황을 파악해 무슨 일인지 이해하게 할 필요가 있었지요. 호출의 위험성은 그들이 비난을 면하기 위해 그때그때 주워대는 말을 액면 그대로 믿고 행동했다가는 실수를 범할 수도 있다는 것입니다. 게다가 호출은 그들의 신경을 분산시킵니다. 그들은 이제 땅을 보지 않고 하늘을 봅니다. 그들이 자체적으로 상황을 처리하는 것을 당신이 방해하게 되는 거지요."

밴 라이퍼는 홍팀의 지휘를 맡았을 때 이 교훈을 명심하고 있었다. 그는 경영 교사 케빈 켈리Kevin Kelly의 말을 인용하며 말했다.

"내가 참모들에게 처음 한 말은 우리는 지휘를 받되, 관리당하지는 않는다는 것이었습니다. 전반적인 방침이나 의도는 나와 최고 지휘부에서 정해주지만, 야전 부대는 상부의 세세한 명령에 의존하지 말라는 뜻이었지요. 그들은 갈수록 독창성을 발휘하면서 나날이 새로운 면모를 보였습니다. 홍팀의 공군 사령관은 자신이 그것을 어떻게 통합할 것인지 매번 다른 아이디어를 거의 매일같이 제안해왔지요. 서로 다른 방향에서 청팀을 압도할 수 있는 종합적인 수법을 다양하게 제시하면서요. 하지만 어떻게 그렇게 할지 상세한 부분에 대해서는 나에게서 특별한 지침을 받은 적이 없습니다. 전달받은 건 의도뿐이었지요."

일단 전투가 시작되면 밴 라이퍼는 반추를 원하지 않았다. 긴 회의도 원하지 않았고, 설명도 원하지 않았다.

"나는 참모들에게 청팀이 쓰고 있는 용어는 단 하나도 사용하지 않을 거라고 말했습니다. 평상시에 대화할 때를 빼고는 '효과'라는 단어도 듣고 싶지 않았습니다. '작전용 그물망 평가' 이야기도 듣고 싶지 않았습니다. 이런 식의 기계적인 절차에는 사로잡히지 않을 작정이었지요. 우리 편 사람들의 지혜와 경험, 훌륭한 판단을 활용할 생각이었습니다."

이런 식의 관리 체계에는 분명히 위험이 따른다. 밴 라이퍼가 휘하 부대들이 뭘 하려는지 잘 모르는 상황이 종종 벌어질 수 있다는 뜻이었다. 이 방식은 부하들에 대한 두터운 믿음을 전제로 한다. 그 스스로도 인정했듯이 '산만한' 의사결정 방식이었다. 그러나 거기에는 그 모든 것을 상쇄하고도 남을 장점이 하나 있었다. 부하들이 자신의 행동을 해명할 필요 없이 끊임없이 움직일 수 있게 하는 것은 결과적으로 즉흥극에서의 동의 규칙과 유사하다. 그것은 신속한 인식을 가능하게 한다.

매우 단순한 사례를 하나 들어보겠다. 당신이 마지막으로 식사를 한 레스토랑에서 당신을 서빙했던 웨이터나 웨이트리스 혹은 오늘 버스에서 당신 옆자리에 앉았던 사람의 얼굴을 머릿속에 그려보라. 당신이 최근에 처음 본 어떤 사람이라도 상관없다. 자, 경찰이 용의자 대열에서 그 사람을 가려내라고 하면 당신은 가려낼 수 있을까? 내 생각엔 가능하지 않을까 싶다. 누군가의 얼굴을 알아보는 것은 무의식적 인식의 전형적인 예다. 우리는 그에 대해 생각할 필요가 없다. 얼굴이 그냥 머릿속에 떠오르는 것이다. 그러나 당신에게 펜과 종이를 주면서 그 사람이 어떻게 생겼는지 될 수 있는 한 상세하게 적어보라고 했다 하자. 그의 얼굴 생김새는? 머리는 무슨 색이었지? 뭘 입고 있었지? 장신구 같은 것도 하고 있었나? 믿거나 말거나 그러고 난 뒤에는 용의자 대열에서 그 얼굴을 가려내기가 어려워질 것이다. 얼굴을 묘사하는 행위가 오히려 힘들이지 않고 자연스럽게 얼굴을 알아볼 수 있는 능력을 떨어뜨리기 때문이다.

이 효과에 대한 연구를 선도한 심리학자 조너선 스쿨러Jonathan W. Schooler는 이를 일컬어 '언어의 음영verbal overshadowing'이라고 한다.

사람의 뇌에는 언어로 생각하는 부분인 좌뇌와 그림으로 생각하는 부분인 우뇌가 있는데, 얼굴을 언어로 묘사할 때는 시각 메모리가 옮겨가는 현상이 일어난다. 당신의 사고가 우뇌에서 좌뇌로 이동하는 것이다. 당신이 두 번째로 용의자 대열과 마주할 때 당신이 그리고 있는 상은 당신이 본 웨이트리스의 모습에 관한 기억이 아니라 당신이 언어로 표현한 그녀의 모습에 관한 기억이다. 그게 문제인 것은 얼굴에 관한 한 우리가 언어로 묘사하는 능력보다 시각적으로 인식하는 능력이 훨씬 탁월하기 때문이다.

메릴린 먼로Marilyn Monroe나 앨버트 아인슈타인Albert Einstein의 사진을 보여주면 당신은 1초도 안 되어 두 사람의 얼굴을 알아볼 것이다. 추측하건대 당신은 보는 즉시 당신의 상상 속에서 두 얼굴을 거의 완벽하게 '볼' 수 있다. 그러나 당신은 그들을 얼마나 정확하게 묘사할 수 있을까? 당신이 메릴린 먼로의 얼굴에 관한 글을 한 단락 써놓고 누구를 묘사하는 글인지 이야기해주지 않을 경우 그게 누구인지 내가 알아맞힐 수 있을까? 우리는 모두 얼굴에 대한 본능적인 기억을 가지고 있다. 그러나 그 기억을 언어로 표현하면(생각과 느낌을 설명하면) 당신과 그 본능은 분리된다.

얼굴을 알아보는 것은 매우 특수한 과정인 것 같지만, 스쿨러는 언어의 음영에 내포된 의미가 폭넓은 문제를 푸는 방식에 두루 영향을 미친다는 것을 입증해왔다. 다음 퀴즈를 생각해보라.[4]

한 남자와 그의 아들이 심각한 자동차 사고를 당한다. 아버지는 죽고,

아들은 응급실로 급히 이송된다. 도착하는 순간, 당직 의사가 아이를 보고는 숨 막히는 소리로 말한다. "이 아이는 내 아들이에요!" 의사는 누굴까?

이것은 통찰력 퀴즈다. 연필과 종이를 갖고 체계적으로 풀어낼 수 있는 수학 문제나 논리 문제 같은 게 아니다. 답을 얻는 유일한 길은 눈 깜짝할 사이에 답이 당신에게 다가오는 것뿐이다. 의사는 항상 남자라는 자동적인 가정을 뛰어넘을 필요가 있다. 물론 의사가 항상 남자는 아니다. 의사는 소년의 어머니이다! 통찰력 퀴즈를 하나 더 보자.

커다란 철제 삼각뿔이 거꾸로 세워진 채 완벽한 균형을 이루고 있다. 살짝만 움직여도 삼각뿔은 넘어질 것이다. 삼각뿔 밑에는 100달러짜리 지폐 한 장이 있다. 피라미드를 건드리지 않고 지폐를 치울 방법이 있을까?

잠시 이 문제를 생각해보라. 그런 다음 1분쯤 뒤, 문제를 어떻게 풀려고 했는지 당신이 기억할 수 있는 모든 것(당신의 전략, 접근 방식 혹은 당신이 생각해낸 해결책들)을 될 수 있는 한 자세히 적어보라. 스쿨러는 통찰력 퀴즈 문제를 놓고 이 실험을 했을 때, 자신의 생각을 설명하도록 요구받은 사람들이 그렇지 않은 사람들보다 문제를 30% 적게 맞힌다는 사실을 발견했다. 요컨대 자신의 생각을 적을 경우 당신이 답을 찾아내는 데 필요한 섬광 같은 통찰력이 생길 가능성은 현저히 떨어진다. 웨이트리스의 얼굴을 묘사할 경우 경찰의 용의자 대열에서 그녀를 골라내기 힘들어지는 것과 똑같다(그건 그렇고 삼각 뿔 문제의 답은 태우든 찢든, 어떻게든 지폐를 파괴해 없애는 것이다).

논리적 문제를 두고 사람들에게 자신의 생각을 설명하라는 것은 답을 내는 그들의 능력을 손상시키지 않는다. 어떤 경우에는 사실 도움이 되기도 한다. 그러나 섬광 같은 통찰력을 요하는 문제의 경우에는 적용되는 규칙이 다르다.

스쿨러는 말했다.

"그것은 스포츠 분야에서 과정을 분석해 들어가면 오히려 무력해지는 것과 같습니다. 과정을 반추하기 시작하면 당신의 능력은 잠식당합니다. 흐름을 잃는 거지요. 그런 절차에 취약한, 유동적이고 직관적이며 언어로 표현하기 힘든 유형의 특정한 경험들이 있습니다."

인간은 통찰과 본능을 비상하게 도약시킬 능력이 있다. 얼굴을 기억에 담을 수 있고, 순식간에 퍼즐을 풀 수도 있다. 그러나 스쿨러가 이야기하는 것은 이 능력들이 믿기지 않을 만큼 취약하다는 것이다. 통찰은 우리 머릿속을 환하게 밝히는 백열전구가 아니다. 그것은 쉽게 꺼져버릴 수도 있는, 깜박이는 촛불이다.

의사결정 전문가 게리 클라인이 클리블랜드의 한 소방서장과 인터뷰를 한 적이 있다. 전문가들에게 초를 다투는 냉혹한 결정을 내려야 했던 때의 이야기를 듣는 프로젝트의 일환이었다. 소방서장이 해준 이야기는 자신이 소방서 부서장으로 일하던 몇 년 전, 얼핏 보기엔 판에 박힌 일 같아 보이는 출동에 관한 일화였다.

불길은 주거 지역의 한 단층집 뒤편 주방에서 일고 있었다. 부서장과 소방대원들은 현관문을 부수고 들어가 호스를 끌어와서는 주방의 불꽃에 물을 뿌리며 그들이 쓰는 용어로 '불길을 잡았다'. 그 정도면 불꽃이 수그러들어야 마땅했다. 그러나 불꽃은 수그러들 기미가 보이지 않았다. 소방대원들은 다시 물을 뿌려댔지만, 여전히 별 차이가 없어 보였다. 부서장과 소방대원들은 아치형 통로를 통해 거실로 물러났다. 순간 뭔가 잘못됐다는 생각이 부서장의 뇌리를 스쳤다. 그는 소방대원들에게 소리쳤다.

"모두 나가자, 당장!"

부서장과 소방대원들이 밖으로 뛰쳐나오자마자 그들이 서 있던 마룻바닥이 무너져 내렸다. 불은 지하실에서 난 것으로 밝혀졌다.

클라인은 회상했다.

"그는 자신이 왜 소방대원들에게 나가자고 소리쳤는지 몰랐습니다. 다만 그는 ESPextrasensory perception(영감)라고 믿었지요. 그는 진지했어요. 자신에겐 ESP가 있고, 그 덕분에 소방관 생활을 하는 내내 보호받아왔다고 느꼈습니다."[6]

클라인은 철학 박사 학위를 가진 의사결정 연구자로, 매우 명석하고 사려 깊은 사람이었다. 그는 그것을 답으로 받아들이려 하지 않았다. 다음 2시간 동안 클라인은 소방서장을 계속 되풀이해서 그날의 사건 속으로 끌고 들어갔다. 소방서장이 알았던 것과 몰랐던 것을 정확하게 수집하려는 의도였다.

"첫째는 그 불길이 으레 짐작되는 식으로 움직이지 않았다는 것이지요."

클라인의 말이다. 주방의 불길이 물에 반응했어야 했다. 그러나 이번 불은 그러지 않았다. 클라인이 계속해서 말했다.

"그래서 그들은 거실로 물러났습니다. 그는 내게 자신은 불이 얼마나 뜨거운지 감을 잡기 위해 늘 귀 가리개를 세워두고 있는데, 그때 불은 하도 뜨거워서 깜짝 놀랐다고 하더군요. 주방의 불길이 그렇게 뜨거울 리가 없었던 거지요. 나는 그에게 물었습니다. '그 밖에 또 다른 건요?' 흔히 전문 지식의 징표 중 하나는 일어나지 않은 일을 짚어내는 능력인데, 소방서장을 놀라게 한 또 다른 한 가지는 불이 시끄럽지 않았다는 것이었습니다. 불이 조용했던 거지요. 불이 무척 뜨거웠다는 것을 감안하면 이해가 되지 않는 일이었습니다."

돌이켜보면 이 모든 예외가 완벽하게 이해된다. 주방에 물을 뿌려대도 불길이 반응하지 않은 것은 불길의 진원지가 주방이 아니었기 때문이다. 불이 조용했던 것은 소리가 마룻바닥에 차단되었기 때문이다. 거실이 뜨거웠던 것은 거실 밑 지하실의 불길에서 열기가 올라왔기 때문이다. 그러나 소방서장은 당시에는 이 모든 것을 의식적으로 연결 지어 생각할 수 없었다. 그의 모든 생각은 무의식의 잠긴 문 저편에서 펼쳐지고 있었기 때문이다.

이것이 바로 행동에서 '얇게 조각내어 관찰하기'의 훌륭한 예다. 소방서장의 몸속 컴퓨터는 그 아수라장에서 하나의 패턴을 힘들이지 않고 즉각 찾아냈다. 그러나 그날의 이야기에서 가장 충격적인 것은 하마터면 정말 커다란 재앙이 일어날 뻔했었다는 사실이다. 만일 그 당시 소방서장이 즉각 행동을 취하지 않고 소방대원들과 사태를 논의했더라면, 그들에게 상황을 점검하면서 일이 어떻게 전개될지 생각해보자고 했더라면, 다시 말해 까다로운 문제를 풀려고 할 때 리더는 모름지기 이래야 한다고 우리가 통상 생각하는 일을 교과서적으로 처리했더라면 아마도 순간적 통찰로 소방대원들의 목숨을 구할 수 있는 그의 능력은 힘을 잃고 말았을 것이다.

밀레니엄 챌린지에서 청팀이 범한 실수가 바로 이것이었다. 그들은 지휘관들에게 일단 멈춰 서서 상황을 논의하고 일이 어떻게 전개될지 파악하게 하는 시스템을 갖추고 있었다. 당면한 문제가 논리를 요구하는 것이었다면 그 시스템은 아마 훌륭하게 작동했을 것이다. 그러나 밴 라이퍼는 그에 따르지 않고 그들에게 다른 무엇을 선사했다. 청팀은 자신들이 밴 라이퍼의 통신을 감청할 수 있을 거라고 생각했다. 그러나 그는 오토바이를 이용한 인편으로 메시지를 전달했다. 청팀은 그가 비행기를 발진시키지 못할 거라고 생각했다. 그러나 그는 제2차 세계대전에서 잊힌 전술을 빌려와 조명 장치를 사용했다. 청팀은 그가 자기네 함정들의 위치를 추적하지 못할 거라고 생각했다. 그러나 그는 PT용 소형 보트를 페르시아만에 가득 풀었다. 이어 밴 라이퍼의 야전 지휘관들은 순간적 감각에 따라 공격을 감행했고, 청팀의 생각으로는 흔해 빠진 '주방의 불길' 같던 것이 갑자기 자기들의 방정식에 전혀 산입할 수 없는 요소로 가득한 것이 되고 말았다. 통찰력 문제를 풀어야 했으나, 그들의 통찰 능력은 사라진지 오래였다.

밴 라이퍼는 말했다.

"나는 청팀이 이 모든 것에 관해 긴 토론을 했다는 이야기를 들었습니다. 그들은 정치 상황이 어떤지 판단하고자 했고, 위아래로 향한 화살표가 가득한 차트를 준비했지요. 문득 나는 이런 생각이 들더군요. '잠깐만요, 당신들은 전투를 하는 중에도 그런 짓을 하고 있을 겁니까?' 그들은 이 모든 것을 두문자어頭文字語로 표현했습니다. 국력의 요소에는 외교력diplomatic power, 정보력informational power, 군사력military power, 경제력economic power이 있지요. 이것을 DIME라고 부릅니다. 그들은 늘 청팀의 DIME Blue DIME 이야기를 하곤 했지요. 다음으로는 정치political, 군사military, 경제economic, 사회social, 기반infrastructure, 정보 기구들information instruments, 즉 PMESI가 있습니다. 그것을 가지고 그들은 우리의 DIME 대 저들의 PMESI가 어디쯤에 있을까 하는 식의 끔찍한 대화를 나누곤 했습니다. 나는 그들에게 재갈을 물리고 싶었지요. '당신들, 지금 무슨 이야기를 하고 있는 겁니까? 그러다가는 형식에, 매트릭스에, 컴퓨터 프로그램에 사로잡혀 그 속에 풍덩 빠져버리고 말 겁니다.' 그들은 기술과 과정에 지나치게 초점을 맞춘 나머지 문제를 전체적으로 보지 못했어요. 사안을 자꾸 찢어발기다 보면 그 의미를 잃게 되지요."

전쟁 게임에 관계한 JFCOM의 고위 책임자 중 한 명인 딘 캐시Dean Cash 소장은 훗날 이렇게 인정했다.

"'작전용 그물망 평가'는 우리가 모든 것을 다 보고, 다 알 수 있게 할 목적으로 만들어진 도구였습니다. 하지만 그것은 명백한 실패였습니다."

응급실에서의 위기

시카고 도심에서 서쪽으로 3킬로미터 떨어져 있는 웨스트해리슨가에는 지난 세기 초반에 건축된 요란한 장식의 건물 하나가 블록 한면을 다 차지하고 서 있다. 지난 100년 중 태반의 세월 동안 이 건물은 쿡 카운티Cook County 병원의 본거지였다. 세계 최초의 혈액은행이 문을 연 곳도 여기였고, 코발트빔cobalt-beam 요법이 처음 개발된곳도, 외과 의사들이 절단된 네 손가락을 한꺼번에 접합한 곳도 여기였다. 그리고 트라우마 센터가 하도 유명해서(또한 주변 갱들의 총상과 상처를 치료하느라 너무 분주해서) TV 시리즈 〈ER〉의 동기를 제공한곳도 바로 여기였다.

1990년대 말 쿡 카운티 병원은 언젠가는 이전의 그 어떤 화려한업적에 뒤지지 않는 찬사를 받게 될지도 모를 한 가지 프로젝트에착수했다. 쿡 카운티 병원은 가슴 통증을 호소하며 응급실을 찾아오는 환자들에 대한 진찰 방식을 바꾸었는데, 그들이 어떻게 그리고왜 그렇게 했는지 살펴보면 밀레니엄 챌린지에서 밴 라이퍼가 거둔예상치 못한 승리를 또 다른 각도에서 이해할 수 있다.

쿡 카운티 병원의 대실험은 브렌던 라일리Brendan Reilly라는 이름의 범상치 않은 한 인물이 병원 의료원장으로 부임하던 1996년에 시작되었다. 라일리가 맡게 된 의료원은 엉망진창이었다. 도시 제일의 공공병원이던 쿡 카운티 병원은 건강보험이 없는 수십만 시카고 시민의 마지막 의지처였다. 그런데 물자는 바닥나 있었다. 병원의 동굴 같은 병동들은 전 세기의 유물 같은 모습이었다. 개인 병실도 따로 없었고, 환자들 사이에는 얇은 합판 칸막이가 전부였다. 카페도 없고, 개인 전용 전화도 없었다(홀 끝에 모두를 위한 공중전화가 있을 뿐이었다). 야사에나 나올 법한 이야기이지만, 한때는 의사들이 집 없는 사람을 훈련시켜 일상적인 연구 검사를 시행했다고 한다. 달리 쓸 수 있는 사람들이 없었기 때문이다.

병원의 한 내과 의사는 말했다.

"예전에는 한밤중에 어떤 환자의 상태를 점검하고 싶어도 전등 스위치가 단 하나뿐이어서 불을 켜면 병동 전체에 불이 들어왔습니다. 1970년대 중엽에 와서야 침상마다 개별 전등이 달렸지요. 에어컨 시설이 설치되지 않은 대신 커다란 팬이 달려 있었는데, 그 소음은 쉽게 상상하실 수 있을 겁니다. 또 쿡 카운티 병원은 경찰이 감옥에서 환자들을 데려오는 병원이라서 가지각색의 경찰들이 주위에 늘 바글거렸고, 몇몇 침상에는 죄수들이 쇠사슬에 묶여 있는 모습이 보였지요. 환자들이 TV와 라디오를 가지고 들어오는 바람에 그 소리가 홀 안에 꽝꽝 울려대기 일쑤였고, 사람들이 여름날 저녁 현관에 나와 앉아 있기라도 한 듯 복도에 덩그러니 나앉아 있었습니다. 환자가 가득한 병동이 몇 개씩 있는 한 층에 욕실이라고는 단 하나

뿐이어서 환자들이 IV(약물 점적 장치)를 질질 끌며 복도를 오가곤 했습니다. 버튼을 눌러서 간호사를 부르는 호출 벨이 있기는 했는데, 말할 것도 없이 간호사가 충분하지 않아 벨이 여기저기서 끊임없이 울려대곤 했지요. 그런 상태에서 누군가의 심장박동 소리나 숨소리를 한번 들어보시지요. 정말 미칠 것 같은 곳이었습니다."

라일리는 다트머스 대학교 의료센터에서 의사 일을 처음 시작했다. 바람이 솔솔 불어오고 파도처럼 굽이치는 뉴햄프셔의 언덕 사이에 자리 잡은 아름답고 유망한 최첨단 병원이었다. 웨스트해리슨가는 그에게 또 다른 세계였다. 라일리는 회상했다.

"내가 여기 와서 처음 맞은 여름은 시카고에 열파가 몰아쳐 수백 명이 죽은 바로 그 1995년 여름이었습니다. 에어컨 설비가 안 된 병원 안의 온도계는 섭씨 49도를 가리키고 있었지요. 병원 안에는 그런 환경 속에서도 살려고 기를 쓰는 아픈 환자들이 있었고요. 내가 처음 한 일 중 하나는 병원 관리자 하나를 병동으로 데려가 그저 홀을 걷고 홀 한복판에 서 있게 한 것이었습니다. 그는 딱 8초가량 견디더군요."

눈앞에 직면한 문제들의 목록은 끝이 없었다. 그중에서도 응급진료부Emergency Department, ED가 특별히 관심을 좀 가져달라고 목 놓아 외치고 있었다. 쿡 카운티 병원의 환자들은 건강보험에 가입된 사람이 극소수여서 대다수가 응급진료부를 통해 병원에 들어오고 있었기 때문이다. 눈치 빠른 환자들은 아침에 눈을 뜨기 무섭게 점심과 저녁을 싸 들고 병원으로 달려오곤 했다. 홀에는 기다란 줄이 늘어서고, 방들은 북새통이었다. 해마다 무려 25만 명의 환자가 ED를 통해 병원에 들어왔다.

라일리는 말했다.

"심지어는 ED가 너무 꽉 차서 걷기조차도 힘든 경우가 많았지요. 바퀴 달린 침대를 포개놓을 정도였으니까요. '이 사람들을 다 어떻게 돌보지?' 하는 압박감에서 벗어나는 날이 없었습니다. 환자들은 허락을 받아야만 입원할 수 있었는데, 일이 흥미로워지는 것은 그때부터입니다. 병원 물자의 압박이 심했기 때문이지요. 누구에게 무엇이 필요한지 어떻게 압니까? 가장 필요한 사람에게 물자가 주어지게 할 방법을 어떻게 알아내지요?"

시카고는 미국에서 천식 문제가 극심한 지역 중 하나여서 병원을 찾는 사람 중에는 천식으로 고통받는 이가 많았다. 라일리는 직원들과 함께 천식 환자를 효율적으로 처치하기 위한 특별 프로토콜을 개발했고, 집 없는 사람들을 위한 또 다른 프로그램도 여럿 만들었다.

그러나 처음부터 전면에 대두한 핵심 사안은 심장 발작을 어떻게 다루느냐는 문제였다. ED에 줄지어 들어오는 사람들 중 상당수(평균 잡아 하루에 약 30명)가 심장이 발작을 일으킨 모양이라고 호소했다. 그 30명은 비율 이상의 침상과 간호사와 의사를 필요로 했고, 다른 환자들보다 병원에 훨씬 오래 머물렀다. 가슴 통증 환자들에게는 물자도 많이 들어갔다. 치료 프로토콜도 길고 복잡했으며, 설상가상으로 돌아버릴 만큼 결론이 잘 나지 않았다.

환자가 가슴을 움켜쥐고 진료실로 들어온다. 간호사가 혈압을 잰다. 의사는 환자의 가슴에 청진기를 갖다 대고 환자의 폐에 물이 차 있는지 여부를 알려주는 독특한 '버스럭' 소리(심장이 펌프질 임무를 수행하는 데 곤란을 겪고 있다는 확실한 신호)를 듣는다. 의사가 환자에게 일련의 물음을 던진다. 가슴 통증을 느끼기 시작한 지 얼마나 됐느냐? 아픈 곳이 어느 부위냐? 운동할 때 특별히 더 아프냐? 전에도 심장이 아픈 적이 있었느냐? 콜레스테롤 수치는 얼마냐? 마약을 하느냐? (심장병과 강한 연관이 있는) 당뇨가 있느냐?

그때쯤 기술자 하나가 탁상용 컴퓨터 프린터만 한 크기의 작은 기기 하나를 카트에 싣고 들어온다. 기술자는 고리가 달린 작은 플라스틱 스티커 여러 개를 환자의 팔과 가슴 위의 정확한 위치에 올려놓는다. 스티커마다 전극이 부착되고, 스티커가 환자 심장의 전기 활동을 '읽어 들여' 분홍색 그래프지 위에 패턴을 찍어낸다. 이것이 심전도electrocardiogram, ECG이다. 이론상으로는 건강한 사람의 심장은 산맥의 윤곽처럼 보이는 특유의 일관된 패턴을 만들어낸다. 심장 질환이 있는 환자는 패턴이 일그러진다. 보통 때는 올라가던 선이 갑자기 내려가기도 한다. 전에는 적당한 굽이를 이루던 선이 이제 직선이 되거나 굽이가 길어지거나 갑자기 위로 치솟기도 한다. 환자가 심장 발작으로 심한 고통을 겪고 있는 경우에는 ECG의 기록이 눈에 띄는 두 가지의 매우 특수한 패턴을 형성하는 것으로 나타난다. 여기서 핵심 단어는 '나타난다'이다. ECG는 완벽함과는 거리가 멀다. 때로는 ECG가 완벽하게 정상인의 것처럼 나온 사람이 심각한 질환을 겪고 있을 수도 있고, 때로는 ECG가 끔찍한 것처럼 나온 사람이 이상이 없을 수도 있다. 어떤 사람이 심장 발작이 있는지 여부를 확실하게 알 수 있는 방법은 있지만, 결과가 나오기까지 몇 시간이 걸리는 특수 효소 테스트를 비롯한 몇 가지 절차를 거쳐야 한다. 그런데 응급실에서 고통스러워하는 환자와 대면하고 있고, 또 병원 복도에 수백 명의 환자가 대기하고 있는 의사에게는 그럴 시간이 없다. 따라서 가슴 통증 환자를 맞은 의사는 현장에서 되도록 많은 정보를 수집한 다음 추정하게 된다.

문제는 추정의 정확도가 그리 높지 않다는 것이다. 라일리가 쿡 카운티 병원에서 진행한 프로젝트 초기에 한 일은 전형적인 병력을 가진 가슴 통증 환자 20명을 모아 그 병력을 일단의 의사들(심장병 전문의, 내과 전문의, 응급 진료 의사, 전공의 등), 다시 말해 가슴 통증 추정 경험이 많은 의사들에게 보낸 것이었다.[7] 포인트는 20건의 사례 중 실제 심장 발작 환자가 누군지에 관해 의견이 얼마나 일치하는지 살펴보는 것이었다. 이를 통해 라일리는 사실상 의견 일치가 전혀 이루어지지 않는다는 것을 알아냈다. 답이 지도 위 모든 곳에 흩어져 있었다. 같은 환자를 두고 어떤 의사는 집으로 돌려보내고, 어떤 의사는 집중치료실로 보내는 식이었다.

라일리는 말했다.

"우리는 의사들에게 각각의 환자가 격렬한 심근경색(심장 발작)을 일으킬 확률과 앞으로 사흘 안에 목숨을 위협받을 정도의 중대한 합병증에 걸릴 가능성을 0부터 100까지의 확률로 추정해달라고 주문했습니다. 우리가 받은 답은 두 가지 모두 0부터 100까지 매우 폭넓게 펼쳐져 있었습니다. 정말 이상한 일이었지요.”

의사들은 각자가 사리에 맞게 판단하고 있다고 생각했지만, 실제로는 추측에 가까운 행위를 하고 있었다. 추측은 말할 것도 없이 실수로 이어진다. 미국 내 수많은 병원에서 진짜 심장 발작 증세가 있는 환자를 집으로 돌려보내는 비율은 2~8%다. 진찰을 한 의사가 어떤 이유에서든 환자가 이상 없다고 생각하는 것이다. 그러나 일반적인 경우 의사들은 만약에 대비해 자신들의 심각한 오진 가능성을 보완한다. 심장 발작 가능성이 조금이라도 있을 경우 어느 의사가 그 문제를 무시함으로써 지극히 사소한 위험이나마 감수하려 들겠는가?

라일리는 말했다.

“당신이 심각한 가슴 통증을 호소하며 응급실을 찾은 환자를 맞았다고 합시다. 그는 늙은 데다 담배를 피우고, 혈압도 높습니다. 당신으로 하여금 ‘이런, 이 사람은 심장이 안 좋군’ 하고 생각하게 만드는 요인이 많습니다. 하지만 이렇게 어림잡은 뒤 ECG 검사를 해보니 정상으로 나옵니다. 그러면 당신은 어떻게 할까요? 아마도 속으로 이렇게 말할 겁니다. ‘이 사람은 흉부 질환 위험 요인이 많은 노인이네야. ECG는 믿을 게 못 돼.’”

최근에 와서 문제는 더욱 악화되었다. 의학계에서 사람들에게 심부전증에 관한 교육을 너무나도 훌륭하게 실시한 덕분에 환자들이 가슴앓이의 징후만 보여도 냉큼 병원으로 달려오기에 이른 것이다. 그와 동시에 의사들은 오진에 대한 두려움 때문에 갈수록 환자를 상대로 위험을 무릅쓰는 진단을 내리지 않게 되었다. 그 결과 요즘에는 심부전증이 의심되어 입원하게 된 사람들 중 실제로 심부전증 환자로 판명되는 비율은 고작 10% 정도다.

라일리에게는 이것이 문제였다. 그는 지금 다트머스나 시카고 북부의 호화스러운 사립병원처럼 돈은 별문제가 안 되는 곳에 몸담고 있는 게 아니었다. 그가 근무하는 곳은 얼마 안 되는 돈으로 의료원을 운영해야 하는 쿡 카운티 병원이었다. 그런데 병원은 정작 심장 발작이 아닌 사람들에게 갈수록 더 많은 시간과 돈을 쓰고 있었다. 일례로 쿡 카운티 병원의 심장 치료 병동 침상 1개당 비용은 하룻밤에 약 2,000달러이지만(그리고 전형적인 가슴 통증 환자는 사흘 정도 입원하지만), 병원에 가슴 통증 환자가 많은 것은 그 순간만 보면 나쁠 게 전혀 없는 일일 수도 있었다. 쿡 카운티 병원의 의사들은 자문했다. 이런 식으로 어떻게든 병원을 꾸려가는 것이 옳은 일일까?

라일리는 말했다.

"1996년에 일련의 연쇄 작업이 시작되었어요. 우리 병원은 가슴 통증 환자들을 처치하는 데 필요한 침상조차도 태부족이었습니다. 우리는 어느 환자에게 무엇이 필요한지를 두고 줄곧 씨름했지요."

당시 쿡 카운티 병원에는 심장 치료 병동에 8개의 침상이 있었고, 중급 심장 병동이라 부르던 곳에 12개의 침상이 있었다. 후자는 치료 강도가 조금 낮고, 비용도 싸며(하룻밤에 2,000달러가 아니라 1,000달러), 심장병 전문의가 아니라 간호사가 병상을 돌보았다. 그럼에도 침상이 부족했다. 그들은 관찰 병동이라는 또 하나의 병동을 개설해 환자들을 한나절쯤 입원시키고 아주 기초적인 진료만 제공했다.

라일리가 이어서 말했다.

"우리는 등급이 더 낮은 제3의 선택지를 만들면서 말했지요. '조금 지켜봅시다. 도움이 되는지 한번 보자고요.' 하지만 얼마 못 가서 누가 관찰 병동에 들어갈지를 두고 씨름하는 사태가 벌어지고 말았습니다. 나는 밤새 전화를 받아야 했지요. 입실을 결정하는 표준화되고 합리적인 기준이 없다는 게 문제였습니다."

라일리는 달리기 선수 같은 늘씬한 체구에 키가 훤칠한 남자로, 뉴욕시에서 고전적인 제수이트Jesuit(예수회 사람)의 교육을 받으며 자랐다. 고등학교인 레지스 스쿨에서는 4년 동안 라틴어와 그리스어를 공부했고, 포덤 대학교에서는 고전철학부터 비트겐슈타인과 하이데거에 이르기까지 온갖 책을 두루 섭렵했으며, 의학 분야에 정착하기 전에는 철학자의 길을 갈까 생각했다. 다트머스 대학교에서의 조교수 시절, 그는 의사들이 외래환자를 맞을 때 부딪히는 일상적 문제들(현기증, 두통, 복통 등의 처치)에 관한 체계적인 교과서가 전혀 없다는 데 좌절감을 느꼈다. 그는 자리를 틀고 앉아 자유로운 저녁 시간과 주말을 이용해 그 주제에 관한 800쪽짜리 교과서를 쓴 다음, 일반 수련의라면 누구나 마주칠 법한 문제들에 관한 사례와 증언을 공들여 검토했다. 라일리와 함께 가슴 통증 프로젝트 작업에 임한 친구이자 동료인 아서 에번스Arthur Evans는 말했다.

"그는 철학이든, 스코틀랜드 시든, 의학사든 늘 다른 주제를 탐구했습니다. 보통 다섯 권의 책을 동시에 읽었고, 다트머스 대학교에서 안식년을 받았을 때는 소설을 쓰면서 시간을 보냈지요."

라일리가 동부 해안에 눌러앉아 에어컨 시설이 완비된 안락한 곳에서 이런저런 문제에 관한 논문을 차례로 써가며 지낼 수 있었으리라는 것은 의심할 바 없다. 그러나 그는 쿡 카운티 병원에 끌렸다. '가장 가난하고 결핍된 사람들을 돌보는 병원'이라는 것은 가장 가난하고 결핍된 사람들에게 봉사하기를 원하는 부류의 간호사나 의사들을 끌어당기는 측면이 있다. 라일리가 그런 사람이었다. 쿡 카운티 병원이 가진 또 다른 면은 그 상대적 궁핍으로 말미암아 급진적인 어떤 시도를 할 수 있는 곳이라는 것이었다. 변화에 흥미를 느끼는 사람에게 그보다 더 좋은 곳이 어디 있겠는가?

라일리가 그곳에서 맨 처음 한 일은 리 골드먼Lee Goldman이라는 심장병 학자의 연구를 돌아보는 것이었다. 1970년대에 골드먼은 일군의 수학자들과 관계를 맺었는데, 아원자 입자 같은 것을 구별하는 통계상의 규칙을 밝혀내는 일에 관심이 무척 많은 사람들이었다. 골드먼은 물리학에는 큰 관심이 없었지만, 그 그룹이 이용하는 수학적 원리의 일부가 심장 발작으로 고통을 겪고 있는 사람이 누구인지 알아내는 데 도움이 될지도 모르겠다는 생각이 뇌리를 스쳤다. 그는 수백 건의 사례를 컴퓨터에 입력하고 어떤 종류의 증상이 실제로 심장 발작을 예측하는지 살펴보았다. 그 결과 가슴 통증 처치 시 추정 작업에 이용할 수 있을 것으로 여겨지는 알고리즘(방정식) 하나가 도출되었다. 그는 ECG 결과를 '급박한 위험 요인'이라고 정한 다음 세 가지 요인과 결합해야 한다고 결론지었다.[8]

첫째, 환자가 불안정한 협심증의 고통을 느끼는가?

둘째, 환자의 폐에 물이 찼는가?

셋째, 환자의 수축기 혈압이 100 이하인가?

위험 요인들을 하나씩 조합하기 위해 골드먼은 '의사결정 분지도decision tree'를 그렸고, 그에 입각해 각각의 처치 방법을 권했다. 예를 들어 ECG가 정상이고 세 가지 급박한 위험 요인이 모두 양성반응을 보이는 환자는 중급 병동으로 보낸다, ECG가 심한 국소 빈혈 증세를 보이지만(즉 심장근육이 피를 충분히 공급받지 못하지만) 위험 요인이 하나거나 없는 환자는 위험도가 낮은 것으로 간주해 단기 관찰 병동으로 보낸다, ECG가 국소 빈혈에 양성반응을 보이고 위험 요인이 둘 또는 셋인 환자는 곧바로 심장 치료 병동으로 보낸다 등등.

골드먼은 여러 해 동안 꾸준히 작업을 계속하면서 의사결정 분지도를 다듬어 완성해나갔다. 그러나 그의 학술 논문들 끝에는 하나같이 의사결정 분지도를 임상 작업에 활용하기까지는 현실 세계에서의 연구 검토가 더 많이 진행되어야 한다는 서글픈 단서가 붙어 있었다. 그러나 해가 흘러도 그 연구를 자청하고 나서는 사람이 없었다. 골드먼이 연구를 시작한 하버드 의과대학에도 없었고, 그가 작업을 마무리한, 하버드 대학교 못지않은 권위를 지닌 샌프란시스코 캘리포니아 대학교에도 없었다. 골드먼의 엄밀한 계산에도 불구하고 방정식이 숙련된 의사보다 더 나은 추정을 할 수 있다는 말을 믿으려고 하는 사람이 아무도 없는 듯했다.

아이러니하게도 골드먼의 초기 연구 자금의 큰 덩어리는 의학계가 아니라 해군에서 나왔다. 전국의 모든 병원에서 사람들의 생명을 구하고, 진료의 질을 개선하며, 수십억 달러의 진료비를 절감하는 길을 찾고자 애쓰는 사람이 여기 있는데, 그에게 흥미를 느낀 유일한 곳이 국방부였다. 국방부가 왜냐고? 꽤 신기한 이유에서였다.

당신이 잠수함을 타고 대양의 밑바닥을 미끄러지며 나아가 적진의 바닷속에서 조용히 염탐하고 있는데, 대원 하나가 갑자기 가슴 통증으로 고통스러워한다. 그 경우 당신은 수면 위로 올라가(자신의 위치를 포기하고) 그를 병원에 급히 데려 가야 할까, 아니면 물속에 그대로 머물면서 그에게 진통제 두 알을 쥐여주며 잠자리로 보내야 할까? 무척 곤혹스러울 것이다.

그러나 라일리에게는 골드먼의 발견에 대한 의학계의 염려 같은 건 조금도 없었다. 그는 무엇보다도 심각한 위기 상황에 놓여 있었다. 그는 골드먼의 알고리즘을 곧바로 받아들여 쿡 카운티 병원 ED의 의사들과 의료원 의사들에게 건네주고는 콘테스트를 열겠다고 발표했다. 처음 몇 달 동안 의사들은 늘 해오던 식으로 자신의 판단에 따라 가슴 통증을 진단하려는 경향을 보였다. 그러더니 조금씩 골드먼의 알고리즘을 사용하기 시작하면서 두 시스템의 환자 진단과 치료 결과를 비교할 수 있게 되었다.

2년 동안 데이터를 수집한 결과, 그들은 놀라운 사실을 알아냈다. 두 방면에서 골드먼의 규칙이 완승을 거둔 것이었다. 실제로 심장 발작 증세가 있는 환자를 식별하는 데는 골드먼의 방식이 옛 방식보다 무려 70%나 앞섰다. 게다가 더 안전했다. 가슴 통증 예측의 요체는 결국 중대한 합병 증세를 보이는 환자를 그 즉시 심장 치료 병동이나 증급 병동에 확실하게 배정하는 것이었다. 여전히 자신의 판단을 따른 의사들이 중증 환자를 정확하게 추정한 비율은 75~89%였다. 반면 골드먼의 알고리즘에 대한 정확도는 95% 이상이었다. 라일리는 자신이 필요로 하던 증거를 충분히 확보했다.

그는 ED로 가서 규칙을 바꾸었다. 2001년 쿡 카운티 병원은 가슴 통증 진단에 골드먼의 알고리즘을 전면적으로 채택한 전국 최초의 의료 기관 중 하나가 되었다. 쿡 카운티 병원의 응급실 벽에는 심장 발작의 의사결정 분지도 사본이 걸려 있다.

적은 것이 더 나을 때

여기서 쿡 카운티 병원의 실험이 시사하는 것은 무엇일까? 그 실험이 왜 그렇게 중요한 걸까? 가진 정보가 많을수록 더 나은 결정을 하게 된다는 것을 우리가 당연한 일로 받아들이기 때문이다. 더 많은 검사를 해야 하고, 더 상세히 조사할 필요가 있다고 전문가들이 말할 때 그게 잘못된 생각이라고 여기는 사람은 거의 없다. 밀레니엄 챌린지에서 청팀은 그들이 가진 정보가 홍팀보다 많기 때문에 자신들이 상당한 우위에 있다는 것을 당연시했다. 이것이 청팀에 만연한 무적의 분위기를 이끄는 두 번째 지주였다. 그들은 밴 라이퍼보다 논리적이고 체계적이었으며, 더 많은 것을 알았다. 그러나 골드먼의 알고리즘은 정반대를 가리켰다.

가외의 정보는 실은 전혀 이점이 아니다. 복잡한 현상의 밑바닥에 깔린 신호를 찾아내려면 극히 조금만 알아야 한다. 필요한 건 ECG 결과와 혈압, 폐 속의 물, 불안정한 협심증뿐이라는 것이었다.

물론 이는 급진적인 설명이다. 예를 들어 응급실을 찾아와 계단을 오를 때면 간헐적으로 나타나서는 5분에서 3시간까지 지속되는 왼쪽 가슴의 통증을 호소하는 어떤 남자가 있다고 가정해보자. 흉부 검사, 심장 검사, ECG는 정상이고 수축기 혈압은 165다. 급박한 위험 요인은 아니라는 뜻이다. 그러나 그는 60대인 데다 업무 부하가 꽤 심한 중역이다. 그는 끊임없이 압박을 받고 있다. 담배를 피우고, 운동은 하지 않는다. 여러 해 동안 고혈압이었고, 과체중이다. 2년 전에 심장 수술을 받았고, 땀을 흘린다. 그는 틀림없이 곧바로 심장 치료 병동에 입원시켜야 할 것 같다.

그러나 알고리즘은 그럴 필요가 없다고 말한다. 물론 가외의 요인들은 장기적으로는 분명히 문제가 될 것이다. 환자의 상태와 식사, 라이프스타일이 다음 몇 년 안에 심장병을 유발할 수도 있는 심각한 위험을 안고 있다. 심지어 그 요인들이 기묘하고 복잡한 작용을 일으켜 앞으로 72시간 이내에 무슨 일이 일어날지도 모른다. 그렇지만 골드먼의 알고리즘이 지적하는 것은 그러한 다른 요인들이 지금 당장 환자에게 무슨 일이 일어날지 알아내는 데 미치는 영향이 미미해서 그것 없이도 정확한 진단을 내릴 수 있다는 점이다. 사실(그리고 이것이 그날 페르시아만에서 청팀의 괴멸을 설명하는 핵심 포인트인데) 가외의 정보는 쓸모없는 것 이상이다. 그것은 오히려 해롭다. 사안을 어지럽게 만들 뿐이다. 심장 발작을 예측하고자 하는 의사들이 실패하는 것은 너무 많은 정보를 감안하기 때문이다.

너무 많은 정보의 문제점은 의사들이 왜 가끔씩 심장 발작을 완전히 놓치는 실수를 범하는지(누군가가 중대한 심장 질환 합병증이 막 시작되려 하거나 한창 진행 중일 때 그것을 인지하지 못하는지)에 대한 연구에서도 나타난다. 의사들은 여자나 소수 인종에게 이런 유형의 실수를 범할 가능성이 더 큰 것으로 밝혀졌다.[9] 왜 그럴까? 성이나 인종은 물론 심장 질환과 아무런 관련이 없지는 않다. 흑인과 백인은 전반적인 위험 양상이 다르고, 여자는 남자보다 훨씬 나이가 들어 심장 발작을 일으키는 경향이 있다. 문제는 성과 인종이라는 가외 정보가 개별 환자의 진단에 산입될 때 발생한다. 그것은 의사들을 더욱 질리게 하는 작용을 할 뿐이다. 이런 경우 의사가 환자들에 대해 아는 게 적을수록(다시 말해 자신이 진찰하고 있는 사람이 백인인지 흑인인지, 남자인지 여자인지 전혀 모를 때) 더 올바른 진단을 내리게 된다.

골드먼의 생각이 받아들여지기가 그토록 어려웠던 것도 무리는 아니다. 매우 유효한 정보처럼 보이는 것을 무시함으로써 더 나은 결정을 할 수 있다는 이야기는 사실 말이 안 되는 것처럼 들린다.

라일리는 말했다.

"골드먼의 결정 규칙이 비판받은 것도 그 때문입니다. 의사들로서는 도무지 믿기지 않는 주장인 거지요. 그들은 말합니다. '이 진단 과정은 그저 ECG를 들여다보고 몇 가지 질문을 던지는 것보다 복잡한 과정일 게 틀림없어. 이 규칙은 왜 환자에게 당뇨가 있는지 묻지 않는 거야? 나이가 얼마인지는? 심장 발작을 일으킨 적이 있는지는 왜 묻지 않는 거냐고?' 이것은 의도가 명백한 물음입니다. 그들은 규칙을 보고 말합니다. '이건 넌센스야. 이걸 가지고 결정을 내릴 수는 없어.'"

의사들 사이에 생과 사의 문제는 힘든 결정이어야 한다고 믿는 경향이 자연스럽게 형성돼 있다고 아서 에번스는 말했다.

"의사들은 어떤 지침을 따르는 건 지나치게 평범하다고 생각합니다. 스스로 고민하고 결정에 도달하는 것이 훨씬 더 만족스러운 거지요. 알고리즘은 누구라도 따를 수 있게 되어 있지만, 그들은 이렇게 말합니다. '음, 난 분명히 이보다는 잘할 수 있어. 사람 목숨을 다루는 게 이렇게 단순하고 능률적일 수는 없지. 그렇지 않으면 그 사람들이 왜 나한테 그렇게 많은 돈을 지불하겠어?'"

즉 의사들은 알고리즘이 옳다고 느끼지 않는 것이다.

여러 해 전에 스튜어트 오스캠프Stuart Oskamp라는 연구자가 한 가지 유명한 연구를 진행했다.[10] 그는 일군의 심리학자들을 모아놓고 한 사람 한 사람에게 조지프 키드Joseph Kidd라는 스물아홉 살짜리 전쟁 베테랑의 사례를 검토하게 했다. 실험의 첫 단계에서 그는 키드에 관한 기본 정보만 주었다. 두 번째 단계에서는 그의 어린 시절에 관한 한 쪽 반 분량의 정보를 주었다. 세 번째 단계에서는 키드의 고등학교와 대학교 시절 성장 배경에 관한 두 쪽 분량의 정보를 더 주었다. 마지막으로 키드의 군대 시절과 그 후의 활동에 관한 상세한 기록을 건네주었다.

　심리학자들은 각 단계마다 키드에 관한 25개 항목의 다지선택형 물음에 답하도록 요청받았다. 오스캠프는 심리학자들에게 키드에 관한 정보를 더 많이 주면 줄수록 자신이 내린 진단의 정확성에 대한 확신이 극적으로 증가한다는 사실을 발견했다. 그러나 실제로 점점 더 정확해졌을까? 결과는 그렇지 않았다. 새로운 데이터가 제공될 때마다 그들은 8개나 9개, 10개 문항의 답을 다시 고치곤 했지만, 전체적인 정확도는 거의 일정하게 대략 30% 선을 유지했다.

　오스캠프는 결론지었다.

　"더 많은 정보를 제공받을수록 자신의 판단에 대한 확신은 판단의 실제 정확성으로부터 점점 더 멀어져갔습니다."

　응급실의 의사들에게도 이와 같은 일이 일어난다. 그들은 정말로 필요한 것보다 훨씬 많은 양의 정보를 수집하고 감안한다. 그래야 확신이 더 커지기 때문이다. 또한 누군가의 목숨이 달린 문제이니만큼 더 큰 확신을 가질 필요가 있기 때문이다. 그렇지만 확신에 대한 욕구가 판단의 정확성을 떨어뜨리는 결과를 낳는다는 것은 아이러니다. 그들은 자신의 머릿속에 만들어둔 포화 상태의 방정식에 가외의 정보를 더 집어넣고는 더 멍해지고 만다.

　요컨대 쿡 카운티 병원에서 라일리와 그의 팀이 하려고 한 일은 응급실의 자동 대처를 가능케 하는 모종의 체계를 만들어내는 것이었다. 그 알고리즘은 의사들이 너무 많은 정보의 늪에 빠지지 않게 보호해주는 규칙이다. 즉흥극 배우들이 무대에 오를 때 동의의 규칙이 그들을 보호해주는 것과 같은 이치다. 그 알고리즘은 의사들에게 자유를 주어 긴박한 순간에 반드시 내려야 하는 결정에 더 집중할 수 있게 해준다. 환자가 심장 발작이 아니라면 뭐가 잘못된 걸까? 내가 이 환자와 더 많은 시간을 보내야 하나? 아니면 더 심각한 문제가 있는 다른 환자에게 관심을 돌려야 하나? 나는 이 사람과 어떻게 이야기를 나누고, 어떻게 관계를 맺어야 하나? 이 사람이 낫기 위해 나에게 필요로 하는 것은 무엇일까?

에번스는 말했다.

"라일리가 직원들에게 당부하는 것 중 하나는 환자들과 이야기를 나누고, 그들의 이야기에 귀 기울이고, 신체검사를 매우 신중하고 철저하게 하는 데 만전을 기하라는 것입니다. 많은 훈련 프로그램에서 간과해온 부분들입니다. 라일리는 그런 행동이 사람과 사람 간의 관계 맺기 측면에서 본질적 가치가 있다는 것을 절실하게 느낀 것이지요. 그는 누군가의 환경(그들의 집, 이웃, 삶)을 알지 못한 채 그들을 돌보는 것은 불가능하다고 생각합니다. 또한 의술에는 의사가 관심을 충분히 기울이지 못하는 사회적이고 심리적인 측면이 많다고 여깁니다."

라일리는 의사라면 마땅히 환자를 한 인간으로 이해해야 한다고 믿으며, 만일 의사와 환자의 관계에서 공감과 존중심의 중요성을 믿는다면 마땅히 그럴 수 있는 환경을 조성해야 한다고 말한다. 그러려면 다른 영역에서의 의사결정 부담을 경감시켜야 한다.

여기에는 두 가지 중요한 교훈이 있다. 첫째는 정말 좋은 결과를 내는 의사결정은 신중한 사고와 본능적 사고의 균형에 달려 있다는 것이다. 밥 골롬이 위대한 자동차 세일즈맨인 것은 고객들의 의사와 필요와 감정을 한눈에 직관하는 능력이 있기 때문이다. 그리고 또 그가 위대한 세일즈맨인 것은 그 과정에 제동을 걸어야 할 때, 즉 특정한 유형의 순간적 판단을 의식적으로 물리쳐야 할 때가 언제인지 알기 때문이다. 마찬가지로 쿡 카운티 병원의 의사들이 연일 북적거리는 응급실에서 자기 직분을 잘 수행하게 된 것은 컴퓨터 앞에 오랜 기간 죽치고 앉아 가능한 한 모든 정보 조각을 공들여 평가해온 골드먼의 노력을 받아들인 덕분이다. 신중한 사고는 시간이 충분하고 컴퓨터의 힘도 빌릴 수 있고 작업이 명확하게 규정돼 있을 때 훌륭한 도구인데, 그런 분석의 열매가 신속한 인식의 무대를 마련해주기도 한다.

두 번째 교훈은 좋은 의사결정에 간소화가 중요하다는 것이다. 고트먼은 복잡한 문제를 매우 단순한 요소들로 분해했다. 그는 매우 복잡하게 뒤얽힌 관계나 문제에도 그 밑바닥에는 식별 가능한 패턴이 있음을 보여주었다. 골드먼의 연구는 이런 종류의 패턴을 추출할 때 더 적은 것이 더 낫다는 것을 입증해 보였다. 의사결정자들에게 정보를 너무 많이 주면 신호를 가려내기가 더 쉬워지는 게 아니고 더 어려워진다는 것을 보여준 것이다. 좋은 결과를 내는 의사결정자가 되려면 편집 작업을 해야 한다.

얇게 조각내어 관찰할 때, 패턴을 인식하고 순간적 판단을 할 때, 우리는 무의식적으로 편집 작업을 한다. 토머스 호빙이 처음 쿠로스를 보았을 때 그의 눈을 잡아끈 것은 조각상이 너무나도 새것처럼 보인다는 점이었다. 페데리코 체리는 본능적으로 조각상의 손톱에 눈길이 닿았다. 호빙과 체리는 조각상의 모습에 관한 여타의 수많은 고려 사항은 무시해버리고, 그들이 알아야 할 모든 것을 이야기해주는 특정한 한 가지 특징에만 초점을 맞추었다. 우리는 이 편집 과정이 교란될 때(편집할 수 없거나, 무엇을 편집해야 할지 모르거나, 우리 환경이 편집을 못 하게 할 때) 곤혹스러워진다.

스피드 데이트를 연구한 시나 아이엔가를 기억하는가? 언젠가 그녀는 또 다른 실험을 했다. 아이엔가는 캘리포니아주 멘로파크에 있는 고급 식품점 드래거즈에 시식대를 차려놓고 그 위에 다양한 이색 잼들을 올려놓았다. 어떤 때는 부스에 6종의 잼을 놓았고, 어떤 때는 24종의 잼을 진열했다. 선택할 수 있는 잼의 수가 판매되는 잼의 수에 영향을 미치는지 알고 싶었던 것이다.

전통적인 경제 상식은 물론 소비자의 선택지가 많아질수록 그들이 물건을 살 가능성은 높아진다고 이야기한다. 소비자들이 자신의 욕구에 딱 들어맞는 잼을 찾기가 더 쉬워지기 때문이라는 것이다. 그러나 사실은 정반대였다. 6종의 잼이 놓인 부스에 멈춰 선 사람들 중 30%가 결국엔 어떤 잼이든 사 간 반면, 24종의 잼이 놓인 부스에 멈춰 선 사람들 중에서는 겨우 3%만이 잼을 사 갔다. 왜 그럴까? 잼을 사는 것은 순간적 결정이기 때문이다.

사람들은 본능적으로 '난 저걸 사고 싶어' 하고 자신에게 속삭인다. 그런데 선택지가 너무 많은 경우, 즉 당신의 무의식이 편안함을 느끼는 정도보다 훨씬 더 많은 것을 고려해야 하는 경우에는 모든 것이 마비된다. 순간적 판단은 취약하기 때문에 순간적으로 이루어지며, 순간적 판단을 보호하려면 그 취약성을 보호하는 조치를 취해야 한다.

밴 라이퍼가 홍팀에서 이해한 것도 바로 이 부분이었다. 그와 참모들은 분석을 했다. 그러나 전투가 시작되기 전에 모두 마쳤다. 일단 전투가 시작되면 밴 라이퍼는 자기 팀에 관계없는 정보를 너무 많이 주지 않으려고 조심했다. 회의는 짧았다. 사령부와 야전 지휘관들 사이의 통신은 제한되었다. 그는 신속한 인식이 가능한 환경을 조성하고자 했다. 반면에 청팀은 정보를 포식하고 있었다. 그들은 자기들에겐 4만 종의 정보가 각각 별도의 범주로 기입되는 데이터베이스가 있다고 자랑했다. 그들 앞에는 CROP(전투 지역을 실시간으로 보여주는 거대한 스크린)가 있었다. 그들은 미국 정부 구석구석의 온갖 전문가들을 마음껏 활용할 수 있었다. 그들은 또한 4개 군의 사령관들과 최첨단 인터페이스로 밀착 연결되어 적의 다음 움직임에 관한 정확한 분석을 그때그때 제공받았다. 그러나 총성이 울리는 순간 그 모든 정보는 짐이 되었다.

밴 라이퍼는 말했다.

"나는 청팀이 사용하고 있던 모든 개념이 전투 계획 수립에 어떻게 활용되는지 압니다. 하지만 전투가 벌어진 순간 그게 효과를 낼까요? 나는 그러지 못할 거라고 믿습니다. 우리가 말하는 분석적 의사결정과 직관적 의사결정 중에 좋고 나쁜 건 없습니다. 나쁜 것은 어느 쪽이든 부적절한 상황에서 사용하는 것이지요. 당신네 소총 부대가 기관총 포화에 옴짝달싹 못하게 됐다고 가정해봅시다. 부대장이 대원들을 불러놓고 말합니다. '사령부에 연락해서 결정을 받아와야 해.' 미친 짓이지요. 그 자리에서 결정을 내리고, 실행하고, 또 다음 절차를 밟아야 하지요. 우리가 청팀과 같은 절차를 거쳤더라면 모든 일에 2배의 시간이 걸렸을 테고, 어쩌면 4배가 걸렸을지도 모릅니다. 6일에서 8일 뒤에야 공격이 행해졌을 것이고요. 절차가 사람을 옥죄는 것이지요. 당신은 모든 것을 해체하고 찢어발기지만, 결코 전체를 종합할 수는 없습니다. 그것은 날씨와도 같습니다. 사령관은 기압이나 바람, 어쩌면 기온까지도 알 필요 없어요. 예보만 알면 됩니다. 정보 생산에 너무 몰입하다가는 데이터에 빠져 죽어요."

폴 밴 라이퍼의 쌍둥이 형제인 제임스도 해병대에 입대해 대령까지 오른 후에 퇴역했다. 폴 밴 라이퍼를 잘 아는 여느 사람들처럼 그도 밀레니엄 챌린지의 결과에 조금도 놀라지 않았다. 제임스 밴 라이퍼 대령은 말했다.

"새로운 사상가들 중에는 우리가 지능이 더 좋아지면, 모든 것을 다 알 수 있게 되면 우리는 패하지 않을 거라고 말하는 사람들이 있습니다. 형은 늘 말하지요. '어이, 자네가 장기판을 보고 있다고 하자고. 어디 눈에 보이지 않는 말이 있나? 없지. 하지만 그렇다고 이긴다고 장담할 수 있어? 천만의 말씀이지. 상대방이 무슨 생각을 하고 있는지 알 수가 없잖아.' 갈수록 많은 지휘관이 모든 걸 다 알고 싶어 하면서 그 생각의 포로가 됩니다. 갇히는 것이지요. 하지만 당신은 결코 모든 걸 다 알 수는 없습니다."

청팀의 규모가 홍팀보다 몇 배나 더 컸다는 것이 실제로 중요했을까? 제임스 밴 라이퍼는 말했다.

"《걸리버 여행기Gulliver's Travels》 같은 것이지요. 거인은 그 사소한 규칙과 규제 그리고 절차들에 묶입니다. 그런데 소년은요? 소년은 사방팔방 돌아다니며 제가 하고 싶은 대로 하지요."

밀레니엄 챌린지 2회전

홍팀이 페르시아만의 청팀을 기습 공격한 뒤 하루하고 한나절 동안 JFCOM 기지에는 불안한 침묵이 드리워졌다. 얼마 후 JFCOM 간부들이 끼어들었다. 그들은 시계를 되돌려놓았다. 페르시아만 바닥에 가라앉아 있던 청팀의 잃어버린 함정 열여섯 척이 다시 물 위로 떠올랐다. 첫 번째 공세 당시 밴 라이퍼는 청팀 부대가 상륙하려던 페르시아만 지역 여러 항구에 전역 탄도 미사일 12기를 발사했다. JFCOM은 그에게 그 12기의 미사일 모두 신종 미사일 방어 체계에 걸려 불가사의하고도 신비스럽게 격추되었다고 말했다. 밴 라이퍼는 역내의 친미 국가 지도자들을 암살했다. 그러나 그 암살은 모두 수포로 돌아갔다고 그는 들었다.

밴 라이퍼는 말했다.

"공격 이튿날 사령실에 걸어 들어갔더니 내 부관이던 녀석이 내

팀에 전혀 다른 명령을 내리고 있더군요. 마치 이러는 것 같았습니다. '청팀 군이 방해받지 않도록 레이더를 꺼라. 해병대가 아무런 방해도 받지 않고 상륙할 수 있도록 지상 부대를 이동시켜라.' 나는 물었지요. '내가 V22(전투용 헬리콥터) 한 대를 격추시켜도 되나?' 그가 말했습니다. '안 됩니다. V22는 한 대도 격추시킬 수 없습니다.' 내가 말했지요. '젠장, 대체 어떻게 된 거야?' 그가 말했습니다. '장군님, 프로그램 책임자에게서 완전히 다른 방침을 내리라는 지침을 받았습니다.' 2회전은 모든 것이 대본에 다 쓰여 있었습니다. 결과가 마음에 들지 않을 때는 또 바꿔서 다시 할 거였고요."

밀레니엄 챌린지 2회전은 청팀의 완승으로 끝났다. 두 번째로 놀랄 일도 없었고, 통찰력 문제도 없었고, 실제 세계의 복잡성과 혼돈이 국방부의 실험을 훼방 놓을 기회도 없었다. 2회전이 끝나자 JFCOM과 국방부의 분석가들은 환호했다. 전쟁의 안개는 걷혔다. 군대는 변모했고, 그런 다음 국방부는 자신 있게 진짜 페르시아만으로 관심을 돌렸다. 악당 독재자 하나가 그 지역의 안정을 위협하고 있었다. 그는 악성 반미주의자였다. 그는 강력한 종교적·민족적 충성심을 바탕으로 상당한 권력 기반을 갖추고 있었고, 또 테러 조직을 숨겨두고 있는 것으로 여겨졌다. 그는 갈아 치워져야 했고, 그의 나라는 안정을 회복해야 했다. 그들이 옳은 일을 하고 있는데(그들에겐 CROP와 PMESI, DIME가 있는데) 그게 그렇게 어렵겠는가?

5장

케너의
딜레마

무엇을 원하는지 묻는
올바른 방법과 그른 방법

록 뮤지션 케너Kenna는 버지니아 해변에서 에티오피아 이민자의 자식으로 자랐다. 아버지는 케임브리지 대학교에서 학위를 받은 경제학 교수였다. 그의 가족은 함께 모여 피터 제닝스Peter Jennings와 CNN을 보았고, 거실에 음악이 흐를 때면 그것은 케니 로저스Kenny Rogers였다.

케너는 설명했다.

"아버지는 케니 로저스를 무척 좋아합니다. 〈노름꾼The Gambler〉 같은 노래는 메시지가 있으니까요. 그의 노래는 하나같이 교훈이나 돈 또는 세상이 어떻게 돌아가는지에 관한 이야기로 가득 차 있지요. 부모님은 내가 당신들보다는 더 나은 사람이 되길 원했습니다."

이따금씩 케너의 삼촌이 찾아와 디스코 춤이나 마이클 잭슨Michael Jackson의 비디오 같은 것을 보여주곤 했다. 그럴 때면 케너는 이렇게 말했다.

"이해가 안 돼요."

케너의 주된 관심사는 스케이트보드였다. 그는 뒷마당에다 램프를 만들어두고 길 건너편에 사는 소년을 데려 와서 함께 놀았다. 그러던 어느 날 이웃 소년이 자기 침실을 보여주었는데, 케너가 생전 들어보지도 못한 밴드의 사진들이 벽에 걸려 있었다. 소년은 케너에게 U2의 〈조슈아 나무The Joshua Tree〉라는 테이프를 주었다.

케너는 말했다.

"나는 결국 테이프를 망가뜨렸습니다. 하도 많이 들어서요. 나는 몰랐습니다. 음악이 이럴 수 있다는 걸 미처 생각해본 적도 없었지요. 열한 살인가 열두 살 때였는데, 음악에 눈을 뜬 겁니다."

케너는 훤칠한 키에 기막히게 잘생긴 남자로, 머리는 깔끔하게 밀고 턱수염을 길렀다. 록 스타처럼 생겼지만, 록 스타의 거드름이나 허세, 과장 같은 것은 없었고 오히려 부드러운 면이 있었다. 그는 정중하고 생각이 깊고 뜻밖일 만큼 겸손했으며, 마치 대학원생처럼 매우 진지하게 이야기했다. 케너가 처음으로 큰 행운을 잡아 세간의 호평을 받던 밴드 '노 다웃No Doubt'의 록 콘서트에서 선을 보였을 때, 그는 자신을 소개하지 않았다. 청중들에게 이름을 밝히는 것을 잊었거나(그의 매니저의 표현이다), 아니면 자신이 누구인지 밝히지 않기로 결심했거나(그의 표현이다) 둘 중 하나였을 것이다. 공연이 끝날 때쯤 팬들이 "당신 누구요?" 하고 소리쳤다. 케너는 끊임없이 사람들의 예상을 뒤집는 부류의 인간이었다. 그것이 한편으로는 그를 흥미로운 존재로 만드는 요인인 동시에 그의 이력을 그렇게 불투명하게 만든 요인이기도 했다.

케너는 10대 중반까지 피아노 연주를 독습했다. 그는 창법을 배우고 싶어 스티비 원더Stevie Wonder와 마빈 게이Marvin Gaye의 노래를 들었다. 그러고는 탤런트 쇼talent show에 나갔다. 오디션에는 피아노가 있었으나 쇼에는 없어서 그는 무대에 올라 아카펠라로 브라이언 맥나이트Brian McKnight의 노래를 불렀다. 곧이어 작곡을 시작했다. 그리고 얼마간의 돈을 긁어모아 스튜디오 하나를 세내어 데모 음반을 녹음했다.

그의 노래는 정말로 달랐다. 정확히 말하면 괴이한 게 아니라 특이했다. 분류하기가 곤란한 곡들이었다. 사람들은 가끔 케너를 리듬앤블루스rhythm and blues 범주에 넣고 싶어 하는데, 그런 소리를 들으면 그는 화가 난다. 자신이 흑인이라는 이유만으로 그런다고 생각하기 때문이다. 그의 노래들을 올려둔 몇몇 인터넷 사이트를 들여다보면 어느 곳에는 대안 음악alternative 부문에 들어 있고, 어느 곳에는 일렉트로니카electronica 부문, 어느 곳에는 미분류 부문에 들어 있다. 모험을 즐기는 한 록 비평가는 그의 음악을 간단히 1980년대 영국 뉴웨이브 음악과 힙합의 이종교배라고 말하며 이 문제를 풀려고 했다.

케너의 음악을 어떻게 분류하느냐는 건 까다로운 문제이지만, 적어도 처음에는 그에게 별문제가 아니었다. 고등학교 시절 친구를 통해 그는 운 좋게 음악 비즈니스를 하는 몇몇 사람을 알게 되었다.

케너는 말했다.

"내 삶은 매사 아귀가 잘 맞아떨어지는 것 같습니다."

케너의 노래는 이른바 A&R Artist and Repertoire 맨(레코드 회사에 재능 있는 가수를 찾아주는 사람)의 손에 들어갔고, 그를 통해 케너의 데모 CD가 애틀랜틱 레코드Atlantic Records의 공동대표 크레이그 캘먼Craig Kallman의 손에까지 흘러들어 갔다. 그것은 큰 행운이었다. 캘먼은 레코드와 CD 20만 장을 개인 소장하고 있는 자칭 음악광이다. 그는 주중에 새로운 아티스트들에게서 100~200곡 정도의 노래를 건네받은 다음, 주말마다 집에 죽치고 앉아서 한 곡 한 곡 차례로 들어본다. 그 중 압도적 다수는 먹히지 않으리라는 것을 순식간에 알아차린다. 그런 곡은 5~10초 안에 그의 CD 플레이어에서 꺼내진다. 그러나 주말마다 그의 귀를 사로잡는 곡이 최소한 몇 곡은 있고, 아주 드물게 한번씩 그를 자리에서 펄쩍 뛰어오르게 만드는 가수나 노래도 있다. 케너가 바로 그런 경우였다.

캘먼은 회상했다.

"한 방 맞은 느낌이었습니다. 이 친구를 꼭 만나야 한다고 생각했지요. 그 즉시 케너를 뉴욕으로 불렀습니다. 그가 내 앞에서 노래를 불렀지요. 여기서 이렇게…."

캘먼은 손을 앞으로 뻗어 60센티미터 정도 되는 거리를 표시했다.

"말 그대로 얼굴을 맞댄 채로요."

얼마 뒤 케너는 프로듀서로 일하는 한 친구와 함께 우연히 녹음 스튜디오를 들르게 되었다. 거기엔 프레드 더스트Fred Durst와 함께 일하는 대니 위머Danny Wimmer라는 남자가 있었다. 프레드 더스트는 당시 전국에서 가장 인기 있던 록그룹 중 하나인 림프 비즈킷Limp Bizkit의 리드싱어였다. 잠시 후 대니 위머는 케너의 음악을 듣고 매료되었다. 그는 더스트에게 곧장 전화를 걸어 케너의 노래 〈자유 시간Freetime〉을 수화기를 통해 들려주었다. 더스트는 "계약해!"라고 말했다. 얼마 후에는 세계 최대의 록 밴드 U2의 매니저 폴 맥기니스Paul McGuinness가 케너의 레코드를 듣고는 당장 만나자며 아일랜드로 날아오라고 했다.

이어서 케너는 자신의 노래 하나로 어디에서도 보기 힘든 뮤직비디오를 만든 다음, MTV의 보다 진지한 음악 애호가들을 위한 채널인 MTV2에 가지고 갔다. 레코드 회사들은 MTV에 자사의 뮤직비디오를 방영하기 위해 수십만 달러의 진행비를 쓰는데, 그렇게 해서 100회나 200회 방영하면 매우 운이 좋은 것으로 여긴다. 케너는 맨손에 비디오 하나 달랑 들고 직접 MTV를 찾아갔고, MTV는 다음 몇 달 동안 그 비디오를 475회나 방영했다. 케너는 다시 완전한 앨범 하나를 만들어 캘먼에게 주었고, 캘먼은 애틀랜틱 레코드의 간부 전원에게 그 앨범을 나눠주었다.

캘먼은 회상했다.

"모두가 그걸 원했어요. 놀라우리만큼 신기한 일이었습니다."

케너가 '노 다웃'의 콘서트에서 호평을 받은 직후, 그의 매니저는 록 음악계에서 유명한 로스앤젤레스의 나이트클럽 록시로부터 전화를 받았다. 케너가 다음 날 밤에 출연해줄 수 있겠느냐는 것이었다.

케너는 출연을 수락하고 본인의 웹사이트에 이 소식을 알리는 메시지를 띄웠다. 그때가 출연 전날 오후 4시 30분이었다.

케너는 말했다.

"다음 날 오후 록시로부터 전화가 왔습니다. 사람들을 돌려보내고 있다더군요. 나는 기껏해야 100명쯤 올까 생각했습니다. 클럽은 입추의 여지 없이 꽉 들어찼고, 무대 앞쪽에 선 사람들은 가사를 모두 외웠는지 노래를 따라 불렀습니다. 나는 완전히 넋을 잃었지요."

달리 말하자면 음악을 정말 아는 사람들(레코드 라벨을 찾아다니고, 클럽에 가고, 음악 비즈니스를 잘 아는 부류의 사람들)은 케너를 사랑한다. 그들은 그의 노래를 듣는 순간 '이야!' 하고 생각한다. 더 정확하게 말하면 그들은 케너의 노래를 듣는 순간 본능적으로 이 사람은 다른 사람들(음악을 구매하는 청중들)이 좋아할 부류의 아티스트라는 것을 느낀다. 그러나 이것이 바로 케너가 문제에 부딪히는 지점이다. 다른 사람들이 그를 좋아할 것 같은 본능을 입증해 보이는 순간, 어떤 사람들은 그를 좋아하지 않는다는 사실이 드러났다.

케너의 앨범이 뉴욕 음반 시장을 한 바퀴 돌며 레코드 회사 간부들의 호평을 받고 있을 때, 앨범은 세 차례에 걸쳐 외부 시장조사 회사에 넘겨졌다. 이는 업계의 일반 관행이다. 앨범이 성공을 거두려면 아티스트의 음악이 라디오를 통해 방송되어야 했다. 그리고 라디오 방송국은 시장조사에서 청취자들에게(방송 즉시 절대적으로) 어필할 거라고 입증된 소수의 노래만 방송한다. 그래서 레코드 회사들은 아티스트와 수백만 달러짜리 계약을 하기 전에 수천 달러를 들여 라디오 방송국과 똑같은 기법으로 먼저 그 사람의 음악을 검증한다.

이를테면 웹사이트에 신곡을 올려놓고 웹사이트에서 그 음악을 듣는 사람들의 평가를 수집하고 분석하는 회사들이 있다. 어떤 회사는 일군의 평가자들에게 전화로 노래를 들려주거나 견본 CD를 보낸다. 수백 명의 음악 청취자들이 투표를 통해 특출한 곡을 골라내는데, 해를 거듭하면서 평가 시스템은 놀라우리만큼 정교해졌다. 예컨대 워싱턴 근교의 평가 서비스 회사 '픽 더 히츠Pick the Hits'는 수시로 음악을 평가하는 20만 명의 베이스를 갖고 있는데, 그들은 어떤 노래가 톱 40 라디오의 청취자들에게 1에서 4까지의 평점('이 곡이 싫다'가 1점) 중 평균 3.0 이상을 얻으면 그 곡이 히트할 가능성이 대략 85%라는 것을 알아냈다.

케너의 레코드가 넘겨진 곳은 바로 이런 서비스 회사였다. 결과는 비참했다. 캘리포니아주에 본부를 둔 회사 뮤직 리서치Music Research 는 나이·성·인종별로 미리 선정된 2,000명에게 케너의 CD를 보냈다. 그러고는 3일 후 최대한 많은 사람에게 전화를 걸어 케너의 음악에 대해 어떻게 생각하는지 0에서 4까지의 평점을 매겨달라고 했다. 반응은 25쪽짜리 '케너' 리포트의 결론에 정중하게 기술돼 있듯이 '낮은 편subdued'이었다. 그의 유망한 곡 중 하나인 〈자유 시간〉은 록 음악 방송국 청취자들에게 1.3점을 받았고, R&B 방송국 청취자들에 게서는 0.8점을 받았다. 픽 더 히츠는 앨범 수록곡 전체를 평가했는데, 두 곡만 평균 이상이고 여덟 곡은 평균 이하였다. 결론은 훨씬 더 무뚝뚝했다.

"아티스트로서의 케너와 그의 곡들은 핵심 청취자층이 결여돼 있고, 라디오 방송 시 주목받을 가능성이 별로 없다."

한번은 케너가 콘서트장의 무대 뒤에 있던 U2의 매니저 폴 맥기니스에게 달려간 적이 있었다. 맥기니스가 케너를 가리키며 말했다.

"여기 이 사람을 주목해주십시오. 이 친구가 세상을 바꿔놓을 겁니다."

그것은 맥기니스의 본능적인 느낌이었고, U2 같은 밴드의 매니저는 음악에 감이 있는 사람이다. 케너가 바꿔놓을 세상의 사람들은 더 이상 의견의 불일치를 드러낼 수 없을 것만 같았다. 그러나 소비자 조사 결과가 종합되는 순간, 한때 유망하던 케너의 이력은 느닷없이 진창에 빠졌다. 라디오 방송망을 타려면 대중이 그를 좋아한다는 확고한 증거가 있어야 했다. 그런데 증거가 없었다.[1]

첫인상 다시 돌아보기

정치 여론조사원 생활의 회고록 《백악관의 뒤편Behind the Oval Office》에서 저자 딕 모리스Dick Morris는 1977년 아칸소주로 날아가 서른한 살의 주 검찰총장을 만났던 일을 기록했다. 빌 클린턴Bill Clinton이라는 이름의 야심 찬 청년이었다.[2]

나는 친구 딕 드레스너Dick Dresner가 영화 산업에서 시행한 여론조사에서 이 아이디어를 얻었다고 설명했다. 새로운 제임스 본드James Bond 영화나 그 속편부터 〈조스Jaws〉에 이르는 영화들을 만들기에 앞서 영화사에서는 드레스너를 고용해 그 요약된 플롯을 들려준 다음 사람들에게 그 영화를 보고 싶은지 묻게 했다. 드레스너는 응답자들에게 영화의 성안된 홍보 문구나 슬로건을 읽어주고 어느 것이 가장 잘 먹힐지도 파악했다. 심지어는 종종 엔딩을 달리해 읽어주거나 같은 장면을 다른 곳에서 찍는 것까지도 설명해주면서 그들이 어느 쪽을 선호하는지 알아내기도 했다.

"그러니까 이 기법을 정치에 적용할 수 있다는 말인가요?" 클린턴이 물었다.

나는 그게 어떻게 가능한지 설명했다.

"정치 광고에 같은 기법을 쓰지 못할 이유가 뭐 있겠습니까? 또 대중 연설에는요? 쟁점 토론은 말할 것도 없고요. 각각의 진술이 끝날 때마다 그들에게 다시 누구한테 표를 던질지 묻는 겁니다. 그러면 어떤 주장이 얼마나 많은 유권자를 움직이고, 또 어떤 유권자들이 그 주장에 움직이는지 알 수 있지요."

우리는 4시간 가까이 이야기를 나누고 그의 책상에서 함께 점심을 먹었다. 나는 검찰총장에게 내가 해온 여론조사의 표본을 보여주었다. 그는 그 기법에 매료되었다. 그가 쓸 수 있는 도구, 알 수 없는 정치의 길을 과학적 테스트와 평가 차원으로 끌어내릴 수 있는 방법이 바로 여기 있었다.

클린턴이 대통령이 되자 모리스는 클린턴의 핵심 자문역 중 하나가 되었는데, 많은 이가 여론조사에 대한 그의 집착을 심각한 문제로(리더십을 창출하면서 원칙에 입각해 행동하는 선출직 공직자의 의무감 쇠퇴로) 보기에 이르렀다. 사실 다소 가혹한 측면이 있었다. 모리스는 단지 비즈니스 세계에서 통용되는 개념을 정치 세계로 가져온 것뿐이었다. 사람들이 자신을 둘러싼 세계에 대해 보이는 신비롭고 강렬한 반응을 포착하고 싶은 것은 인지상정이다. 영화든 세제든 자동차든 음악이든 그것을 만드는 사람들은 한결같이 우리가 그들의 제품을 어떻게 생각하는지 알고 싶어 한다. 케너를 사랑하는 음악계 인사들이 자신의 본능적인 느낌대로 행동할 수만은 없었던 것도 바로 그런 까닭이다. 대중이 무엇을 원하는지에 대한 본능적인 감정은 너무나도 신비롭고 너무나도 불확실하다. 케너의 음악을 시장조사 회사에 보낸 것도 그들에게 직접 물어보는 것이 소비자의 느낌을 가장 정확하게 아는 길이라고 여겼기 때문이다.

그러나 그게 과연 진실일까? 만일 존 바그의 실험에 참가한 학생들에게 공손하라는 사전 주입을 받은 뒤 왜 그토록 인내하며 복도에 가만히 서 있었는지 물었다면 그들은 아마 답을 잘 못했을 것이다. 아이오와 대학교 실험의 노름꾼들에게 왜 파란 카드 더미를 선호하는지 물었어도 그들은 아마 답을 잘 못했을 것이다(최소한 80장의 카드를 뒤집기 전까지는 말이다).

샘 고슬링과 존 고트먼은 사람들에게 직접 묻는 것보다는 그들의 보디랭귀지나 얼굴 표정을 관찰하거나 그들의 책상과 벽에 걸린 그림들을 볼 경우 사람들이 무슨 생각을 하는지 훨씬 더 잘 알 수 있다는 사실을 알아냈다. 빅 브레이든은 누군가 자신이 왜 그렇게 행동했는지 자청해 능란하게 이야기할 때 그 설명이 반드시 정확하지는 않다는 것, 특히 무의식에서 발원하는 자연발생적인 견해나 결정 같은 경우에는 더욱 그러하다는 것을 발견했다. 사실 그런 설명이 별 근거 없이 추출된 것처럼 보이는 경우도 있다. 그렇다면 시장조사원들이 소비자에게 상품에 대한 느낌을 이야기해달라고(방금 들은 노래나 방금 본 영화, 방금 들은 정치가의 연설이 좋은지 설명해달라고) 할 때 그들의 답변을 얼마나 신뢰해야 할까? 사람들이 록 음악 하나를 어떻게 생각하는지 알아내는 것은 쉬운 일일 것 같다. 그러나 실은 그렇지 않으며, 또 포커스 그룹focus group이나 여론조사 기관 직원들이 이런 사실에 늘 민감한 것도 아니다. 케너의 음악이 정말 얼마나 좋은가 하는 문제의 진상에 접근하려면 순간적 판단의 복잡미묘함을 좀 더 깊숙이 파고들어야 한다.

펩시의 도전

1980년대 초 코카콜라사는 미래에 대한 심각한 불안에 휩싸였다. 코카콜라는 한때 세계 최강의 독보적인 청량음료였다. 그런데 언제부터인가 펩시가 코카콜라의 우위를 꾸준히 잠식해왔다. 1972년에는 청량음료 소비자의 18%가 코카콜라만 마신다고 말한 데 비해 펩시만 마신다고 말한 사람은 4%였다. 그러던 것이 1980년대 초에는 코카콜라가 12%로 떨어진 반면, 펩시는 11%로 올라서며 판도가 바뀌기 시작했다. 코카콜라가 펩시보다 유통망이 훨씬 넓고, 매년 광고비로 최소한 1억 달러를 더 쓰는데도 말이다.[3]

격변의 와중에 펩시는 코카콜라와의 정면 대결을 선포하는 TV 광고를 전국에 내보내기 시작했다. 이른바 '펩시 챌린지Pepsi Challenge'였다. 코카콜라 애호가들은 2개의 잔에서 한 모금씩 시음하라는 요청을 받았다. 한 잔에는 Q 마크가, 한 잔에는 M 마크가 찍혀 있었다. 그들은 어느 잔이 좋다고 했을까? 거의 시종일관 그들은 M을 선택했는데, 어찌 된 영문인지 M은 매번 펩시인 것으로 밝혀졌다. 펩시 챌린지에 대한 코카콜라의 초기 반응은 그에 대한 논박이었다. 그러나 자체적으로 비밀리에 맛 비교 블라인드 테스트blind test를 해보았는데도 똑같은 결과가 나왔다. 코카콜라와 펩시 중 맛이 더 좋은 것을 선택하라고 하자 시음자 중 다수(57%)가 펩시를 선택한 것이다. 57%와 43%의 차이는 크다. 특히 0.1%에 수백만 달러가 왔다 갔다 하는 시장에서는 더더욱 그렇다. 코카콜라 경영진에게 이것이 얼마나 참담한 소식이었을지 상상하기는 어렵지 않다. 코카콜라의 신비한 맛은 회사 초창기부터 변함없이 이어져 내려온 비밀 레시피를 바탕으로 한 것이었다. 그런데 이제 코카콜라의 시대는 갔다는, 논박할 수 없을 듯한 증거가 대두한 것이다.

코카콜라 경영진은 연달아 몇 가지 추가적인 시장조사를 했다. 하지만 갈수록 더 나쁜 소식이 들려왔다. 코카콜라 미국 사업본부장 브라이언 다이슨Brian Dyson은 당시 이렇게 말했다.

"그동안 코카콜라를 독특하게 만들던, 어쩌면 가장 중요한 특징을 소비자들은 이제 깨무는 것처럼 거칠다고 묘사합니다. 그러면서 펩시를 말할 때는 '세련됐다'거나 '부드럽다'는 표현을 쓰더군요. 아무래도 갈증을 해소하는 방식이 변한 모양입니다."

당시 코카콜라의 소비자 마케팅 연구 국장이던 로이 스타우트Roy Stout는 회사에서 펩시 챌린지의 결과를 진지하게 받아들이자고 주창한 사람 중 한 명이었다. 그는 코카콜라의 최고경영진에게 이렇게 말했다.

"우리는 펩시에 비해 자판기가 2배나 많고, 진열 공간도 더 크고, 광고비도 더 많이 쓰고, 가격도 경쟁력이 있는데, 왜 시장점유율이 떨어지는 걸까요? 펩시 챌린지를 직시하고 이제 맛에 대해 묻기 시작해야 합니다."

이것이 이른바 '뉴 코크New Coke'의 기원이었다. 코카콜라의 연구원들은 옛날로 돌아가 그 전설적인 비법을 주물럭거리며 콜라를 조금 더 묽고 달게(펩시와 더 유사하게) 만들었다. 코카콜라의 시장조사원들은 맛이 개선된 것을 즉시 알아차렸다. 초기 모델의 맛 비교 블라인드 테스트에서 코카콜라는 펩시와 균형을 이루었다. 그들은 새로운 모델을 조금 더 다듬었다. 1984년 9월, 코카콜라는 마침내 반격에 나서 뉴 코크의 최종판이 될 제품을 테스트했다.

그들은 북아메리카 전역에서 수천이 아니라 수십만 소비자를 끌어모았다. 맛 비교 블라인드 테스트에서 뉴 코크는 펩시를 6~8% 차이로 이겼다. 코카콜라 경영진은 고무되었다. 새 음료는 그린라이트를 받았다. 뉴 코크의 발매를 알리는 기자회견장에서 코카콜라의 CEO 로베르토 고이수에타Roberto C. Goizueta는 신제품을 "회사 역사상 가장 확실한 진전"이라 평했고, 그의 말에 의심을 품을 이유는 없는 것 같았다. 소비자들은 테스트 과정에서 상상할 수 있는 가장 단순하고 직접적인 방식으로 반응을 표현해달라는 요청을 받았는데, 그들은 옛 코카콜라는 별로였지만 새 코카콜라는 아주 좋다고 말했다. 뉴 코크가 어찌 실패할 수 있겠는가?

그러나 실패했다. 그것은 한마디로 재앙이었다. 코카콜라 애호가들이 뉴 코크에 반기를 들고 일어났다. 전국 방방곡곡에서 항의가 잇따랐다. 코카콜라는 위기에 빠졌고, 불과 몇 달 뒤 회사는 '클래식 코크Classic Coke'라는 이름으로 전통 비법을 되살리지 않을 수 없었다. 어느 시점에서 뉴 코크의 매출은 사실상 소멸했다. 뉴 코크의 예견된 성공은 실현되지 못했다. 그런데 더 놀라운 일이 일어났다. 거침없을 것 같던 펩시의 상승세(시장조사에서도 매우 분명한 신호를 보여온 추세) 또한 멈추었다. 지난 20년 동안 코카콜라는 맛 테스트 정면대결에서 늘 열세를 보였지만, 코카콜라는 여전히 세계 제일의 청량음료다. 뉴 코크 이야기는 다시 말해 사람들이 진짜 무슨 생각을 하는지 알아내는 것이 얼마나 복잡한 일인지를 보여주는 정말 좋은 사례다.

맹인을 인도하는 맹인

펩시 챌린지의 결과를 해석하는 데 따르는 어려움은 그것이 업계에서 '한 모금 테스트sip test' 또는 'CLT central location test(중심가 테스트)'라고 부르는 것에 기초하고 있다는 사실에서 비롯된다. 시음자들은 캔 전체를 들이마시지 않는다. 그들은 테스트하는 각 브랜드의 컵에서 한 모금씩 마신 다음 선택한다. 자, 이제 당신에게 조금 다른 방식으로 청량음료 테스트를 요청한다고 하자. 만일 음료 한 상자를 집에 가지고 가서 마신 다음, 몇 주 뒤에 당신의 생각을 이야기해달라고 하면 어떻게 될까? 그러면 당신의 의견이 바뀔까? 아마 바뀔 것이다.

펩시의 신제품 개발에 여러 해 동안 참여한 캐럴 달러드Carol Dollard는 말했다.

"나는 CLT와 자택 사용 테스트가 정반대의 결과를 내는 경우를 여러 번 보았습니다. 예컨대 CLT에서는 소비자들이 나란히 놓인 서너 가지 다른 제품을 각각 한두 모금씩 맛보게 됩니다. 선 채로 한 모금 마시는 것은 마음 내킬 때 편안히 앉아서 음료 한 병을 전부 마시는 것과는 매우 다르지요. 때로 한 모금은 맛이 좋은데 한 병은 좋지 않은 경우가 있습니다. 자택 사용 테스트가 가장 좋은 정보를 주는 것은 그 때문이지요. 소비자들은 인위적인 세팅 속에서 살지 않아요. 집에서 TV 앞에 앉아 음료를 마시지요. 그런 분위기에서 어떤 느낌을 받느냐가 제품이 시장에 나올 때 그들이 어떻게 행동할지를 가장 정확하게 반영합니다."

달러드는 일례로 한 모금 테스트에서 나타나는 편향 중 하나는 단맛 편향이라고 말했다.

"한 모금 테스트만 할 경우 소비자들은 더 단맛을 선호합니다. 그러나 병이나 캔을 통째로 마실 때는 단맛이 사람들을 질리거나 물리게 할 수 있지요."

펩시는 코카콜라보다 달다. 그래서 한 모금 테스트에서는 큰 이점이 있었다. 펩시는 또한 코카콜라의 건포도와 바닐라가 섞인 진한 맛과 달리 감귤 맛을 풍기는 특성을 지녔다. 그러나 확 풍기는 맛은 캔 하나를 다 들이켜는 중에 흩어져버린다. 코카콜라가 블라인드 테스트에서 고전한 또 한 가지 이유는 그것이었다. 요컨대 펩시는 한 모금 테스트에서 빛을 발하기 좋게 만들어진 음료다. 그렇다면 펩시 챌린지는 일종의 사기일까? 전혀 그렇지 않다. 콜라에 대한 서로 다른 두 가지 반응이 있을 뿐이다. 하나는 한 모금을 마신 뒤의 반응이고, 하나는 한 캔을 다 마신 뒤의 반응이다. 사람들의 콜라 판정을 이해하려면 먼저 두 가지 반응 중 어느 것이 우리의 중점 관심사인지를 정해둘 필요가 있다.

다음으로 이른바 '감각 전이sensation transference'라 불리는 문제가 있다. 20세기 마케팅계의 걸출한 인물 중 하나인 루이스 체스킨Louis Cheskin이 만들어낸 개념이다.[4] 그는 세기가 바뀔 무렵 우크라이나에서 태어나 어릴 때 미국으로 이민을 왔다. 체스킨은 사람들이 슈퍼마켓이나 백화점에서 살 물건을 가늠할 때 스스로도 의식하지 못하는 사이에 제품의 포장에서 받은 느낌이나 인상을 제품 그 자체에 이전시킨다고 확신했다. 달리 표현하면 우리들 대부분이(무의식 차원에서는) 포장과 제품을 구별하지 않는다고 믿었다. 물건은 포장과 제품의 결합체다.

체스킨이 수행한 프로젝트 중 하나는 마가린이었다. 1940년대 말엽 마가린은 별로 인기가 없었다. 소비자들은 먹는 데도, 사는 데도 관심이 없었다. 그러나 체스킨은 호기심이 동했다. 사람들은 왜 마가린을 좋아하지 않을까? 마가린의 문제는 음식 자체에 있는 걸까? 아니면 사람들이 마가린에서 연상하는 그 무엇에 관계된 문제일까? 그는 그것을 알아보기로 마음먹었다. 그 시절 마가린은 흰색이었다. 체스킨은 마가린이 버터처럼 보이도록 노란색을 입혔다. 그런 다음 주부들과 일련의 점심 식사 자리를 마련했다. 사람들이 의식하지 못하도록 마가린을 테스트하는 자리라는 건 밝히지 않은 채 몇몇 주부를 이벤트에 초대하는 형식을 취했다.

체스킨이 설립한 컨설팅 회사의 핵심 인물 중 하나인 데이비스 매스틴Davis Masten은 말했다.

"여자들이 모두 작은 흰 장갑을 끼고 왔던 것으로 기억합니다. 체스킨이 이야기꾼들을 데려오고 음식을 날라왔습니다. 일부에게는 작은 버터 몇 조각을 주고 일부에게는 작은 마가린 몇 조각을 주었지요. 마가린은 노란색이었습니다. 질감도 버터처럼 만들어 사람들이 차이를 깨닫지 못하도록 했어요. 이벤트가 끝난 뒤 한 사람 한 사람에게 이야기꾼과 음식을 평가해달라고 요청했습니다. 사람들은 단순히 '버터'가 아주 좋다고 생각하는 것으로 드러났지요. 이전의 시장조사에서는 마가린에 미래가 없다고 말한 바 있었습니다. 체스킨은 '보다 간접적 방식으로 접근해보자'고 했지요."

이제 마가린의 매출을 어떻게 올리느냐는 문제의 답은 훨씬 분명해졌다. 체스킨은 의뢰인에게 그들의 제품을 '황제 마가린Imperial Margarine'이라 부르라고 말했고, 그리하여 포장지에 위엄 있게 보이는 왕관을 그려 넣었다. 점심 이벤트에서 드러났듯이 색깔은 중요했다. 그는 그들에게 마가린을 노란색으로 만들어야 한다고 말했다. 다음으로 제품을 포일로 싸라고 이야기해주었다. 당시에는 포일 포장이 고품질을 연상시켰기 때문이다. 그리고 어떤 사람에게 똑같은 빵 조각 2개 중 하나에는 흰색 마가린을 바르고 다른 하나에는 포일에 싼 노란 황제 마가린을 발라서 줄 경우 맛 테스트에서 두 번째 빵 조각이 매번 가볍게 이긴다는 사실이 충분히 확인되었다.

매스틴은 말했다.

"사람들에게 '포일로 쌀까요, 싸지 말까요?' 하고 물을 필요는 없습니다. 답은 언제나 '글쎄요'거나 '뭐 그럴 것까지'일 테니까요. 그냥 어느 쪽이 맛이 더 좋은지만 물으면 됩니다. 그렇게 간접적 방식으로 사람들의 진짜 동인이 무엇인지 파악하는 거지요."

체스킨의 회사는 몇 년 전에 감각 전이의 매우 멋진 사례를 선보였다. 중저가 브랜디의 경쟁 브랜드인 크리스천 브러더스Christian Brothers와 E&G의 비교 연구를 할 때였다(후자는 단골 고객들에게 '편안한 예수Easy Jesus'로 불렸는데, 두 브랜드가 속한 시장에 잘 어울리는 별명이다). 체스킨의 고객인 크리스천 브러더스는 오랜 기간 이 시장 최고의 브랜드였던 자사가 왜 시장점유율에서 E&G에 뒤처지게 되었는지 그 이유를 알고 싶어 했다. 크리스천 브러더스의 브랜디가 값이 더 비싼 것도 아니고, 매장에서 찾기가 더 어려운 것도 아니었다. 그리고 광고를 덜 하는 것도 아니었다(중저가 브랜디는 거의 광고를 하지 않는다). 그런데 왜 밀리는 걸까?

체스킨은 200명의 브랜디 애호가를 대상으로 맛 비교 블라인드 테스트에 착수했다. 두 브랜디는 거의 비슷한 결과가 나왔다. 체스킨은 몇 걸음 더 나아가보기로 했다. 회사의 또 다른 핵심 인물인 대럴 레아Darrel Rhea가 설명했다.

"우리는 거리에 나가서 200명을 대상으로 또 하나의 테스트를 했습니다. 이번에는 사람들에게 어느 잔이 크리스천 브러더스이고 어느 잔이 E&G인지 말해주었습니다. 그러자 이름에서 감각 전이가 일어나면서 크리스천 브러더스의 손을 들어주는 사람이 늘더군요."

사람들은 E&G보다 크리스천 브러더스라는 이름에서 더 긍정적인 연상을 하는 것이 분명했다. 그러자 의혹은 더욱 깊어질 뿐이었다. 크리스천 브러더스의 브랜드 이미지가 더 강한데 시장점유율에서는 왜 뒤지는 걸까?

"그래서 우리는 200명을 대상으로 또 다른 실험 하나를 더 진행했습니다. 이번에는 각 브랜드의 실제 병을 잔 뒤에다 놓았지요. 어떻게 되었을까요? 이번에는 E&G의 선호도가 더 높게 나오더군요. 그리하여 우리는 크리스천 브러더스의 문제가 무엇인지 짚어낼 수 있었습니다. 문제는 제품도 아니고, 브랜드도 아니었어요. 포장이었지요."

레아가 당시의 두 브랜디병을 찍은 사진 한 장을 꺼냈다. 크리스천 브러더스는 와인병 같았다. 주둥이가 길고 호리호리했으며, 라벨은 빛바랜 흰색의 단순한 디자인이었다. 그에 비해 E&G의 병은 장식이 훨씬 많았다. 화이트 와인병 모양의 작달막한 연청색 유리병에 주둥이에는 포일을 둘렀고, 라벨은 색이 짙고 질감도 두툼했다. 자신들의 견해를 입증하고자 레아와 동료들은 한 가지 테스트를 더 했다. 그들은 E&G의 병에 크리스천 브러더스 브랜디를 담고, 크리스천 브러더스의 병에는 E&G 브랜디를 담아 200명에게 주었다. 어느 브랜디가 이겼을까? 크리스천 브러더스가 큰 격차로 가뿐하게 이겼다. 좋은 맛의 브랜디가 좋은 브랜드의 좋은 병에 담긴 것이다. 크리스천 브러더스는 자사의 브랜디병을 E&G의 병과 흡사하게 리뉴얼했고, 당연히 문제는 해결되었다.

체스킨의 사무실은 샌프란시스코의 근교에 있는데, 이야기를 나눈 뒤 매스틴과 레아는 나를 거리의 노브힐 팜스 슈퍼마켓으로 데려갔다. 이곳은 미국의 교외 지대에 산재하는 밝은 동굴과도 같은 식품점이다.

"우리는 거의 모든 통로에서 테스트를 했습니다."

매스틴이 걸어 들어가면서 말했다. 눈앞에 음료 코너가 있었다. 레아가 몸을 숙여 세븐업 캔 하나를 집어 들었다.

"한번은 세븐업 테스트를 했습니다. 제품에 몇 가지 변화를 준 것이 있었는데, 우리는 패키지의 초록색에 노란색을 15% 더하면(이 초록에다 노랑을 조금 더 섞으면) 사람들이 세븐업의 맛에서 라임이나 레몬 맛이 더 많이 느껴진다고 이야기한다는 사실을 알아냈습니다. 사람들은 당혹스러워했지요. '내 세븐업을 바꾸고 있구나! 나한테는 뉴 코크 같은 건 필요 없어.' 조금도 다름없는 제품인데도 병에서 다른 느낌의 감각 전이가 이루어진 겁니다. 이 경우에는 반드시 좋은 일이 아니지요."

우리는 캔 제품이 있는 통로로 걸음을 옮겼다. 매스턴이 '셰프 보야르디 라비올리Chef Boyardee Ravioli' 캔 하나를 집어 들더니 라벨에 있는 요리사를 가리켰다.

"이 사람의 이름은 엑토르Hector입니다. 우리는 이런 사람들을 많이 알지요. 오빌 레덴배커Orville Redenbacher나 베티 크로커Betty Crocker 또는 선메이드 레이진스Sun-Maid Raisins 패키지 위의 여성 같은 사람들 말입니다. 소비자들은 음식에 가까이 갈수록 더 보수적이 된다는 것이 일반 법칙입니다. 엑토르의 경우 그것이 의미하는 바는 여기서 그가 정말 실제 같아 보여야 한다는 거지요. 사람들은 그의 얼굴이 자기가 알아볼 수 있고, 또 관계를 맺을 수 있는 인상이기를 원합니다. 대체로 얼굴의 클로즈업 사진이 전신사진보다 더 잘 먹힙니다. 우리는 다른 많은 방법으로 엑토르를 테스트해보았습니다. 그에게 변화를 주면 라비올리를 더 맛있게 만들 수 있을까요? 예컨대 그를 만화로 표현했다가는 십중팔구 낭패를 보기 십상입니다. 사진 속의 그가 만화 속 인물 같은 존재로 격하되는 거지요. 엑토르가 만

화 속 인물이 되어갈수록, 더 추상화될수록 사람들이 라비올리의 맛
과 질을 실감 나게 느끼는 효과는 떨어집니다."

매스틴이 호멜Hormel사의 고기 통조림 하나를 집어 들었다.

"우리는 이것으로도 실험을 해보았습니다. 호멜 로고를 테스트해
본 거지요."

그가 'r'과 'm' 사이에 있는 파슬리 가지를 가리키며 말했다.

"이 작은 파슬리 가지 하나가 통조림 음식에 신선감을 더해주더
군요."

레아는 클래시코Classico 토마토소스병을 집어 들고서 다양한 종
류의 용기에 담긴 의미들을 이야기했다.

"델몬트Del Monte사가 복숭아를 깡통에서 꺼내 유리 용기에 담았
을 때, 사람들은 '아, 이건 할머니가 전에 만들어주던 것 같은데?'라고
말했습니다. 사람들은 복숭아가 유리 용기에 담겨 나올 때 더 맛있다
고 말해요. 사각 패키지 속의 아이스크림이 원통형 용기에 담겨 나올
때도 마찬가지고요. 사람들은 그쪽이 더 맛있을 거라고 기대하면서
5센트나 10센트를 기꺼이 더 지불합니다. 순전히 포장의 힘이지요."

매스틴과 레아가 하는 일은 각 회사에 사람들의 첫인상을 조작하
는 법을 이야기해주는 것인데, 그 일에 모종의 불안감이 따르리라는
건 어렵지 않게 느낄 수 있다. 초콜릿 칩 아이스크림의 크기를 2배로
키우고 패키지에 '신제품! 더욱 커진 초콜릿 칩!'이라고 쓴 다음 값
을 5센트나 10센트 올린다면 그것은 정직하고 공정한 행동인 것 같
다. 그러나 사각 용기에 들어 있던 아이스크림을 둥근 용기에 담아

놓고 값을 5센트나 10센트 올린다면 그것은 마치 사람들의 눈을 속이는 것 같다.

하지만 생각해보면 그 두 가지 행동에는 실질적인 차이가 전혀 없다. 사람들은 더 맛있는 아이스크림에 기꺼이 돈을 더 지불할 용의가 있는데, 아이스크림을 둥근 용기에 담으면 초콜릿 칩 아이스크림의 칩을 더 크게 만드는 것만큼이나 확실하게 아이스크림이 더 맛있을 거라는 확신을 준다. 우리가 한 가지 개선점은 의식하고 다른 개선점은 의식하지 못하는 게 분명하지만, 그 차이가 그렇게 중요할까? 아이스크림 회사는 왜 소비자가 의식하는 점만 개선해 이익을 남겨야 할까? 당신은 '음, 저자들이 우리를 등치고 있군' 하고 말할지도 모른다. 그러나 누가 우리를 등치는 걸까? 아이스크림 회사가? 아니면 우리 스스로의 무의식이?

매스틴과 레아는 좋은 포장이 어떤 회사가 맛없는 제품을 내놓는 것을 용인하지는 않는다고 믿는다. 제품 자체의 맛은 무척 중요하다. 요지는 우리가 무언가를 입속에 넣고 순간적으로 그것이 맛있는지 맛없는지를 판정할 때, 우리는 자신의 맛봉오리와 침샘의 증거만이 아니라 눈과 기억과 상상의 증거에도 반응한다는 것 그리고 어떤 회사가 하나의 차원만 보고 다른 차원은 무시하는 것은 어리석은 일이라는 것뿐이다.

그런 의미에서 코카콜라의 '뉴 코크' 오류는 가장 악명 높은 사례다. 한 모금 테스트를 지나치게 중시해서가 아니라 블라인드 테스트의 원리 자체가 우스운 것이라는 이유에서다. 코카콜라는 '올드 코크'가 맛 비교 블라인드 테스트에서 뒤지는 데 대해 지나치게 신경 쓰지 말았어야 했다. 블라인드 테스트에서 펩시의 우세가 실제 세계에 그대로 옮겨지지 않는 것에 대해서도 전혀 놀랄 이유가 없다. 왜 그럴까? 실제 세계에서는 어느 누구도 눈을 감은 채 코카콜라를 마시지 않기 때문이다. 우리는 브랜드와 이미지, 캔 그리고 심지어는 로고의 고유한 빨간색에 이르기까지 코카콜라에 대해 품고 있는 무의식적 연상 일체를 코카콜라에 대한 감각에 전이시킨다.

레아는 말했다.

"코카콜라가 저지른 실수는 펩시에 시장 지분을 빼앗기는 것을 전적으로 제품 탓으로 돌린 데 있습니다. 콜라에서 가장 중요한 것이 브랜드 이미지인데, 그걸 놓쳤어요. 코카콜라가 내린 결정은 오로지 제품 자체에 변화를 주는 것이었던 반면, 펩시는 젊은 층에게 초점을 맞추면서 마이클 잭슨을 자사의 홍보대사로 만들고 브랜드 이미지를 높이기 위한 일을 많이 했습니다. 사람들은 한 모금 테스트에서는 분명히 더 단 제품을 좋아하지만, 한 모금 테스트만으로 제품 구입을 결정하지는 않습니다. 코카콜라의 문제는 하얀 실험실 가운을 걸친 사람들이 마이크를 잡았다는 것이었지요."

그렇다면 케너의 경우에도 하얀 실험실 가운을 걸친 사람들이 마이크를 붙잡았던 걸까? 시장 검증자들은 그의 노래 한 곡이나 그 일부를 전화나 인터넷을 통해 누군가에게 들려주고 청취자들의 반응만 살피면 음반 구입자들이 그 노래에서 어떤 느낌을 받을지에 대해 믿을 만한 가이드를 얻을 수 있을 것으로 가정했다. 그들의 생각은 음악 애호가들이 단 몇 초 만에 신곡을 얇게 조각내어 관찰할 수 있다는 것이었는데, 원리상 그 생각이 잘못된 것은 아니다. 그러나 얇게 조각내어 관찰하는 일은 정황을 감안하며 이루어져야 한다. 결혼 생활이 건강한지를 빠른 시간에 진단하는 것은 가능하다. 그러나 탁구를 치는 커플의 모습만 보고 진단을 내릴 수는 없다. 자신들의 관계와 관련된 어떤 일을 논의하고 있을 때 관찰해야 한다. 작은 한 토막의 대화를 근거로 어떤 의사가 의료 과오 소송을 당할 가능성을 짧은 시간 내에 판단하는 것은 가능하다. 그러나 그것은 그와 환자의 대화여야만 한다.

케너를 따뜻하게 맞은 사람들은 하나같이 정황을 잘 파악하고 있었다. 록시와 노 다웃 콘서트에 온 사람들은 자신의 눈으로 그를 생생하게 보았다. 크레이그 캘먼은 자기 사무실의 바로 눈앞에서 케너의 노래를 들었다. 프레드 더스트는 자신이 신뢰하는 한 동료의 흥분이라는 프리즘을 통해 케너의 음악을 들었다. 케너를 계속 불러낸 MTV 시청자들은 그의 비디오를 보았다. 부가 정보 없이 케너를 판정하는 것은 사람들이 맛 비교 블라인드 테스트에서 펩시와 코카콜라 중 하나를 고르는 것과 같다.

죽음의 의자

몇 년 전, 가구 회사 허먼 밀러Herman Miller, Inc.가 빌 스텀프Bill Stumpf

라는 산업 디자이너를 고용해 새로운 사무용 의자를 제작하게 했다. 스텀프는 이전에도 허먼 밀러에서 일한 적이 있었는데, 당시 그는 에르곤Ergon과 에콰Equa라는 이름의 의자 두 가지로 명성을 날렸다. 그러나 스텀프는 이전의 그 두 작품에 만족하지 않았다. 두 가지 모두 잘 팔리긴 했으나, 스텀프의 생각에 에르곤은 어딘지 어색하고 미숙한 작품이었다. 에콰는 그보다 나았으나, 출시 이후 다른 많은 회사가 모방품을 내놓는 바람에 그에게는 더 이상 특별하게 느껴지지 않았다.

스텀프는 말했다.

"내가 전에 만든 의자들은 모두 비슷한 모양이었어요. 나는 완전히 달라 보이는 물건을 고안하고 싶었습니다."

그는 새로운 프로젝트에 에어론Aeron이라는 이름을 붙였는데, 에어론의 이야기는 사람들의 반응을 평가하는 데 따르는 두 번째이자 보다 깊숙한 문제를 잘 설명해준다. 바로 우리가 익숙하지 않은 것에 대한 느낌을 설명하기는 어렵다는 것이다.

스텀프의 아이디어는 상상력을 최대한 끌어올려 인체공학적으로 가장 올바른 의자를 만들어보자는 것이었다. 그는 에콰 의자로 그 작업을 시도한 바 있었다. 그러나 에어론에서는 한 걸음 더 나아갔다. 예를 들어 의자 디자이너들이 좌면seat pan이라고 부르는 부분과 의자 등받이를 연결하는 장치에 어마어마한 양의 작업이 투입되었다. 전형적인 의자에서는 사람들이 의자에 등을 기댈 수 있도록 단순한 경첩으로 두 부분을 연결한다. 그러나 경첩이 가진 문제는 의자와 우리 엉덩이가 돌아가는 방향이 서로 달라 몸을 기울이면 바지에서 셔츠가 비어져 나오고 등에 과도한 압력이 실린다는 점이다. 에어론의 경우 좌면과 등받이가 복잡한 메커니즘을 거쳐 각기 독립적으로 움직였다. 그뿐이 아니었다. 허먼 밀러의 디자인 팀은 자유롭게 조절할 수 있는 팔걸이를 원했는데, 그러려면 의자의 팔걸이를 흔히 그렇듯 좌면 아랫부분에 붙이지 않고 등받이에 부착하는 편이 쉬웠다. 그들은 또 어깨를 훨씬 편안하게 받쳐줄 수 있도록 의자 등받이 윗부분을 아랫부분보다 더 넓게 만들었다. 아랫부분이 넓고 위로 갈수록 좁아지는 보통의 의자와 정반대의 모양이었다. 마지막으로 그들은 오랜 시간 책상 앞에 붙어 있는 사람들이 편안함을 느낄 수 있는 의자를 원했다.

스텀프는 말했다.

"밀짚모자와 고리버들 가구 같은 것을 관찰했지요. 나는 늘 피륙을 뒤집어쓴 발포 의자가 싫었습니다. 덥고 끈적끈적한 느낌을 주잖아요. 피부는 하나의 기관으로서 숨을 쉽니다. 밀짚모자처럼 피부가 숨을 쉴 수 있게 하자는 아이디어가 나의 흥미를 돋우었습니다."

그가 마침내 다다른 결론은 특수 공학 실험을 거친 얇고 탄력 있는 망상 직물을 플라스틱 뼈대에 팽팽하게 잡아당겨 걸쳐놓는 것이었다. 그물망을 통해 들여다보면 좌면 밑의 레버와 기계장치 그리고 딱딱한 플라스틱 부품들이 훤히 보였다.

허먼 밀러는 여러 해 동안 소비자들과 함께 의자를 연구하고 만들어오면서 대부분의 사람들이 사무용 의자를 고를 때 자동적으로 가장 지위가 높아 보이는 의자(쿠션이 두툼하고 등받이가 높은 데다 당당한 의원석이나 왕좌처럼 생긴 의자)에 끌린다는 사실을 발견한 바 있다. 에어론은 그 정반대였다. 검은 플라스틱과 묘한 돌기들, 그물망의 호리호리하고 투명한 혼합물이 마치 거대한 선사시대 곤충의 골격을 연상시키는 모습이었다.

스텀프는 말했다.

"미국에서 편안함은 레이지보이La-Z-Boy의 안락의자가 그 조건을 만들어놓다시피 했습니다. 독일 사람들은 미국인이 자동차 시트에 속을 듬뿍 집어넣고 싶어 하는 것을 보고 농담을 해요. 우리에겐 부드러움에 대한 집착 같은 게 있지요. 나는 늘 디즈니가 미키 마우스의 손에 끼워준 장갑을 생각합니다. 우리가 미키 마우스의 진짜 발톱을 보았더라면 아마 아무도 그를 좋아하지 않았을 겁니다. 우리가 하고 있던 일은 부드러움에 대한 그 생각을 정면으로 거스르는 일이었지요."

1992년 5월, 허먼 밀러는 그들이 '사용 검사use testing'라 부르는 과정에 착수했다. 그들은 에어론의 시제품을 미시간 서부의 지방 회사들에 가지고 가서 사람들로 하여금 최소 한나절 동안 앉아 있게 했다. 처음에는 반응이 긍정적이지 않았다. 허먼 밀러는 사람들에게 의자의 편안함에 대해 1점에서 10점까지 점수를 매겨달라고 요청했다. 10점이 만점이고, 실제로 시장에 내놓기 전에 꼭 받고 싶은 점수는 최소 7.5점이었다. 에어론의 초기 시제품은 4.75 전후의 점수를 받았다. 허먼 밀러의 한 직원은 장난삼아 슈퍼마켓 타블로이드 신문의 표지 모형에 '죽음의 의자: 여기 앉는 사람은 예외 없이 죽는다'라는 표제 아래 의자의 사진을 실은 다음, 그것을 에어론의 초기 연구 보고서의 표지로 삼았다. 사람들은 가느다란 뼈대를 보고는 의자가 자신의 몸을 지탱할지 의아해했고, 망상 직물을 보고는 그것이 과연 편안함을 줄 수 있을지 궁금해했다.

당시 허먼 밀러의 연구 디자인 담당 선임 부사장이던 롭 하비Rob Harvey는 말했다.

"가느다란 프레임의 의자를 만들면 사람들은 의자가 자신의 몸을 지탱하지 못할 거라고 인식합니다. 그래서 의자에 앉기를 무척 망설이게 되지요. 앉는다는 것은 매우 친밀한 행위입니다. 몸이 의자와 친근하게 접촉하면서 감지되는 온도나 견고성 같은 수많은 시각적 신호가 사람들의 인식을 유도하게 되지요."

그러나 허먼 밀러가 디자인을 조금씩 손보며 개선한 시제품을 내놓자 사람들의 불안감이 줄어들면서 점수가 조금씩 오르기 시작했다. 허먼 밀러가 출시 태세를 갖추었을 즈음, 편안함 점수는 8점을 넘었다. 좋은 소식이었다. 나쁜 소식은? 거의 모든 사람이 의자가 괴물 같다고 생각했다.

에어론의 연구 책임자 빌 다월Bill Dowell은 말했다.

"처음부터 아름다움 점수는 편안함 점수에 한참 뒤처졌습니다. 예외적인 일이었지요. 우리는 그동안 수십만 명을 의자에 앉혀보는 테스트를 했는데, 편안함과 아름다움은 언제나 강한 상관관계를 보여왔거든요. 그런데 여기서는 그렇지 않았어요. 편안함 점수는 8점을 넘었는데, 아름다움 점수는 2점과 3점 사이에서 시작해 어떤 시제품도 6점을 넘지 못했습니다. 무척 당혹스럽고 불안했어요. 우리에겐 전에 에콰라는 의자가 있었는데, 그 제품 역시 논란이 많았지요. 하지만 그 의자는 늘 아름답다는 평을 받았습니다."

1993년 말, 허먼 밀러는 의자 발매를 준비하면서 전국에서 포커스 그룹을 불러 모았다. 그들은 가격 책정과 마케팅에 관한 약간의 아이디어를 얻으면서 동시에 새로운 의자의 개념에 대한 광범한 지지가 있다는 것을 확인하고 싶었다. 첫 그룹은 건축가와 디자이너로 구성된 패널들이었는데, 그들은 대체로 수용하는 쪽이었다.

다월은 말했다.

"그 사람들은 의자가 얼마나 급진적인지 알아봤어요. 의자가 아름답다고 생각하지는 않았어도 그런 모양일 수밖에 없겠다는 건 이해했습니다."

다음으로 시설 관리자와 인체공학 전문가 집단에게 의자를 선보였다. 궁극적으로 의자의 상업적 성공을 책임질 분야의 전문 인력들이었다. 그들의 반응은 냉담하기 그지없었다.

다월은 말했다.

"그들은 의자의 미학을 전혀 이해하려 들지 않았습니다."

허먼 밀러는 에어론에 촘촘한 피륙을 입혀야 하며, 현재 상태로는 기업 고객들에게 이 의자를 팔 수 없을 거라는 말을 들었다. 한 시설 관리자는 의자를 론 퍼니처lawn furniture나 구식 자동차 시트커버에 비유했다. 다른 관리자는 〈로보캅RoboCop〉 세트에서 가져온 것 같다고 했고, 또 다른 관리자는 재생 자원만 써서 만든 것처럼 보인다고 말했다.

다월은 회상했다.

"스탠퍼드 대학교의 한 교수가 생각나는데, 그는 의자의 개념과 기능은 인정하면서 '미학적으로 세련된 시제품'이 나오면 다시 초대받고 싶다고 하더군요. 우리는 거울 뒤에서 '미학적으로 세련된 시제품은 나오지 않을 겁니다!'라고 말했지요."

잠시 허먼 밀러의 입장에 서보라. 당신은 참신한 제품을 만드는 데 전념해왔다. 막대한 돈을 들여 가구 공장도 재설비했고, 또 에어론의 망상 직물이 의자에 앉는 이의 등을 따갑게 하지 않는다는 것도 더욱 확신하게 되었다. 그런데 이제 와서 사람들이 그 망사포를 좋아하지 않는다는 것을 알게 된다. 실제로 그들은 의자가 못생겼다고 생각하고 있으며, 당신은 다년간의 사업 경험을 통해 사람들이 자기가 못생겼다고 생각하는 의자를 사지는 않는다는 것을 안다. 자, 어찌해야 할까? 의자를 전면 폐기할 수도 있다. 돌아가서 멋지고 친숙한 발포 천으로 커버를 만들어 씌울 수도 있다. 아니면 당신의 본능을 믿고 그대로 돌진할 수도 있다.

허먼 밀러는 세 번째 길을 택했다. 그들은 돌진했는데, 결과는 어찌 됐을까? 처음엔 별로였다. 에어론은 어쨌든 못생겼다. 그러나 얼마 안 가서 최첨단 분야인 디자인계 일각의 관심을 끌기 시작했다. 에어론은 미국산업디자인협회IDSA로부터 1990년대의 디자인상을 받았다. 캘리포니아와 뉴욕에서, 광고업계와 실리콘밸리에서 에어론은 새로운 경제의 홀딱 벗은 미학에 부합하는 일종의 컬트 상품이 되었다. 영화와 TV 광고에 에어론이 등장하기 시작했고, 거기서부터 그 이미지가 구축되고 향상되고 꽃피었다. 1990년대 말에는 매출이 연간 50~70%씩 상승했고, 허먼 밀러 사람들은 갑자기 자신이 회사 역사상 최고의 베스트셀러 의자를 손에 들고 있음을 깨달았다. 얼마 안 가서 에어론은 가장 폭넓게 모방되는 사무용 의자가 되었다. 모두가 거대한 선사시대 곤충의 골격처럼 생긴 의자를 만들고 싶어 했다. 그런데 요즘 에어론은 아름다움 점수를 얼마나 받고 있을까? 8점이다. 한때 못생겼던 의자가 아름다운 의자가 된 것이다.

한 모금 블라인드 테스트의 사례에서 첫인상은 판매에 영향을 미치지 않는다. 콜라는 눈을 감고 한 모금 마시는 것이 아니기 때문이다. 한 모금 블라인드 테스트는 콜라를 얇게 조각내어 관찰하는 올바른 방식이 아니다. 에어론의 경우 소비자들의 첫인상을 수집하려는 노력이 실패한 것은 조금 다른 이유에서였다. 자신의 첫인상을 전하는 사람들이 스스로의 느낌을 잘못 해석한 것이다. 그들은 그게 싫다고 말했다. 그러나 그들이 한 말의 진짜 의미는 의자가 너무 새롭고 별나서 익숙하지 않다는 것이었다. 물론 못생겼다는 말을 듣는 모든 제품에 이런 사례가 두루 적용되는 것은 아니다. 1950년대 포드 자동차의 유명한 실패작인 에드셀은 사람들이 우습게 생겼다고 생각해서 실패했다. 그러나 2~3년 뒤 누구나 에어론을 모방하기 시작한 것과는 달리 다른 모든 자동차 회사가 갑자기 에드셀처럼 생긴 차를 만들기 시작하지는 않았다. 에드셀은 처음에도 못생겼고, 나중에도 여전히 못생겼다. 같은 맥락에서 사람들이 처음 볼 때 싫은 영화가 있는데, 2~3년 뒤에도 그들은 여전히 그 영화를 싫어한다. 나쁜 영화는 언제나 나쁜 영화다. 문제는 우리가 싫어하는 것들 중에는 단지 별나게 생겼다는 이유로 그 범주 속에 들어가는 부류의 제품이 숨어 있다는 것이다. 그것들은 우리의 신경을 돋운다. 실제로 그게 좋은지 알기까지는 조금 시간이 걸린다.

다월은 말했다.

"제품 개발에 종사하는 사람은 자신의 물건에 깊이 빠진 나머지 밖에서 만나는 소비자들이 그 물건을 보는 시간이 극히 짧다는 사실을 머리에 새겨두기가 쉽지 않습니다. 소비자들은 그때 그 자리에서 그걸 경험하지요. 그 역사도 모르고, 그 미래를 상상하기도 어렵습니다. 매우 달라 보이는 물건인 경우에는 더욱 그렇지요. 에어론 의자의 사례가 바로 그런 경우였습니다. 사람들의 머릿속에 들어 있는 사무용 의자는 특정한 미학을 갖고 있어요. 푹신푹신하고, 커버가 씌워져 있지요. 에어론 의자는 물론 그렇지 않습니다. 다르게 생겼어요. 어느 것도 사람들에게 친숙하지 않습니다. '못생겼다'는 말은 어쩌면 '다르다'는 말의 대용이었던 거지요."

시장조사의 문제는 나쁜 것과 그냥 다른 것의 차이를 짚어내기엔 너무 무딘 방법인 경우가 종종 있다는 것이다. 1960년대 말에 시나리오 작가 노먼 리어Norman Lear는 〈온 가족All in the Family〉이라는 쇼의 TV 시트콤 시안을 만들었다. 당시 TV에 방영되던 프로그램들의 기준으로 보면 급진적인 프로그램이었다. 신랄하고 정치적인 데다 당시 TV가 피하던 사회문제들을 정면으로 다루고 있었다. 리어는 ABC에 그 시안을 보냈다. 그들은 할리우드의 한 극장에 엄선한 시청자 400명을 불러놓고 시장 검증을 했다. 시청자들은 쇼를 보면서 설문지를 채우고 '매우 재미없다', '재미없다', '보통이다', '좋다', '매우 좋다'의 표시가 된 다이얼을 돌렸다. 그러면 그들의 반응이 1부터 100 사이의 점수로 환산되어 나왔다. 드라마로서 좋은 점수는 60점대 후반이었다. 코미디는 70점대 중반이었다. 〈온 가족〉은 40점대 전반의 점수가 나왔다. ABC는 거절했다.

리어는 CBS로 그 쇼의 시안을 가져갔다. CBS는 '프로그램 분석기Program Analyzer'라는 자사 고유의 시장조사 프로토콜을 통해 시안을 평가했다. 시청자들에게 빨강 단추와 초록 단추를 누르게 해 자신들이 보고 있는 쇼의 인상을 기록하는 방식이었다. 결과는 인상적이지 않았다. CBS 시장조사국의 권고는 아치 벙커Archie Bunker를 '온화한 말을 쓰는 교육적인 아버지'로 바꿔 써야 한다는 것이었다. CBS는 첫 시즌 전에 〈온 가족〉을 홍보하는 수고조차 기울이지 않았다. 어찌 된 걸까? 쇼가 방송을 타게 된 전적인 이유는 방송사 사장 로버트 우드Robert Wood와 프로그램 책임자 프레드 실버먼Fred Silverman이 그 쇼를 마음에 들어 했는데, 그 당시엔 방송사의 네트워크가 압도적으로 우세해 그 쇼에 모험을 걸어볼 만한 여유가 있다는 것이었다.

같은 해에 CBS는 또 메리 타일러 무어Mary Tyler Moore가 출연하는 새로운 코미디 쇼 하나를 검토하고 있었다. 이 역시 TV로서는 파격적인 프로그램이었다. 주인공 메리 리처즈Mary Richards는(사실상 이전의 모든 TV 여주인공이 그랬던 것과는 달리) 결혼엔 관심이 없고, 일을 계속하려는 젊은 독신 여성이었다. CBS는 첫 번째 쇼를 프로그램 분석기에 걸었다. 결과는 참담했다. 메리는 '실패자'였다. 그녀의 이웃인 로다 모겐스턴Rhoda Morgenstern은 '몹시 거슬렸고', 쇼에 나오는 또 한 명의 여자 주인공 필리스 린드스트럼Phyllis Lindstrom은 '믿을 수 없는' 인물로 여겨졌다. 〈메리 타일러 무어 쇼The Mary Tyler Moore Show〉가 살아남은 유일한 이유는 CBS가 쇼를 테스트할 당시 그 프로그램이 이미 방송 일정에 잡혀 있었다는 것뿐이다.

"만일 MTM이 한낱 시안이었다면 그렇게 압도적으로 부정적 평가를 받고도 살아남지는 못했을 겁니다."

샐리 베델 스미스Sally Bedell Smith가 실버먼의 전기 《진공관은 작동 중Up the Tube》에서 회고한 말이다.[5]

다시 말해 〈온 가족〉과 〈메리 타일러 무어 쇼〉는 에어론 의자의 TV 판이었다. 시청자들은 그 프로그램이 싫다고 말했다. 그러나 이 시트콤들이 TV 역사상 가장 성공한 2개의 프로그램이 되었을 때 금세 확인되었듯이 시청자들은 실제로 그게 싫은 건 아니었다. 그저 어리둥절해졌을 뿐이다. 그리고 CBS의 시장조사국이 활용한 그 모든 시끌벅적한 기술은 이 두 가지의 매우 다른 감정을 구별하지 못했다.

물론 시장조사가 언제나 틀린 것은 아니다. 만일 〈온 가족〉이 좀 더 전통적인 프로그램이었다면(그리고 에어론이 이전에 나온 의자들에 사소한 변형만 가한 것이었다면) 소비자들의 반응을 측정하는 일이 그다지 어렵지는 않았을 것이다. 그러나 진짜 혁신적인 제품이나 아이디어를 테스트하는 일은 또 다른 문제이며, 크게 성공하는 회사는 그런 경우 소비자들의 첫인상에 해석이 필요하다는 것을 이해한다.

우리는 시장조사를 좋아한다. 점수와 예측으로 확실하게 보여주기 때문이다. 누군가 우리에게 왜 그런 결정을 했는지 물으면 그 이유를 수치로 보여줄 수 있다. 그러나 진실은 아주 중요한 결정에서는 확실한 게 있을 수 없다는 것이다. 케너의 음악은 시장조사에 맡겨졌을 때 형편없었다. 그러나 그렇다고 뭐가 문제인가? 그의 음악은 새롭고, 달랐다. 시장조사에 언제나 가장 취약한 것은 바로 새롭고, 다른 것들이다.

전문 지식이라는 재능

어느 화창한 여름날, 뉴저지주에서 센서리 스펙트럼Sensory Spectrum 이라는 회사를 경영하는 두 여성과 점심을 먹었다. 그들의 이름은 게일 밴스 시빌Gail Vance Civille과 주디 헤일먼Judy Heylmun이고, 음식 맛을 보는 것으로 먹고사는 사람들이다.[6] 예를 들어 프리토레이Frito-Lay에서 새로운 종류의 토르티야 칩을 선보인다면 그들의 칩 시제품이 토르티야 칩 판테온의 어느 위치에 놓이는지 알아야 한다. 그들의 다른 도리토스Doritos 변종과는 얼마나 다른가? 케이프 코드 토르티야 칩Cape Cod Tortilla Chip과 비교하면 어떤가? 예컨대 소금을 더칠 필요가 있겠는가? 시빌과 헤일먼은 프리토레이가 자사의 칩을 맛보라고 보내는 사람들이다.

전문적으로 음식 맛을 보는 사람들과 점심을 함께 먹는다는 것은 물론 꽤 까다로운 일이다. 생각 끝에 나는 맨해튼 중심가에 있는 르마드리Le Madri라는 레스토랑으로 약속 장소를 정했다. 오늘의 특별 메뉴 리스트를 읽는 데만 해도 5분이 걸리는 식당이다. 도착해서 보니 헤일먼과 시빌이 먼저 와서 자리를 잡고 앉아 있었다. 비즈니스 정장 차림의 멋진 전문직 여성들이었다. 그들은 어느새 웨이터와 이야기를 나누고 있었다. 시빌이 내게 특별 메뉴를 기억해서 말해주었다. 점심 식사를 고르는 데 정말 수많은 생각이 투입되었다. 헤일먼은 마침내 셀러리와 양파를 흩뿌린 구운 호박 차우더에 이어 파스타가 나오고, 네모난 호박으로 장식하고 베이컨을 넣어 볶은 넌출월귤 열매와 크렘 프레슈로 마무리하는 식사를 선택했다. 시빌은 샐러드에 이어 프린스에드워드섬 홍합과 마닐라 대합을 넣은 리소토가 따라 나오고 오징어 먹물로 마무리하는 식사를 골랐다(르 마드리에는 어떤 방식으로든 '마무리'하거나 어떤 종류의 '변형'으로든 장식하지 않는 요리는 드물다). 주문을 마치자 웨이터가 헤일먼에게 수프를 떠먹을 스푼 하나를 갖다 주었다. 시빌이 손을 들어 스푼 하나를 더 달라고 했다.

"우리는 뭐든 함께 먹어요."

시빌이 웨이터에게 알려주었다.

헤일먼이 말했다.

"우리가 센서리 스펙트럼 사람들과 무리 지어 나갈 때의 모습을 봤어야 하는데…. 우리는 각자의 빵 접시를 한 바퀴 빙 돌려요. 각자가 먹는 건 자기 식사의 절반과 모든 사람의 식사 조금씩이지요."

웨이터가 수프를 테이블에 내려놓자 두 사람은 떠먹기 시작했다.

"오, 굉장한데!"

시빌이 말하고는 눈길을 하늘로 향했다. 그녀가 내게 자기 스푼을 건네주며 말했다.

"맛 좀 보세요."

헤일먼과 시빌은 둘 다 음식을 조금씩 빨리 떠먹었고, 먹으면서 계속 말을 주고받았다. 마치 옛 친구처럼 서로의 말을 자르며 이 주제에서 저 주제로 쉴 새 없이 넘나들었다. 그들은 매우 재미있었고, 말도 매우 빨랐다. 그러나 대화가 먹는 행위를 제압하는 일은 없었고, 그 반대도 마찬가지였다. 그들이 말을 하는 것은 오로지 다음 한 입에 대한 기대를 높이기 위한 것인 듯했고, 다음 한 입을 머금은 순간 그들의 얼굴은 완전한 몰입의 표정을 띠었다. 헤일먼과 시빌은 음식의 맛만 보는 것이 아니었다. 그들은 음식을 생각한다. 음식에 관한 꿈을 꾼다. 그들과 함께 점심을 먹는 것은 요요 마Yo-Yo Ma와 함께 첼로를 사러 가는 것이나 어느 날 뭘 입을지 결정할 때 조르지오 아르마니Giorgio Armani 매장에 들르는 것과 같다.

시빌은 말했다.

"남편이 그러더라고요. 나하고 함께 사는 건 마치 '1분 맛 기행taste-a-minute tour'을 하는 것과 같대요. 우리 가족은 모두 미치려고 하지요.

'그 이야기 좀 그만해!' 영화 〈해리가 샐리를 만났을 때When Harry Met Sally〉에서 식당 장면 아시죠? 음식이 정말 좋을 때 내가 느끼는 감정이 바로 그거예요."

웨이터가 디저트를 제안해왔다. 크렘 브륄레, 망고와 초콜릿 셔벗, 사프란색 딸기와 사탕수수 바닐라 젤라토였다. 헤일먼은 크렘 브륄레를 한참 고민하다가 바닐라 젤라토와 망고 셔벗을 골랐다. 그녀가 말했다.

"크렘 브륄레는 레스토랑의 평가 기준입니다. 그건 바닐라의 질에 달렸지요. 나는 섞음질한 크렘 브륄레는 좋아하지 않아요. 원재료의 질을 맛볼 수가 없거든요."

시빌이 주문한 에스프레소가 나왔다. 첫 모금을 마실 때 거의 감지하기 힘들 만큼 움찔하는 표정이 그녀의 얼굴에 스쳤다. 그녀가 말했다.

"좋은데, 대단하지는 않군요. 온전한 와인의 질감을 놓치고 있어요. 텁텁한 맛이 조금 강합니다."

헤일먼은 이어 '재가공rework'에 관한 이야기를 시작했다. 예를 들어 일부 식품 공장에서 제조 기계를 한 번 돌려 생산하고 남은 식품이나 버려진 재료를 다음 제조 기계를 돌릴 때 재생해 사용하는 행위를 말한다.

그녀가 말했다.

"나한테 어떤 쿠키나 크래커를 주면 난 그것이 어느 공장 제품인지뿐만 아니라 그들이 그걸 어떻게 재가공하고 있는지까지도 알 수 있어요."

시빌이 끼어들었다. 그녀는 바로 지난밤에 쿠키 2개를 먹었다고 말했다(여기서 그녀는 유명 브랜드의 쿠키 2개를 거명했다).

"재가공품 맛이 나더군요."

그녀가 표정을 바꾸어 말을 계속했다.

"우리는 맛보는 기술을 개발하며 여러 해를 보냈습니다. 무려 20년을요. 그건 의사 훈련 과정과 같아요. 우리는 인턴 생활을 거친 뒤 레지던트가 됩니다. 그리고 어떤 제품을 보고 그것이 얼마나 단지, 얼마나 쓴지, 얼마나 캐러멜화됐는지, 감귤류의 속성이 얼마나 있는지(감귤류로 말할 것 같으면 레몬 맛인지, 라임 맛인지, 그레이프프루트 맛인지, 오렌지 맛인지) 아주 객관적인 방식으로 말할 수 있게 될 때까지 실습에 실습을 거듭합니다."

다시 말해 헤일먼과 시빌은 전문가였다. 그들이 과연 펩시 챌린지에 속을까? 물론 속지 않을 것이다. 크리스천 브러더스의 포장에 미혹되지도 않을 것이고, 그들이 정말 좋아하지 않는 것과 단지 별나다고 느끼는 것의 차이를 쉽게 혼동하지도 않을 것이다. 그들의 전문 지식이라는 재능은 그들로 하여금 자기 무의식의 잠긴 문 저편에서 진행되는 일을 훨씬 잘 이해할 수 있게 해준다. 이것이 케너 이야기의 마지막이자 가장 중요한 교훈이다. 케너의 이야기는 업계 내부 인사들과 록시의 군중, MTV2 시청자들의 열광적인 반응보다 시장조사 결과에 큰 비중을 두어 평가하는 것이 왜 큰 실수였는지 설명해주기 때문이다. 전문가들의 첫인상은 다르다. 내 말은 전문가들이 우리 같은 일반인과는 달리 색다른 것을 좋아한다는 뜻이 아니다. 그것도 전혀 부인할 수는 없지만 말이다. 어떤 일에 전문가가 될때 우리의 심미안은 더욱 심오하고 복잡해진다. 내 말뜻은 전문가의 반응을 믿을 만하게 설명할 수 있는 사람은 사실 전문가뿐이라는 것이다.

앞 장에서 소개한 조너선 스쿨러가 티머시 윌슨과 함께 이 차이를 아름답게 예증하는 실험을 한 적이 있다. 딸기잼을 소재로 한 실험이었다. 《소비자 보고서Consumer Reports》에서 일군의 식품 전문가를 불러 모아놓고는 질감과 맛이라는 매우 특정한 척도에 따라 44개 브랜드의 딸기잼에 1등부터 꼴등까지 등수를 매기게 했다. 윌슨과 스쿨러는 그중 1등, 11등, 24등, 32등, 44등의 잼을 골라(노츠 베리 팜Knott's Berry Farm, 알파 베타Alpha Beta, 페더웨이트Featherweight, 애크미Acme, 소럴 리지Sorrell Ridge) 일군의 대학생들에게 주었다. 학생들의 등수 매김이 전문가들의 그것에 얼마나 근접하는지 알아보기 위해서였다.[7]

답은 꽤 가까운 것으로 나왔다. 학생들은 노츠 베리 팜을 2등으로, 알파 베타를 1등으로 꼽았다(처음 두 잼의 순서가 바뀌었다). 전문가들과 학생들은 페더웨이트가 3등이라는 데는 의견이 일치했다. 그리고 전문가들과 마찬가지로 학생들도 애크미와 소럴 리지가 다른 잼들에 비해 열등하다고 생각했다. 비록 전문가들은 소럴 리지가 애크미보다 더 뒤진다고 본 반면, 학생들은 그 반대이긴 했지만 말이다. 학자들은 상관관계correlation라는 개념을 사용해 한 요인이 다른 요인을 얼마나 근접하게 예견하는지 평가하는데, 학생들이 매긴 등수와 전문가들이 매긴 등수의 상관관계는 0.55로 꽤 높은 수치였다. 다시 말해 잼에 대한 우리 일반인의 반응은 꽤 좋다는 뜻이다. 잼 전문가가 아닌 사람들도 맛을 보면 어느 게 좋은 잼인지 안다.

그러나 내가 당신에게 설문지를 주고 다른 잼보다 그 잼이 왜 더 좋은지 그 이유를 열거해보라고 한다면 어떤 일이 일어날까? 재앙이 일어난다.

윌슨과 스쿨러는 또 다른 그룹의 학생들에게 등수를 매긴 뒤 그 이유를 글로 적어 제출하게 했다. 학생들은 노츠 베리 팜(전문가들에 따르면 최고의 잼)에 꼴찌에서 두 번째 등수를 주었고, 전문가들이 최악이라고 평가한 소럴 리지에 3등을 주었다. 이번에는 전체적인 상관관계가 0.11로 뚝 떨어졌는데, 이는 어느 면에서 보더라도 학생들의 평가가 전문가들의 평가와는 거의 아무런 관계가 없다는 의미다. 이것은 내가 밴 라이퍼의 이야기에서 설명한 바 있는 스쿨러의 실험을 연상시킨다. 거기서는 반추가 통찰력 문제를 풀 수 있는 사람들의 능력을 파괴했다. 사람들에게 잼에 대해 생각하게 함으로써 윌슨과 스쿨러는 그들을 잼을 전혀 모르는 존재로 바꾸어놓았다.

앞의 논의에서 나는 우리의 문제 해결 능력을 떨어뜨리는 요인들에 대해 언급했다. 지금은 훨씬 더 근본적인 능력, 즉 우리의 마음을 아는 능력에 관한 이야기를 하고 있다. 마음을 알 경우에는 반추가 왜 우리의 반응을 뒤죽박죽으로 만드는지 훨씬 더 명확하게 설명할 수 있다. 그것은 우리에겐 잼에 대한 자신의 반응을 설명할 길이 없을 뿐이라는 것이다.

우리는 좋은 잼이 무엇인지는 무의식적으로 안다. 그것은 노츠베리 팜이다. 그런데 갑자기 용어 목록에 따라 그 이유를 조목조목 설명하라는 요구를 받는다. 내가 왜 그걸 생각해야 하지? 게다가 그 용어 목록은 우리에겐 뜻 모를 소리들이다. 질감을 예로 들어보자. 그게 무슨 의미인가? 우리는 일찍이 어떤 잼에 대해서도 질감이 어떻다는 생각을 해본 적이 없다. 그리고 질감이 무엇을 의미하는지도 확실히 알지 못한다. 질감은 우리가 사실 깊은 차원에서는 특별히 신경 쓰지 않는 것일지도 모른다. 그런데 이제 질감이라는 생각이 우리 머릿속에 깊이 박혔다. 우리는 그걸 생각하면서 결정해야 한다. '음, 질감이 분명히 조금 낯설어. 어쩌면 난 실제로는 이 잼을 좋아하지 않는 거야.'

윌슨이 지적하듯이 현실에서 일어나는 일은 우리가 어떤 것을 왜 좋아하고 왜 싫어하는지에 대해 그럴듯하게 들리는 이유를 생각해내는 것이다. 그러고는 그럴듯한 이유에 맞추어 자신의 진짜 선호도를 조정해버린다.

그렇지만 잼 전문가들은 잼에 대한 자신의 느낌을 설명할 때 그 같은 문제를 겪지 않는다. 식품 감정 전문가들은 매우 명확한 용어를 교육받는데, 그 용어를 사용해 특정 식품에 대한 자신의 반응을 정확하게 묘사할 수 있다. 예를 들어 마요네즈는 6개 범주의 외관(색깔, 색의 농도, 채도, 광택, 응고, 거품)과 10개 범주의 질감(점착도, 굳기, 밀도 등등), 14개 범주의 맛과 향에 따라 평가하도록 되어 있다. 그중 맛과 향은 다시 3개의 하위 그룹, 즉 향(달걀 냄새, 겨자 냄새 등등)과 기본 맛(짠맛, 신맛, 단맛), 화학적인 느낌(화끈거림, 얼얼함, 오그라듦)으로 나뉜다. 그리고 각 요소는 다시 제각각 15점 척도로 평가된다. 일례로 어떤 식품이 입에서 느껴지는 질감을 설명하고자 할 경우 우리가 살피려는 성질 중에 미끈거리는 정도가 있다. 15점의 미끈거림 척도에서 0은 전혀 미끈거리지 않는 것이고, 15는 매우 미끈거리는 것이다. 거버스 비프Gerber's Beef와 비프 그레이비Beef Gravy의 유아식은 2이다. 휘트니Whitney의 바닐라 요구르트는 7.5이고, 미러클 휩Miracle Whip 은 13이다. 어떤 제품이 미러클 휩만큼 미끈거리지는 않지만 휘트니의 바닐라 요구르트보다는 더 미끈거릴 경우에는 10점 안팎의 점수를 줄 수 있다.

다른 예로 파삭파삭함을 보자. 퀘이커Quaker의 저지방 추이 초콜릿 청크 그래놀라 바Chewy Chocolate Chunk Granola Bar는 2이고, 키블러 클럽 파트너스 크래커Keebler Club Partners Cracker는 5이며, 켈로그Kellogg의 콘플레이크Corn Flake는 14이다. 슈퍼마켓의 모든 제품을 이와 같은 식으로 분석할 수 있으며, 식품 감정가가 다년간 이런 척도를 갖고 일하다 보면 그 척도가 그들의 무의식 속에 각인된다.

헤일먼은 말했다.

"우리는 방금 오레오Oreo를 분석했습니다. 그것을 아흔 가지 성질의 외관, 맛과 향, 질감으로 쪼갰지요."

그녀가 잠시 말을 멈추었다. 나는 그녀가 오레오의 느낌이 어떤지 머릿속에서 재생하고 있음을 알 수 있었다.

"비판적 검토의 여지가 있는 성질이 열한 가지 짚이는군요."

우리의 무의식 반응은 잠긴 방에서 나오는데, 우리는 그 방 안을 들여다볼 수 없다. 그러나 경험을 거치며 자신의 행동과 훈련을 이용해 순간적 판단과 첫인상 뒤편에 있는 것들을 해석하고 해독하는 일에 숙달하게 된다. 이는 정신분석에 종사하는 사람들이 하는 일과 흡사하다. 그들은 자신의 정신이 어떻게 작동하는지 파악하기 시작할 때까지 여러 해를 숙련된 치료사의 도움 아래 자신의 무의식을 분석하며 보낸다. 헤일먼과 시빌은 그와 똑같은 일을 했다. 그들은 감정을 정신분석하지 않고, 마요네즈와 오레오 쿠키에 대한 자신의 느낌을 정신분석해온 것뿐이다.

공식적으로든 비공식적으로든 모든 전문가는 이런 일을 한다. 고트먼은 커플들에 대한 자신의 본능적인 반응에 만족하지 않았다. 그래서 수천 명의 남녀를 비디오로 촬영한 다음 테이프를 초 단위로 분해해 그 데이터를 컴퓨터에 넣고 돌렸다. 그는 이제 레스토랑의 커플 옆자리에 가만히 앉아서도 자신 있게 그들의 결혼 생활을 얇게 조각내어 관찰할 수 있다. 테니스 코치 빅 브레이든은 누군가 막 더블폴트를 범하려 할 때 자신이 그걸 알긴 아는데 어떻게 아는지는 모른다는 사실에 깊이 좌절했다. 그는 이제 직업 테니스 선수들의 서브 동작을 촬영해 디지털 분석을 하는 몇몇 생체역학 전문가와 팀을 이루어 일하고 있다. 선수들의 동작에서 브레이든이 무의식적으로 짚어내는 것이 무엇인지 정확히 알아내는 게 그 작업의 목적이다. 그리고 토머스 호빙이 처음 2초 만에 J. 폴 게티 미술관의 쿠로스가 가짜라는 것을 그렇게 확신했던 것은 무슨 까닭일까? 이는 그가 평생 동안 셀 수 없이 많은 고대 조각품을 봐오면서 자신의 머리를 스치는 첫인상을 파악하고 해석하는 법을 터득했기 때문이다.

호빙은 말했다.

"메트(뉴욕 메트로폴리탄 미술관)에서 일하던 두 번째 해에 나는 행운을 얻었습니다. 유럽 출신의 큐레이터가 부임해 사실상 모든 일을 나와 함께 한 것이지요. 우리는 매일 저녁 시간을 상자들에서 물건을 꺼내 테이블 위에 올려놓으며 보냈습니다. 우리는 지하 보관실에서 일했어요. 거기엔 수천 가지 물건이 있었습니다. 우리는 매일 밤 10시까지 거기서 보냈는데, 그건 일상적인 관찰 정도가 아니었습니다. 정말 뚫어져라 살피고 또 살피는 작업이었지요."

지하 보관실에서 숱한 밤을 보내며 그는 자신의 무의식 속에 일종의 데이터베이스를 차곡차곡 쌓고 있었다. 그는 어떤 물건에서 자신이 받는 느낌과 공식적으로 인정되는 그 물건의 양식, 배경, 가치를 일치시키는 법을 터득했다. 우리가 능숙한 어떤 일(우리가 줄곧 신경 쓰는 어떤 일)을 할 때는 어김없이 그 경험과 열정이 우리 첫인상의 성격에 근본적 변화를 가져다준다.

그렇다고 우리가 열정과 경험의 영역 밖에 있을 때 우리의 반응이 언제나 그르다는 뜻은 아니다. 다만 반응의 깊이가 얕을 뿐이다. 그것은 설명하기 어렵고, 쉽게 교란된다. 그것은 실제로 이해에 근거를 둔 것이 아니다. 예컨대 당신은 코카콜라와 펩시의 차이를 정확하게 설명할 수 있는가? 사실 그것은 놀라우리만큼 어렵다. 시빌이나 헤일먼 같은 식품 감정가는 그들이 DOD degree-of-difference(차이도) 척도라고 부르는 것을 사용해 같은 범주 안에 있는 제품들을 비교한다. DOD는 0부터 10까지 있는데, 10은 두 가지가 전혀 다르다는 것이고, 1이나 2는 같은 제품을 다른 제조 기계에서 생산해낸 정도의 차이를 나타낸다. 일례로 와이즈Wise와 레이Lay의 소금과 과실초 감자 칩은 DOD가 8이다(헤일먼은 이렇게 말했다. "오, 이런! 이 둘은 너무 다르군요. 와이즈는 진하고, 레이는 고르고 연해요."). DOD가 5나 6인 제품은 꽤 가깝지만 구별할 수는 있다. 그런데 코카콜라와 펩시는 4밖에 안 된다. 어떤 경우에는 차이가 더 줄어들기도 한다. 시간이 좀 지나 콜라의 탄산도가 떨어지고 바닐라 맛이 조금 더 도드라지면서 자줏빛이 되면 더욱 그렇다.

이는 코카콜라와 펩시에 대한 자신의 생각을 이야기해보라는 요청을 받았을 때 우리가 하는 답의 대부분은 거의 쓸모없는 수준일 거라는 뜻이다. 그게 좋은지 싫은지는 말할 수 있다. 탄산도나 향, 단맛과 신맛에 대한 모호하고 일반적인 평은 조금 할 수 있다. 그러나 DOD 4는 콜라에 대해 공부한 사람만이 청량음료를 구별하는 묘한 차이를 짚어낼 수 있는 수준이다.

나의 상상으로는 여러분 중 일부, 특히 중독에 가까운 콜라광이라면 이 지점에서 분노를 터뜨리지 않을까 싶다. 나는 조금은 모욕적인 발언을 하고 있다. 당신은 자신이 정말로 펩시와 코카콜라를 구별할 줄 안다고 생각한다. 좋다. 내가 양보해서 당신이 코카콜라와 펩시를 확실하게 구별할 수 있다고 치자. DOD가 4 정도밖에 안 되는데도 말이다. 그렇다면 당신에게 자가 테스트를 해볼 것을 강력하게 권한다. 친구에게 한 잔에는 펩시를 따르고 한 잔에는 코카콜라를 따르게 한 다음 그걸 구별해보라. 그리고 당신이 구별해냈다고 치자. 축하한다.

이제 다시 한번 테스트를 하는데, 형식을 조금 바꿔보자. 이번에는 친구에게 잔을 3개 준비하라고 하라. 그런 다음 2개의 잔에 한 가지 콜라를 따르고, 세 번째 잔에는 다른 콜라를 따른다. 음료업계에서 이른바 삼각 테스트triangle test라고 부르는 방식이다. 이번에는 당신에게 어느 것이 코카콜라고 어느 것이 펩시인지 식별하라고 하지 않겠다. 내가 원하는 건 단지 세 잔의 음료 중 어느 것이 다른 두 잔과 다른지 맞혀보라는 것이다. 믿거나 말거나 당신은 이 일이 믿기지 않을 만큼 어렵다는 것을 알게 될 것이다. 1,000명이 테스트를 할 경우 3분의 1을 살짝 넘는 정도가 제대로 알아맞힌다(확률보다 별반 나을 게 없다). 사실 추측하는 것이나 마찬가지다.

삼각 테스트라는 말을 처음 들었을 때, 나는 일단의 내 친구들에게 그것을 시험해보기로 마음먹었다. 그들 중 어느 누구도 바로 알아맞히지 못했다. 모두가 교육도 충분히 받고 생각도 깊은 사람들이었으며, 대부분 정기적으로 콜라를 마시는 이들이었는데 도무지 결과를 믿으려 들지 않았다. 그들은 길길이 날뛰면서 자신들을 속였다고 나를 비난했다. 그들은 지역의 펩시와 코카콜라 제조업자들에게 뭔가 미심쩍은 일이 있었던 게 틀림없다고 주장했다. 또한 내가 세 잔의 순서를 조작해 알아맞히기 어렵게 했다고 말했다. 그들 중 어느 누구도 진실을 인정하려 들지 않았다. 그들의 콜라에 대한 지식은 믿을 수 없을 만큼 얄팍했다.

콜라가 두 잔일 때 우리가 할 일은 두 잔의 첫인상을 비교하는 것뿐이다. 그러나 세 잔이 되면 첫 번째 콜라와 두 번째 콜라의 맛을 기억 속에 담아둘 수 있어야 하고, 비록 간략하게나마 스쳐 지나가는 감각을 어떻게든 영원한 것으로 변환해두어야 한다. 그러려면 맛의 어휘에 대한 지식과 이해가 있어야 한다. 헤일먼과 시빌이라면 삼각 테스트쯤은 깃발을 휘날리며 통과할 수 있다. 그들의 전문 지식이 자신의 첫인상을 다시 튀어나오게 하기 때문이다. 그러나 내 친구들은 그렇게 운이 좋지는 않았다. 그들은 콜라를 많이 마실지 모르지만, 콜라에 대해 진정으로 깊이 생각해본 적이 없다. 그들은 콜라 전문가가 아니며, 그들에게 콜라 전문가가 되라고 요구하는 것은(너무 많은 걸 묻는 것은) 그들의 반응을 더욱 쓸모없게 만드는 일이다.

케너에게 일어난 일도 이런 종류가 아닐까?

"레코드 회사들은 당신에게 정말 바보 같은 짓을 하고 있어요"

여러 해 동안 출발과 정지를 거듭하다가 케너는 마침내 컬럼비아 레코드와 계약했다. 그는 〈새롭고 신성한 암소New Sacred Cow〉라는 앨범을 낸 후, 첫 번째 투어를 떠나 미국 서부와 중서부의 14개 도시를 순회하며 노래를 불렀다. 매우 수수한 시작이었다. 그러다가 어느 밴

드의 콘서트에 출연해 35분 동안 공연했다. 청중들 가운데 많은 사람이 그가 프로그램에 올라 있는지조차 몰랐다. 그러나 공연에서 그의 노래를 듣는 순간 그들은 열광했다. 그는 또한 자기 노래 하나로 뮤직비디오를 만들었는데, 그 작품이 VH-1의 음악상 후보로 지명되었다. 대학 방송국마다 〈새롭고 신성한 암소〉를 틀기 시작하면서 앨범은 대학 차트에서 상승세를 탔다. 그 후 그는 TV 토크쇼에도 몇 차례 출연했다. 그러나 큰 상은 여전히 그를 피해갔고, 그의 앨범은 뜨지 않았다. 첫 번째 싱글 앨범이 톱 40 라디오의 전파를 타지 못했기 때문이다.

똑같은 이야기의 반복이었다. 게일 밴스 시빌이나 주디 헤일먼 같은 사람들이 케너를 사랑했다. 크레이그 캘먼은 그의 데모 테이프를 듣고는 전화로 "지금 당장 그를 만나고 싶다"고 말했다. 프레드 더스트는 그의 노래 한 곡을 전화로 듣고는 바로 이거라고 점찍었다. 폴 맥기니스는 그를 아일랜드로 날아오게 했다. 자신의 첫인상을 체계화할 줄 아는 사람, 첫인상을 포착할 어휘를 아는 사람, 첫인상을 이해하는 경험을 가진 사람들은 케너를 사랑했다. 그리고 완전한 세상에서라면 시장조사의 의심스러운 결과보다는 그런 것이 더 중시되었을 것이다. 그러나 라디오의 세계는 식품 세계나 허먼 밀러라는 가구 회사만큼도 소식에 정통하지 못했다. 그들은 유망한 것을 평가할 수 없는 시스템을 선호했다.

케너는 말했다.

"추측하건대 포커스 그룹에서 '아뇨, 그건 히트하지 못합니다'라고 말한 모양입니다. 그들은 잘 검증되지 않은 것에는 돈을 들이려 하지 않아요. 하지만 그건 이 음악에 어울리는 방식이 아닙니다. 이 음악은 믿음을 택해요. 그런데 음악 비즈니스는 믿음에 더 이상 관심이 없습니다. 정말 절망적이고, 또 당혹스럽습니다. 잠을 이룰 수가 없습니다. 내 마음은 달리고 있어요. 그러나 달리 방도가 없으니 공연에 나섭니다. 학생들의 반응이 정말 강렬하고 아름다워서 다음 날 다시 일어나 싸우게 되지요. 쇼가 끝난 뒤 학생들이 날 찾아와서 말합니다. '레코드 회사들은 당신에게 정말 바보 같은 짓을 하고 있어요. 하지만 당신에겐 우리가 있잖아요. 우리가 모두에게 이야기할 게요.'"

MALCOLM GLADWELL

6장

브롱크스의
7초

마음을 읽는
섬세한 기술

사우스 브롱크스 사운드뷰 지역 휠러가 1,100블록의 폭 좁은 거리에는 수수한 이층집과 아파트들이 들어서 있다. 한쪽 끝에는 지역의 중심 상가 거리인 웨스트체스터가가 있고, 거기서부터 200미터쯤 뻗어나간 블록의 길 양편은 가로수와 두 줄로 주차된 차들이 차지하고 있다. 건물들은 20세기 초반에 지어진 것으로, 붉은 벽돌로 전면을 장식하고 네댓 계단을 올라 현관문에 다다르게 돼 있는 건물이 대부분이다. 그곳은 빈곤층과 노동계급의 거주지로, 1990년대 말에는 마약 밀거래가 성행했다. 특히 웨스트체스터가와 거리 하나 너머의 엘더가가 유명했다. 사운드뷰는 값싸고 지하철역이 가까운 거처를 찾는 뉴욕의 이민자들이 응당 들러보는 곳인데, 아마도 디알로Amadou Diallo가 휠러가에 흘러들어 온 것도 그 때문이었다.

디알로는 기니 출신이다. 1999년에 스물두 살이던 그는 맨해튼 저지대의 14번가 인도에서 노점상을 하며 비디오테이프와 양말, 장갑 등을 팔았다. 그는 165센티미터 남짓한 키에 몸무게가 70킬로그램이 채 안 되는 자그맣고 평범한 청년으로, 휠러가 1157번지에 있는 비좁은 아파트의 이층에 살고 있었다. 1999년 2월 3일 밤, 디알로는 자정 직전에 집으로 돌아와 룸메이트와 이야기를 나누고는 다시 아래층으로 내려와 건물 입구의 층계참에 서서 밤공기를 마시고 있었다. 몇 분 뒤 일단의 사복 경찰이 특별한 표시가 없는 포드 토러스를 타고 휠러가로 천천히 방향을 돌려 들어왔다. 경찰은 4명이었는데, 모두 백인이었다. 이들 넷은 청바지와 보온 스웨터 차림에 야구 모자와 방탄조끼를 착용하고, 경찰용 9밀리미터 반자동 권총을 소지하고 있었다. 이들은 도시 빈민가의 '우범지대' 순찰을 전담하는, 뉴욕 경찰청의 특별 부서인 이른바 '거리 범죄 단속반Street Crime Unit' 소속이었다. 차를 운전한 사람은 켄 보스Ken Boss로, 27세였다. 그의 옆에는 35세의 숀 캐럴Sean Carroll이, 뒷좌석에는 26세 동갑내기인 에드워드 맥멜런Edward McMellon과 리처드 머피Richard Murphy가 타고 있었다.

디알로를 처음 발견한 것은 캐럴이었다. 그가 동료들에게 말했다. "가만, 가만, 저 사람 저기서 뭘 하고 있는 거지?"

캐럴은 훗날 디알로를 처음 본 순간 두 가지 생각을 했다고 진술했다. 하나는 디알로가 방문객을 가장해 아파트에 밀치고 들어가려는 '밀치기 강도'의 망꾼일지 모른다는 것이었고, 하나는 디알로의 행색이 1년 전쯤 그 일대를 활개 치고 돌아다니던 연쇄 강간범의 인상착의와 비슷하다는 것이었다. 캐럴은 이렇게 회상했다.

"그는 그냥 거기 서 있었어요. 층계참에 가만히 선 채 벽 뒤로 머리를 뺏다 내밀었다 하면서 동네를 아래위로 훑고 있었습니다. 아래를 내려다보다 똑바로 앞을 보다 하면서 잠깐 사이에도 똑같은 행동을 반복하고 있었지요. 그러다 우리가 접근하니까 출입문 쪽으로 뒷걸음질 치는 모습이 꼭 눈에 띄지 않으려고 하는 행동 같았습니다. 지나치면서 난 그를 보았고, 무슨 일인지 상황을 파악해보려고 했습니다. 그자가 뭘 짓을 하려는 건지….."

보스가 차를 세우고는 휠러가 1157번지 바로 앞까지 후진시켰다. 디알로는 여전히 그 자리에 서 있었고, 그 사실에 "깜짝 놀랐다"라고 캐럴은 훗날 말했다.

"그 순간 내 머릿속엔 지금 여기서 분명히 무슨 일인가가 벌어지고 있다는 생각이 강하게 스쳐 지나갔지요."

캐럴과 맥멜런이 차에서 내렸고, 맥멜런이 배지를 들어 올리며 소리쳤다.

"경찰입니다. 말씀 좀 여쭐까요?"

디알로는 대답이 없었다. 나중에 디알로가 말더듬이라는 사실이 밝혀졌다. 그도 무슨 말인가 하려고 애썼을 테지만, 갑작스러워서 말이 빨리 나오지 않았던 것이다. 설상가상으로 그는 영어에 서툴렀고, 또 아는 사람 하나가 근래에 한 떼의 무장 강도한테 당했다는 소문까지 들은 터라 공포에 떨고 있었던 게 틀림없다. 그도 그럴 것이 그가 있는 곳은 이슥한 밤의 우범지대 한복판이었던 데다가 방탄조끼로 가슴을 떡 부풀리고 야구 모자를 쓴 거구의 두 남자가 자신을 향해 성큼성큼 다가오고 있었으니 말이다. 디알로는 잠시 멈칫하다가 냅다 현관 안으로 뛰어들어 갔다. 캐럴과 맥멜런은 그의 뒤를 쫓았다. 나중에 경찰이 진술한 바에 따르면 디알로는 안쪽 문에 이르러 왼손으로는 문손잡이를 붙잡고, 동시에 몸을 옆으로 틀고서 다른 손으로 호주머니를 '뒤지고' 있었다. 캐럴이 소리쳤다.

"손 빼!"

맥멜런이 고함을 질렀다.

"주머니에서 손 빼! 안 그러면 빌어먹을 네 녀석을 작살내버리겠다!"

그러나 디알로는 점점 더 안절부절못했고, 캐럴 역시 초조해지기 시작했다. 디알로가 몸을 옆으로 튼 것이 오른손으로 하는 짓을 감추려는 수작으로 보였기 때문이다.

캐럴은 기억을 더듬었다.

"우리는 현관 맨 위 계단쯤에서 그가 문을 열고 안으로 들어가기 전에 그를 붙잡으려고 했습니다. 그자가 몸을 돌려 우리를 쳐다보았어요. 여전히 한 손은 문손잡이를 붙든 채로 말입니다. 순간 그의 오른손 쪽에서 무언가 시커먼 것이 살짝 내비쳤습니다. 내 눈에 보인 것은 물건의 끝부분이었는데, 꼭 검은 권총의 슬라이드 부분 같았어요. 이전의 경험과 훈련 그리고 체포 경력이 지금 그자가 총을 꺼내고 있는 거라고 내게 일러주었지요."

캐럴이 소리를 질렀다.

"총이다! 저자가 총을 가지고 있어!"

디알로는 가만히 있지 않았다. 그는 주머니 속에 든 것을 빼내는 동작을 멈추지 않았고, 이윽고 경찰 쪽을 향해 시커먼 물건을 들어 올리려 했다. 이에 캐럴이 사격을 시작했다. 맥멜런도 반사적으로 계단 아래쪽으로 몸을 날렸다가 뒤로 나동그라지면서 총을 쏘았다. 맥멜런이 쏜 총탄이 현관 여기저기를 핑핑 스치며 날아갈 때 캐럴은 그것을 디알로가 쏜 것으로 여겼고, 맥멜런이 뒤로 나동그라질 때는 디알로의 총에 맞은 거라고 생각했다. 그는 경찰에서 훈련받은 대로 '중심부center mass'를 조준하고 계속 사격을 퍼부었다. 시멘트 파편과 나무 조각이 사방팔방에서 튀었고, 총구의 섬광과 탄환의 불꽃으로 대기에 전기가 일었다.

보스와 머피도 차에서 내려 건물로 뛰어왔다. 4명의 경찰이 나중에 1급 과실치사와 2급 살인죄로 기소되어 재판정에 섰을 때, 보스는 다음과 같이 진술했다.

"에드워드 맥멜런이 보였어요. 현관 왼쪽에 있던 그가 층계에서 탁 튕겨 오르더니 계단 아래로 곤두박질쳤습니다. 그와 동시에 오른쪽에 있던 숀 캐럴이 계단을 뛰어내려 왔습니다. 미친 듯이 말이지요. 그가 층계를 달음질쳐 내려오는 동작은 정말이지 맹렬했습니다. 필사적으로 도망쳐 빠져나오는 모습이었지요. 맥멜런은 바닥에 나동그라져 있었습니다. 총격은 여전히 계속됐고요. 나는 뛰었습니다. 움직였습니다. 그리고 맥멜런이 총에 맞았습니다. 내 눈에 보인 건 그게 전부입니다. 맥멜런은 총을 쏘고 있었습니다. 캐럴도 현관 안쪽을 향해 총을 쏘아댔습니다. (…) 그때 디알로가 눈에 들어왔습니다.

그는 현관 깊숙한 곳, 안쪽 문이 나 있는 뒷벽을 향해 있었어요. 문에서 살짝 비껴나 몸을 웅크리고 있었습니다. 웅크린 몸에서 손이 뻗어 나와 있었는데, 총이 보였습니다. 순간 나는 생각했지요. '맙소사, 이제 죽었구나.' 그리고 총을 쏘았습니다. 뒤로 주춤하며 총을 쏘고는 왼쪽으로 뛰었습니다. 사격 방향에서 벗어나려고요. (…) 디알로의 무릎이 꺾이고, 등이 곧추세워졌습니다. 꼭 작은 표적을 겨누는 자세처럼 보였지요. 사격 자세 중 하나 같았는데, 경찰학교에서 배운 것과 똑같은 동작이었습니다."

그때 검사가 보스의 말을 가로막으며 물었다.

"그의 손은 어떤 상태였습니까?"

"밖으로 나와 있었습니다."

"쭉 뻗어 나와 있었나요?"

"그렇습니다."

"그의 손에서 어떤 물건을 보았다고 했는데, 확실하게 봤나요?"

"네, 그의 손에 총이 있다고 생각했습니다. (…) 내 눈에 보인 것은 진짜 총이었어요. 손에 각진 무기가 들려 있었거든요. 총소리와 권총의 연기가 난무하고 에드워드 맥멜런이 고꾸라진 그 짧은 순간에 내가 느낀 것은 그가 총을 들고 있고, 방금 맥멜런을 쏘았고, 다음은 내 차례구나 하는 것이었어요."

캐럴과 맥멜런은 각각 열여섯 발을 쏘았다. 탄창 하나를 몽땅 비운 것이다. 보스는 다섯 발을 쏘았고, 머피는 네 발을 쏘았다. 침묵이 흘렀다. 그들은 총을 겨눈 자세로 층계를 올라 디알로에게 다가갔다.

보스가 나중에 말했다.

"오른손이 몸통에서 쭉 뻗어 나와 있었습니다. 손바닥을 편 채로요. 그런데 총이 있어야 할 자리에는 지갑이 있었습니다. (…) 나는 말했지요. '이런 젠장, 총은 어디 있는 거야?'"

보스는 거리를 달려 웨스트체스터가 쪽으로 뛰어갔다. 현장의 외침과 총성에 넋이 나가 길을 잃고 만 것이다. 잠시 후 구급차가 도착했을 때 그는 정신이 혼미해져 아무 말도 할 수 없었다.

캐럴은 층계 위, 총알로 벌집이 된 디알로의 시체 옆에 주저앉아 흐느끼기 시작했다.

세 가지 치명적인 실수

신속한 인식의 가장 흔한(그리고 가장 중요한) 형태는 아마도 우리가 다른 사람에 대해 내리는 판단과 다른 사람에게서 받는 인상일 것이다. 우리는 깨어 있는 모든 순간, 누군가의 면전에 있을 경우 그가 무슨 생각을 하고 무엇을 느끼는지 끊임없이 예견하고 추측하게 된다. 누군가 "네가 너무 좋아" 하고 말할 때, 우리는 상대의 눈을 들여다보며 그 사람의 진심을 판단한다. 새로운 사람을 만날 때, 우리는 종종 미묘한 신호를 포착해내고는 상대가 평소와 다름없이 다정한 태도로 이야기를 건네는데도 나중에 "그는 날 좋아하지 않는 것 같아"라거나 "그녀가 그렇게 행복한 것 같지는 않아"라고 말하기도 한다.

우리는 얼굴 표정의 복잡미묘한 차이를 쉽게 분석해낸다. 일례로 내가 눈을 반짝이며 생글거리는 것을 보면, 당신은 내가 즐거워한다고 생각할 것이다. 그러나 내가 고개를 끄덕거리며 입꼬리가 팽팽해지도록 과장되게 웃는 것을 보면, 당신은 내가 놀림을 받고 나서 냉소적으로 반응하는 것으로 받아들일 것이다. 눈길이 마주쳤을 때 내가 살짝 미소를 던진 후 눈을 아래로 깔며 시선을 돌린다면, 당신은 아마 내가 수작을 걸고 있다고 생각할 것이다. 내가 만일 짧은 미소로 답한 다음 고개를 계속 끄덕이거나 갸웃거린다면, 당신은 내가 방금 다소 거슬리는 말을 하고 난 후 그 말을 거두고 싶어 하는 거라고 결론 내릴 것이다. 당신은 이런 결론들에 도달하기 위해 내가 하는 어떤 말도 들을 필요가 없다. 그것은 순간적으로 당신에게 다가온다.

당신이 만일 마루에 앉아 놀고 있는 두 살배기 아이에게 다가가 두 손으로 아이의 손을 부여잡는 것과 같은 다소 수수께끼 같은 행동을 한다면, 아이는 곧바로 눈을 들어 당신의 눈을 들여다볼 것이다. 왜 그럴까? 당신이 한 행동에는 설명이 필요한데, 아이는 당신의 얼굴에서 그 답을 찾을 수 있음을 알기 때문이다. 이렇듯 상대의 동기와 의도를 추론하는 행위는 얇게 조각내어 관찰하기의 전형이다. 미묘하고도 순간적인 단서를 포착해 상대의 마음을 읽어내는 것인데, 이만큼 기본적이고 즉흥적인 충동 행위도 거의 없거니와 대개의 경우 특별히 힘들이지 않고도 우리는 매우 능숙하게 그 일을 해낸다. 그러나 1999년 2월 4일 한밤중에 휠러가를 순찰하던 4명의 경찰은 이처럼 가장 기본적인 과업을 수행하지 못했다. 그들은 디알로의 마음을 읽지 않았다.

먼저 숀 캐럴이 디알로를 처음 보고는 차 안의 다른 경찰들에게 "가만, 가만, 저 사람 저기서 뭘 하고 있는 거지?"라고 말했다. 답은 디알로가 밤공기를 마시고 있다는 것이었다. 그러나 캐럴은 얼핏 살펴보고는 순간적으로 그가 수상쩍다고 판단했다. 그것이 첫 번째 실수였다. 그다음, 그들이 차를 후진시켰는데 디알로는 움직이지 않았다. 캐럴은 훗날 그 사실에 "깜짝 놀랐다"고 말했다. 이자는 얼마나 뻔뻔스럽기에 경찰을 보고도 도망치지 않을까? 디알로는 뻔뻔스러운 게 아니었다. 그저 호기심이 일었을 뿐이다. 그것이 두 번째 실수였다. 그다음, 캐럴과 머피는 층계참의 디알로를 향해 걸어가면서 그가 살짝 몸을 돌려 호주머니를 뒤지는 것을 보았다. 그 찰나의 순간에 그들은 그가 위험한 인물이라고 결론 내렸다. 그러나 그는 위험한 사람이 아니었다. 겁을 먹었을 뿐이었다. 그것이 세 번째 실수였다. 보통 우리는 순간적으로 어떤 사람이 수상쩍은지 수상쩍지 않은지, 뻔뻔스러운 사람인지 또는 호기심을 느낀 사람인지 분별하는 데 아무런 어려움이 없다. 특히 겁먹은 사람인지 위험한 사람인지를 분별하기는 더더욱 쉽다. 늦은 밤에 도시의 거리를 걷는 사람은 누구나 쉴 새 없이 그런 유의 순간적 계산을 한다. 그럼에도 어떤 이유에서인지 그날 밤 그 경찰들은 인간의 가장 기본적인 그 능력을 잃었다. 왜 그랬을까?

사실 이런 유형의 착오는 이례적인 것이 아니다. 마음 읽기의 착오는 우리 모두에게 일어난다. 무수한 언쟁과 불화, 오해, 반감의 뿌리에 그것이 있다. 또한 이러한 착오는 매우 순간적이고 불가사의해 실제로 그것을 어떻게 이해해야 할지 알 길이 없다. 일례로 디알로 총격 사건이 발생한 후 몇 주, 몇 달 동안 그 사건이 온 세계를 떠들썩하게 하면서 그날 밤 일어난 일을 두고 많은 논쟁이 양극단을 오가며 좌충우돌했다. 어떤 이들은 그 일이 끔찍한 사고일 뿐이라며, 경찰이 때로는 불확실한 상황에서 생사를 가르는 판단을 할 수밖에 없는 현실에서 비롯된 불가피한 결과라고 말했다. 디알로 총격 사건 법정에서 배심원단이 내린 결론이 바로 이것으로서, 보스와 캐럴과 맥멜런과 머피 모두 살인죄에 대해서는 무죄가 선고되었다. 일각에서는 그 사건을 명백한 인종차별의 결과로 본 사람들이 있었다. 도시 곳곳에서 항의와 시위가 벌어졌다. 디알로는 희생자로 추모되었다. 휠러가는 '아마도 디알로 거리Amadou Diallo Place'로 개칭되었다. 브루스 스프링스틴Bruce Springsteen은 〈41발41 Shots〉이라는 추모 노래를 작사·작곡했는데, 그 곡에는 "당신들은 살해되고 나서야 비로소 미국인의 삶을 살 수 있다"는 가사가 있다.

그러나 이 설명들 중 어느 것도 충분히 만족스럽지는 않다. 디알로 총격 사건의 네 경찰이 나쁜 사람이라거나 인종주의자라거나 디알로를 해코지하려고 했다는 증거는 없었다. 하지만 그 총사냥을 단순 사고로 치부하는 것도 옳지 않은 것으로 보이는데, 경찰의 모범적인 직무 수행이 아닌 것은 분명하기 때문이다. 경찰들은 자기 집 앞에서 신선한 밤공기를 마시고 있는 사람을 잠재적인 범죄자로 가정한 것을 시작으로 일련의 중대한 오판을 저질렀다.

다시 말해 디알로 총격 사건은 회색 영역, 즉 고의적인 것과 우연적인 것 사이의 중간 지대로 빠져든다. 마음 읽기의 착오는 때로 그런 것이다. 그것은 여타 신속한 인식의 착오와는 달리 항상 분명하고 극적이지는 않다. 그것은 미묘하고 복잡하며 놀라우리만큼 흔하게 일어나는데, 휠러가에서 발생한 사건은 마음 읽기가 어떻게 작동하는지(그리고 그것이 때로는 얼마나 끔찍하게 빗나가는지)를 보여주는 강력한 사례다.

마음 읽기론

우리가 마음 읽기를 이해하게 된 것은 많은 부분에서 사제지간인 비범한 두 과학자, 실반 톰킨스Silvan Tomkins와 폴 에크먼Paul Ekman 덕분이다.[1] 톰킨스가 스승이다. 그는 20세기가 시작될 즈음 필라델피아에서 러시아 출신 치과 의사의 아들로 태어났다. 그는 사자 갈기 같은 백발에 커다란 검정 뿔테 안경을 쓰고, 작은 키에 허리가 통통한 사람이었다. 그는 프린스턴 대학교와 러트거스 대학교에서 심리학을 가르쳤고, 《정서, 표상, 의식Affect, Imagery, Consciousness》이라는 책을 저술했다. 네 권으로 구성된 이 저서는 너무 난해해서 독자들이 내용을 이해한 채 훌륭하다고 생각하는 부류와 내용을 이해하지 못한 채 훌륭하다고 생각하는 부류로 양분된다. 그는 전설적인 이야기꾼이었다. 칵테일파티가 끝날 무렵이면 한 무리의 사람들이 톰킨스의 발아래에 넋을 잃고 앉아 있곤 했다. 누군가 "질문이 하나 더 있는데요!" 하고 말하면 사람들은 모두 1시간 반가량 더 눌러앉아 톰킨스의 이어지는 말에 귀 기울였다. 그의 이야기에는 뭐랄까, 만화책이나 TV 시트콤, 감정의 생물학, 칸트에 대한 자신의 고민 그리고 최근 유행하는 다이어트에 대한 열광 등 그 모든 것이 연장된 반복 악절 속에 겹겹이 포개져 있다.

대공황기에 그는 하버드 대학교에서 박사과정을 밟으며 한 경마 조합의 경주 예상 기자로 일했는데, 거기서 큰 성공을 거두어 맨해튼의 어퍼 이스트사이드Upper East Side에서 호화롭게 살았다. 스탠드에 몇 시간씩 죽치고 앉아 쌍안경으로 경주마들을 관찰하던 그는 경마장에서 '교수'로 불렸다. 에크먼은 이렇게 회상했다.

"그는 어떤 말의 양옆에 어떤 말이 섰는가와 그 말들의 감정적 관계를 토대로 경주마가 어떤 성적을 낼지 예측하는 시스템을 갖추고 있었습니다."

예컨대 어떤 수말이 첫해 혹은 둘째 해에 어떤 암말에게 패한 적이 있을 경우, 그 경주마가 암말과 출발 선상에 나란히 서면 여지없이 망한다는 것이다(그런 식이었는데, 실은 아무도 확신하지 못했다).

톰킨스는 얼굴이(심지어는 말의 얼굴까지도) 내면의 감정과 동기에 대한 귀중한 단서를 갖고 있다고 믿었다. 항간의 소문에 따르면 그는 우체국에 걸어 들어가 지명수배자 벽보를 훑어보고 얼굴 사진만으로도 그 수배자들이 어떤 죄를 저질렀는지 말할 수 있었다.

그의 아들 마크Mark는 회상했다.

"아버지는 TV 게임 쇼 〈사실은To Tell the Truth〉을 볼 때면 누가 거짓말을 하고 있는지 귀신같이 알아맞히곤 하셨습니다. 한번은 실제로 프로듀서에게 문제가 너무 쉽다고 지적하는 편지를 써 보냈더니, 그 사람이 아버지를 뉴욕으로 초청해 무대 뒤에서 솜씨를 보여달라고 했습니다."

하버드 대학교에서 심리학을 가르치는 버지니아 데모스Virginia Demos는 1988년 민주당 전당대회 기간 중에 톰킨스와 긴 대화를 나누었던 일을 이렇게 기억했다.

"우리는 죽치고 앉아 전화로 대화를 주고받았는데, 예컨대 제시 잭슨Jesse Jackson이 마이클 듀카키스Michael Dukakis와 이야기를 나눌 때는 그의 말소리가 낮아졌습니다. 그러고는 표정을 읽은 뒤 무슨 일이 벌어질지 예측하곤 했지요. 의미심장한 예측이었습니다."

폴 에크먼은 1960년대 초에 톰킨스와 처음 조우했다. 에크먼은 당시 대학원을 갓 나온 젊은 심리학자로, 얼굴 연구에 흥미가 많았다. 그는 궁금했다. 인간의 얼굴 표정을 관할하는 일반적 법칙이 과연 존재할까? 실반 톰킨스는 존재한다고 했으나 대부분의 심리학자들은 존재하지 않는다고 했다. 표정은 문화적으로 결정된다는 것이 당시의 통념이었다. 다시 말해 우리는 학습받은 사회적 관습 체계에 따라 얼굴을 사용할 뿐이라는 것이었다. 에크먼은 어느 견해가 옳은지 알 수 없었다. 그래서 스스로 해답을 얻기 위해 일본, 브라질, 아르헨티나, 심지어는 극동의 정글에 사는 오지 종족들까지 찾아다니며 갖가지 독특한 얼굴의 남녀 사진들을 찍었다. 그리고 놀랍게도 그가 찾아간 모든 곳에서 사람들이 온갖 표정에 대해 똑같은 생각을 한다는 것을 알아냈다. 그는 톰킨스가 옳다는 것을 깨달았다.

얼마 후 톰킨스가 샌프란시스코의 연구실에 있는 에크먼을 찾아왔다. 에크먼은 바이러스 학자 칼턴 가이듀섹Carleton Gajdusek이 파푸아뉴기니의 깊은 정글에서 찍은 3만 미터 길이의 필름을 추적한 적이 있었다. 필름의 일부는 사우스 포어South Fore라는 부족을 찍은 것으로, 사우스 포어족은 평화롭고 다정한 종족이었다. 나머지는 사춘기 소년들이 부족 성인 남자들의 매춘부 구실을 하는, 동성애 풍습을 가진 난폭하고 잔인한 쿠쿠쿠쿠Kukukuku족을 찍은 필름이었다. 에크먼과 그의 조수 월리스 프리슨Wallace Friesen은 6개월 동안 많은 필름을 훑어가며 불필요한 장면을 잘라내고 부족들의 얼굴을 클로즈업한 장면에만 초점을 맞추어 두 집단의 얼굴 표정을 비교했다.

에크먼이 프로젝터를 설치하는 동안 톰킨스는 뒤에서 기다렸다. 그는 그 부족들에 관한 어떤 이야기도 들은 바 없었다. 정황을 파악할 수 있을 만한 장면은 모두 편집되어 잘려나간 상태였다. 톰킨스는 자신의 안경 너머로 나타나는 장면들을 골똘히 살폈다. 필름이 끝나자 그가 스크린으로 다가가 사우스 포어족의 얼굴을 가리키며 입을 열었다.

"이들은 다정하고 온화한 부족이로군요. 무척 관대하고 평화롭습니다."

그런 다음 쿠쿠쿠쿠족의 얼굴을 가리키며 말했다.

"이 부족은 사납고, 또 동성애를 암시하는 증거가 다분합니다."

30년이 넘은 오늘날까지도 에크먼은 톰킨스가 그때 한 말이 놀랍기만 하다. 에크먼은 회상했다.

"이럴 수가! 그때 내가 했던 말이 생생하게 기억납니다. '톰킨스 교수님, 도대체 어떻게 그걸 아신 거죠?' 그가 스크린으로 다가가더니 우리가 느린 동작으로 필름을 되감는 동안 자신이 판단을 내리는 데 사용하는 얼굴의 특별한 불거짐과 주름을 가리켰습니다. 바로 그 순간 깨달았지요. '그래, 얼굴을 해독해야겠구나.' 그것은 만인이 무시해온 정보의 금광이었습니다. '교수님이 그걸 볼 줄 아는데, 그가 볼 수 있다면 아마 다른 사람들도 볼 수 있을 거야.'"

그때 그 자리에서 에크먼과 프리슨은 얼굴 표정 분류법을 창안하기로 마음먹었다. 그들은 얼굴 근육에 대해 기술한 의학 서적들을 섭렵하면서 얼굴이 만들어낼 수 있는 독특한 근육 운동을 하나하나 확인했다. 그런 운동에는 모두 43가지가 있었다. 에크먼과 프리슨은 그것들을 작동 단위action unit, A.U.라고 명명했다. 그런 다음 그들은 날이면 날마다 마주 앉아 교대로 각 작동 단위를 조작하기 시작했다. 먼저 근육의 위치를 숙지한 다음 공들여 그것을 분리하며 서로를 가까이에서 관찰하고, 거울을 들여다보며 그 움직임들을 대조하고, 각 근육의 운동에 따라 얼굴 주름의 양상이 어떻게 변하는지 메모하면서 그 움직임을 비디오로 촬영하고 기록해두었다. 아주 드물게 특정한 운동을 만들어내지 못할 경우에는 옆방의 UCSF(샌프란시스코 캘리포니아 대학교) 해부학과 사무실을 찾아갔는데, 거기 가면 그들이 아는 외과 의사가 그들을 바늘로 찔러대면서 뻣뻣한 근육에 전기 자극을 가하곤 했다. 에크먼은 회상했다.

"그건 결코 유쾌한 일이 아니었지요."

각각의 작동 단위를 숙지한 뒤 에크먼과 프리슨은 한 운동을 다른 운동 위에 겹쳐보며 작동 단위를 조합하는 작업에 착수했다. 그 과정에 도합 7년이 걸렸다.

에크먼은 말했다.

"2개의 근육으로 300가지 조합이 생깁니다. 세 번째 근육을 추가하면 4,000가지가 넘어요. 우리는 5개의 근육까지 조합했는데, 그러니까 눈으로 확인할 수 있는 얼굴 형상이 1만 가지가 넘더군요."

물론 1만 가지 얼굴 표정 중 다수는 아무런 의미가 없다. 아이들이 짓는 무표정한 얼굴과도 같은 것이다. 그러나 에크먼과 프리슨은 각 작동 단위를 조합하는 작업을 하면서 뭔가 의미 있는 것처럼 보이는 약 3,000가지 표정을 식별해냈다. 그즈음 사람 얼굴의 필수적인 감정 표현 목록도 완성했다.

폴 에크먼은 이제 60대다. 그는 미간이 좁은 이마에 굵고 짙은 눈썹을 갖고 있으며, 늘 깔끔하게 면도를 하고 다닌다. 체격은 보통인데도 훨씬 커 보인다. 그의 거동에서 완강하면서도 듬직함이 느껴지기 때문이다. 그는 뉴저지주 뉴어크에서 소아과 의사의 아들로 자라 열다섯 살에 시카고 대학교에 들어갔다. 그는 말을 신중하게 한다. 웃기 전에도 살짝 사이를 두는데, 마치 허락을 기다리는 것 같다. 그는 리스트를 만들고 번호를 매기며 주장하는 그런 부류의 사람이다. 그의 학술 논문은 정연한 논리를 갖추고 있다. 에크먼의 논문 말미에는 엇나간 반론과 문제들이 하나하나 모여 목록으로 작성돼 있다. 1960년대 중엽 이후 그는 자신이 지금 교수로 있는 샌프란시스코 캘리포니아 대학교의 허름한 빅토리아풍 도시 주택 바깥에서 작업해왔다. 나와 만났을 때, 그는 사무실에 앉은 채로 자신이 매우 오래전에 터득한 바 있는 작동 단위의 형상들에 대해 설파하기 시작했다. 그가 몸을 살짝 앞으로 숙이며 두 손을 무릎 위에 올려놓았다. 그의 등 뒤 벽에는 자신의 두 영웅, 톰킨스와 찰스 다윈Charles Darwin의 사진이 걸려 있었다.

"누구나 A.U. 4는 할 수 있습니다."

그가 시작했다. 그는 자신의 눈살근과 눈썹내림근, 눈썹주름근을 사용해 눈썹을 밑으로 내렸다.

"거의 모든 사람이 A.U. 9도 할 수 있지요."

그가 윗입술콧방울올림근을 써서 코를 찡그렸다.

"A.U. 5도 누구나 할 수 있어요."

그가 윗눈꺼풀올림근을 수축시켜 윗눈꺼풀을 들어 올렸다. 나는 그를 따라 하려고 애썼다. 그러는 나를 바라보며 그가 마음씨 좋게 말했다.

"A.U. 5를 참 잘하시는군요. 눈이 깊이 박혀 있을수록 A.U. 5를 보기 어렵습니다. 다음은 A.U. 7입니다."

그가 곁눈질을 했다.

"A.U. 12."

그가 큰광대근을 움직여 살짝 미소 지었다. 두 눈썹의 안쪽 부분이 치켜 올라갔다.

"이것이 A.U. 1입니다. 고뇌, 고민의 표정이지요."

다음으로 이마근의 바깥쪽 부분을 사용해 두 눈썹의 바깥쪽 절반을 치켜 올렸다.

"이것이 A.U. 2이고요. 역시 매우 어려운데, 별 쓸모가 없습니다. 가부키 극장을 나서면 쓸 일이 없지요. A.U. 23은 내가 좋아하는 표정 중 하나입니다. 입술의 붉은 부위를 좁히는 거지요. 화가 났다는 걸 나타내는 무척 믿을 만한 표시입니다. 일부러 표현하기는 매우 어렵지요."

그가 입술을 좁혔다.

"한 번에 한쪽 귀를 움직이는 것 또한 매우 어려운 일 중 하나입니다. 나도 정말 집중해야만 가능해요. 온 신경을 기울여야 하지요."

그가 웃었다.

"딸아이가 나더러 자기 친구들한테 보여달라고 늘 요구하던 것이 이겁니다. 바로 이렇게요."

그가 왼쪽 귀를 좌우로 흔들었다가 이어서 오른쪽 귀를 흔들었다. 에크먼은 유난히 표정이 풍부한 얼굴의 소유자는 아닌 것 같다. 그는 주의 깊고 침착한 정신분석학자의 태도를 지녔는데, 자신의 얼굴을 그토록 쉽고 빠르게 변화시킬 수 있다는 것이 놀라웠다. 그는 계속했다.

"내가 못 하는 게 하나 있습니다. A.U. 39이지요. 다행히도 내가 박사과정을 마친 후에 제자 하나가 그걸 하더군요. A.U. 38은 콧구멍을 넓히는 겁니다. A.U. 39는 그 반대지요. 콧구멍을 좁히는 근육입니다."

그가 고개를 내젓고는 다시 나를 보았다.

"오! 당신은 환상적인 A.U. 39를 갖고 있군요. 여태까지 내가 본 것 중 최고 수준입니다. 그건 유전이에요. 당신 가족들 중에 지금까지 알지 못하던 이 능력을 가진 사람이 틀림없이 있을 겁니다. 당신은 있군요. 당신은 갖고 있어요!"

그가 다시 웃음을 터뜨렸다.

"당신은 사람들 앞에서 그걸 자랑할 수 있습니다. 그래요, 싱글들이 모이는 바에 가서 그걸 한번 꼭 해보세요."

이어서 에크먼은 한 작동 단위 위에 다른 단위를 겹쳐놓으며 우리가 일반적으로 감정이라고 인식하는 보다 복잡한 표정들을 만들어내기 시작했다. 예를 들어 행복은 A.U. 6과 12가 필수적이다. 뺨을 들어 올리는 근육(눈둘레근 안와부)과 큰광대근을 함께 수축시켜 입꼬리 부분을 끌어 올린다. 공포는 A.U. 1과 2, 4가 필수이고, 보다 완전한 표현에는 A.U. 1과 2, 4에 5와 20이 추가되며, A.U. 25와 26, 27은 때에 따라 쓰인다. 풀어서 이야기하면 속눈썹 올리기(이마근 내측부) 더하기 눈썹 올리기(이마근 외측부) 더하기 눈썹 내리기(눈썹내림근) 더하기 윗눈꺼풀 올리기(윗눈꺼풀올림근) 더하기 입술 잡아 늘이기(입꼬리당김근) 더하기 두 입술 벌리기(입술내림근) 더하기 턱 떨어뜨리기(깨물근)이다. 혐오는? 그것은 주로 A.U. 9, 즉 코 찡그리기(윗입술콧방울올림근)의 몫인데 때로는 A.U. 10이 쓰일 때도 있으며, 어느 경우에나 A.U. 15와 16, 17이 결합하기도 한다.

에크먼과 프리슨은 마지막으로 이 모든 조합(그리고 그것을 읽고 해석하는 규칙들)을 한데 모아 '얼굴 작동 부호화 시스템Facial Action Coding System, FACS'을 만든 다음, 500쪽짜리 문서로 집대성했다. 그것은 입술의 가능한 움직임들(늘이기, 줄이기, 좁히기, 넓히기, 납작하게 하기, 쑥 내밀기, 오므리기, 벌리기), 눈과 뺨 사이 피부의 네 가지 다른 변화(불거짐, 처짐, 부풂, 주름), 눈아래고랑과 코입술고랑 사이의 중요한 차이 같은 섬세한 동작과 변화들이 가득한, 묘한 매력이 있는 작업이다.

앞서 제1장에서 결혼 생활에 관한 연구를 다룬 바 있는 존 고트먼은 여러 해 동안 에크먼과 공동 작업을 한 뒤, FACS의 원리를 활용해 커플들의 감정 상태를 분석했다. 다른 연구자들도 정신분열증에서 심장병에 이르는 수많은 연구에 에크먼의 시스템을 활용해왔다. 심지어 픽사Pixar의 〈토이 스토리Toy Story〉와 드림웍스Dream Works의 〈슈렉Shrek〉 컴퓨터 애니메이터들까지도 이 시스템을 이용했다. FACS를 완전히 숙달하기까지는 여러 주가 걸리며, 전 세계에서 이를 연구에 이용할 수 있는 자격을 부여받은 사람은 500명뿐이다. 이 시스템을 숙달한 이들은 사람들이 상대의 눈을 들여다볼 때 서로에게 보내는 메시지에 대한 범상치 않은 수준의 통찰을 얻는다.

에크먼은 1992년 민주당 대통령 후보 선출 기간 중에 빌 클린턴을 처음 본 순간을 이렇게 회고했다.

"그의 얼굴 표정을 지켜보다가 아내에게 말했습니다. '이 친구는 악동Peck's Bad Boy(미국 작가 조지 윌버 펙G. W. Peck의 《Peck's Bad Boy and His Pa》에 나오는 인물)이야.' 과자 단지에 손을 집어넣고 싶어 안

달하면서도 우리로 하여금 어떻게든 자신을 좋아하게 만드는 그런 사내였지요. 그가 즐겨 짓는 표정 중에 이런 게 있었습니다. 과자 단지에 손을 집어넣고 '엄마, 날 사랑해줘. 난 장난꾸러기잖아' 하는 표정이었지요. A.U. 12, 15, 17, 24에 이어 눈알을 굴리는 겁니다."

에크먼은 잠시 뜸을 들였다가 그 별난 표정들을 연속적으로 자기 얼굴 위에 재구성했다. 큰광대근을 오므려 A.U. 12로 전형적인 미소를 지은 다음, A.U. 15의 삼각형근으로 입꼬리를 끌어 내렸다. 그러고는 A.U. 17로 턱끝근을 움직여 뺨을 올리고 A.U. 24로 두 입술을 살포시 포개어 문 다음, 마지막으로 눈알을 굴렸다. 별안간 슬릭 윌리Slick Willie(빌 클린턴의 별칭)가 방 안에 있는 것처럼 느껴졌다.

"나는 클린턴의 대외 연락 참모로 일하는 사람을 알았습니다. 그 사람에게 연락을 취한 후 만나서 말했지요. '클린턴은 어떤 표정을 지은 다음 이렇게 눈알을 굴리는 버릇이 있는데, 그 표정은 '난 악동입니다'라는 느낌을 줘요. 내 생각에 그건 좋은 버릇이 아닌 것 같습니다. 2~3시간이면 그에게 그러지 않는 법을 가르쳐줄 수 있어요.' 그가 말하더군요. '음, 우리는 그가 속임수의 명수로 알려지는 위험을 감수할 수는 없습니다.'"

에크먼의 목소리는 사라져갔다. 그는 클린턴을 꽤 좋아했고, 그래서 클린턴의 그런 표정이 얼굴상의 별 의미 없는 그저 그런 특징으로 비쳤으면 했던 게 분명하다. 에크먼은 어깨를 으쓱하며 말했다.

"불행히도 그는 덜미를 잡힐 필요가 있었던 게 아닌가 싶습니다 (그리고 결국 덜미를 잡혔지요)."

벌거벗은 얼굴

에크먼의 이야기는 얼굴이 감정의 무척 풍부한 정보원이라는 것을 알려준다. 실제로 그는 훨씬 더 대담한 주장(마음 읽기가 어떻게 이루어지는지를 이해하기 위한 중심 고리의 하나라는 주장)을 하는데, 그것은 우리 얼굴에 나타나는 정보가 우리 마음속에서 진행되고 있는 일의 신호에 그치지 않는다는 것이다. 어떤 의미에서 그것은 우리 마음속에서 진행되고 있는 일 자체이다.

이런 통찰의 조짐은 에크먼과 프리슨이 처음 마주 앉아서 분노와 고뇌의 표정을 지어 보일 때 나타났다. 프리슨은 말했다.

"하루 종일 한 가지 표정만 짓고 있던 일이 있은 지 몇 주 뒤, 우리 중 하나가 마침내 끔찍한 느낌이 들었다는 걸 인정했습니다. 그러자 상대도 자기 역시 기분이 나빴었다는 걸 깨달았어요. 그래서 우리는 그걸 추적하기 시작했습니다."

그들은 그때를 돌이켜보며 특수한 얼굴 운동 중 자기들의 신체 변화를 모니터링하기 시작했다.

"당신이 속눈썹을 올리는 A.U. 1과 뺨을 올리는 A.U. 6, 입꼬리를 내리는 A.U. 15를 한다고 해봅시다."

에크먼이 말하고는 세 가지를 모두 해 보였다.

"우리가 발견한 것은 표정만으로도 자율신경계에 지정된 변화를 충분히 일으킬 수 있다는 것이었습니다. 처음 이 현상을 발견했을 때, 우리는 기절할 뻔했어요. 전혀 예상치 못한 일이었거든요. 우리

둘 다에게 그 현상이 일어났습니다. 우리는 무서웠어요. 우리는 슬픔과 고뇌를 만들어내고 있었습니다. 그리고 눈썹을 내리고(A.U. 4), 윗눈꺼풀을 올리고(A.U. 5), 눈꺼풀을 좁히고(A.U. 7), 두 입술을 꽉 붙이면(A.U. 24) 화가 생성되어 나옵니다. 심장박동수가 10~12회까지 올라가더군요. 손이 뜨거워지고요. 그럴 때 나는 시스템에서 떨어져 나올 수가 없습니다. 불쾌했습니다. 매우 불쾌했어요."

에크먼과 프리슨 그리고 또 다른 동료 로버트 레벤슨Robert Levenson(존 고트먼과 여러 해 동안 함께 일했다. 심리학계는 좁다)은 이 효과를 상세하게 기록하기로 작정했다. 그들은 일군의 자원자들을 모아 심장박동수와 체온(분노, 슬픔, 공포 같은 감정들의 생리적 신호)을 측정하는 모니터에 연결했다. 자원자 절반에게는 유난히 스트레스를 많이 준 경험을 기억해내 추체험해보라고 말했다. 나머지 절반에게는 분노와 슬픔과 공포처럼 스트레스를 많이 주는 감정에 해당하는 표정을 짓는 방법만 일러주었다. 두 번째 집단, 즉 연기를 하고 있던 사람들은 첫 번째 집단과 똑같은 생리 반응, 똑같이 높아진 심장박동수와 체온을 보였다.

몇 년 뒤 독일의 한 심리학자 팀이 유사한 연구를 수행했다. 그들은 일군의 피실험자들에게 만화를 보게 하면서 일부는 입술로 펜을 물고(양대 웃음 근육인 입꼬리당김근과 큰광대근을 수축시키지 못하게 하는 동작), 일부는 치아로 펜을 물고 있게 했다(그와 반대로 강제로 웃음 짓게 하는 효과를 내는 동작). 그랬더니 치아로 펜을 문 사람들이 만화를 훨씬 더 재미있게 보았다. 이런 일련의 결과를 믿기 어려울지 모른다.

우리는 당연히 먼저 감정을 느낀 후 그 감정을 얼굴에 표현하거나 혹은 표현하지 않는다고 생각하기 때문이다. 우리는 얼굴을 감정의 부산물로 여긴다. 하지만 이 연구가 보여주는 것은 그 과정이 반대 방향으로도 작용한다는 것이다. 감정이 얼굴에서 시작되기도 하는 것이다. 얼굴은 내적 감정의 이차적 게시판이 아니다. 얼굴은 감정 작용의 대등한 파트너다.

매우 중요한 이 점은 마음 읽기에서 커다란 의미를 내포하고 있다. 일례로 폴 에크먼은 의사 경력 초기에 정신질환자 40명의 필름을 찍었는데, 그중에 메리라는 42세의 주부가 있었다. 그녀는 세 차례나 자살을 기도했다. 마지막 기도(약물 과다 복용)에서 그녀가 살아남은 것은 순전히 어떤 사람이 적시에 그녀를 발견해 병원에 급히 실어온 덕분이었다. 자녀들은 성장해 집을 떠나고 남편은 무심한 탓에 그녀는 우울증에 빠져 있었다. 병원에 처음 왔을 때 그녀는 마냥 앉아서 울기만 했으나 치료는 잘되는 것 같았다. 3주 뒤 그녀는 의사에게 기분이 많이 좋아졌으니 주말에 외출해서 가족들을 만나보고 싶다고 말했다. 의사는 허락했다. 그러나 메리는 병원을 나서기 직전에 자신이 주말 외출을 원한 것은 사실 또 한 차례 자살을 기도하기 위한 것이었다고 고백했다.

몇 년 뒤 일단의 젊은 정신과 의사들이 에크먼에게 자살 기도 환자들이 거짓말하는 때를 알 수 있는 방법을 물어왔다. 그때 그는 메리를 찍어둔 필름을 기억해내고는 거기에 답이 있을지 찾아보기로 마음먹었다. 정말로 얼굴이 감정의 믿을 만한 지표라면 그 필름을 다시 볼 경우 메리가 기분이 좋아졌다고 말할 때 거짓말하고 있음을 알아낼 수 있지 않을까 하는 것이 그의 추론이었다. 에크먼과 프리슨은 필름을 분석하며 단서를 찾기 시작했다. 수십 시간 동안 필름을 반복해 돌려가며 느린 동작으로 제스처와 표정을 하나하나 살폈다. 마침내 그들은 자신들이 찾고 있던 것을 발견했다. 메리의 의사가 그녀에게 앞으로의 계획을 물었을 때, 거의 감지할 수 없을 만큼 완전히 절망한 표정이 빠르게 그녀의 얼굴을 스치고 지나갔던 것이다.

에크먼은 그런 식으로 빠르게 스쳐 지나가는 표정을 '미세 표정micro expression'이라고 부르는데, 그것은 얼굴 표정에서 매우 특별하고 중요하다. 표정 중에는 마음대로 지을 수 있는 것이 많다. 내가 당신을 매우 야단치면서 엄격하게 보이고자 한다면 어렵지 않게 그럴 수 있고, 당신도 내 표정을 해석하는 데 어려움이 없을 것이다. 그러나 우리의 얼굴은 우리가 의식적으로 제어하지 못하는 표정을 만들어내는, 마음대로 안 되는 별도 시스템의 지배를 받고 있다. 일례로 슬픔의 표시인 A.U. 1을 임의대로 할 수 있는 사람은 거의 없다(유일한 예외는 우디 앨런Woody Allen이라고 에크먼은 지적하는데, 그는 이마근 내측부를 사용해 자신의 독점 상표인 희극적 고뇌를 만들어낸다). 그러나 불행할 때는 특별한 생각 없이도 속눈썹을 치켜 올린다. 막 울려고 하는 아이를 보라. 이마근 내측부가 마치 줄에 매달린 듯 치켜 올라가는 것을 종종 볼 것이다.

유사한 예로 에크먼이 19세기의 프랑스 신경학자 기욤 뒤셴Guillaume Duchenne을 기려 '뒤셴의 미소'라 명명한 표정이 있다. 뒤셴은 얼굴 근육의 움직임을 카메라에 담는 일을 처음 시도한 인물이다. 당신에게 웃어보라고 하면 당신은 큰광대근을 수축시킬 것이다. 그에 반해 당신이 진짜 감정이 우러나와 자연스럽게 웃을 경우에는 큰광대근을 수축시킴과 동시에 눈을 둘러싸고 있는 근육인 눈둘레근 안와부도 조일 것이다. 눈둘레근 안와부를 마음대로 죄는 것은 거의 불가능하고, 정말 즐거운 일이 있어서 웃을 때 그 근육이 죄어들지 않게 하는 것도 똑같이 어렵다. 이런 종류의 미소는 "의지에 복종하지 않는다"라고 뒤셴은 말했다.

"그런 미소의 부재는 거짓된 친구의 가면을 벗긴다."

우리가 기본적인 감정을 느끼면 그때마다 얼굴 근육이 자동적으로 그 감정을 표현한다. 그 반응은 1초도 안 되는 찰나 동안 얼굴에 어른거리기도 하고, 심지어 얼굴에 전자 감지기를 부착해야만 탐지할 수 있는 경우도 있다. 그러나 그것은 항상 거기 있다. 실반 톰킨스는 한때 "얼굴은 페니스와도 같다!"고 일갈하며 강의를 시작했다. 그의 말뜻은 얼굴도 다분히 그 자체의 마음을 갖고 있다는 것이었다. 우리가 자신의 얼굴을 전혀 조절할 수 없다는 뜻은 아니다. 우리는 수의근 체계를 활용해 마음대로 되지 않는 그런 반응의 억제를 시도할 수 있다. 그러나 그렇게 억제된 감정(아무리 부정해도 정말로 불행한 것 같은 감정)은 얼마간 새어나오기 마련이다. 메리에게 일어난 일과 같은 경우다. 우리의 의식적 표현 체계는 자신의 감정을 의도적으로 전하는 방식이다. 그러나 우리의 무의식적 표현 체계가 여러 면에서 오히려 더 중요하다. 그것은 자신의 진짜 감정을 전하기 위해 우리가 발달시켜온 방식이다.

에크먼은 말했다.

"누군가 당신 표정에 대해 뭐라고 하는데, 정작 자신은 어떤 표정을 짓고 있는지 모르는 경험을 한 적이 있을 겁니다. 어떤 사람이 당신에게 '뭐 안 풀리는 일 있어?'라거나 '왜 그렇게 실실 웃어?' 하고 묻습니다. 당신은 자신의 목소리는 들을 수 있지만 얼굴은 보지 못해요. 자신의 표정이 어떤지 안다면 우리는 아마 표정을 숨기는 데 좀 더 익숙해졌을 겁니다. 하지만 그것이 꼭 좋은 일은 아니지요. 우리 모두가 표정을 마음대로 감출 수 있는 스위치가 있다고 칩시다. 아이에게 그런 스위치가 있다면, 우리는 아이가 어떤 상태인지 알지 못하겠지요. 아이는 곤란을 겪을 겁니다. 생각하기에 따라서는 부모가 아이를 돌보는 시스템이 진화한 것이라는 주장도 할 수 있겠네요. 아니면 당신이 스위치를 가진 어떤 사람과 결혼한다고 칩시다. 그건 아마 불가능할 겁니다. 나는 짝짓기와 몰입과 우정과 친밀감은 그 감정이 얼굴에 나타나지 않는 이상 생성 자체가 불가능하다고 생각합니다."

에크먼이 O. J. 심슨의 평결 비디오테이프 하나를 VCR에 밀어 넣었다. 심프슨의 집에 머물던 텁수룩한 머리의 손님 케이토 케일린Kato Kaelin이 사건 담당 선임 검사 마샤 클라크Marcia Clark의 심문을 받는 장면이 나왔다. 케일린이 멀뚱한 표정으로 증인석에 앉아 있다. 클라크가 불리한 질문을 던진다. 케일린이 몸을 앞으로 숙이며 부드러운 말투로 답한다.

"저것 봤어요?"

에크먼이 내게 물었다. 나는 아무것도 보지 못했다. 케이토는 케이토일 뿐 악의 없고 수동적인 모습이다. 에크먼이 비디오테이프를 정지시키고 되감은 다음, 느린 동작으로 다시 보여주었다. 화면에서 케일린이 답하려고 몸을 내민다. 1초도 안 되는 짧은 순간, 그의 얼굴이 완전히 바뀐다. 그가 윗입술콧방울올림근을 수축시키며 코를 찡그린다. 이가 드러나고 눈썹이 내려간다. 에크먼이 말했다.

"거의 완전한 A.U. 9입니다. 여기서는 분노를 동반한 혐오감인데, 단서는 눈썹이 밑으로 내려갈 때 대개의 경우 눈이 이처럼 크게 뜨이지 않는다는 겁니다. 올라간 윗눈꺼풀은 혐오가 아니라 분노의 요소이지요. 매우 짧은 순간입니다."

에크먼이 비디오테이프를 정지시켰다가 되감아 다시 재생시키고는 화면을 뚫어져라 바라보았다.

"보세요, 꼭 으르렁거리는 개 같습니다."

에크먼이 또 하나의 클립을 보여주었다. 이번 것은 1955년에 해럴드 '킴' 필비Harold 'Kim' Philby가 가진 기자회견의 한 장면이었다. 필비는 당시 소련 스파이라는 게 드러나기 전이었지만, 두 동료 도널드 매클린Donald Maclean과 가이 버지스Guy Burgess가 소련으로 망명한 직후였다. 필비는 짙은 색의 양복과 흰 셔츠 차림이다. 곧은 머리는 왼쪽에 탄 가르마로 갈라져 있고, 얼굴에서는 특권층의 거만함이 묻어난다.

기자가 묻는다.

"필비 씨, 외무장관 맥밀런은 당신이 버지스와 매클린에게 정보를 제공했다고 추정되는 이른바 제3의 인물이라는 증거는 없다고 말했습니다. 그가 당신을 배제한 것에 만족하나요?"

필비가 영국 상류층의 우렁찬 말투로 자신 있게 답한다.

"네, 만족합니다."

"그럼 만에 하나 제3의 인물이 있다면 당신이 사실상 그 제3의 인물 아닐까요?"

필비가 여전히 강력한 어조로 말한다.

"아니요, 난 아닙니다."

에크먼이 비디오테이프를 되감아 느린 동작으로 재생시켰다.

"이걸 보세요."

그가 화면을 가리키며 말했다.

"그는 반역죄를 범했는지 여부에 관한 중대한 질문을 받고도 두 차례 능글맞게 웃습니다. 마치 카나리아를 잡아먹은 고양이 같은 태도지요."

그 표정은 겨우 1,000분의 몇 초 동안 살짝 나타났다가는 사라졌다. 그러나 4분의 1배속으로 비디오테이프를 돌리자 그 표정이 얼굴에 역력히 비쳐 나왔다. 두 입술을 딱 붙인 모습이 독선 그 자체였다.

에크먼이 계속 말했다.

"그는 즐기고 있지요? 나는 이것을 '속이는 기쁨'이라고 부르는데, 다른 사람을 속이면서 얻는 스릴입니다."

에크먼이 VCR를 다시 재생시켰다.

"그가 보여주는 게 또 하나 있습니다."

화면에서는 필비가 또 다른 질문에 답하고 있다.

"버지스와 매클린 사건은 대단히 (잠시 사이를 둔 뒤) '민감한' 문제를 제기했습니다."

에크먼이 필비가 사이를 둔 시점으로 비디오테이프를 되감아 정지시키고는 말했다.

"여깁니다. 매우 미묘하고도 미세한 고뇌와 불행의 표정이지요. 그 표정은 눈썹에만 나타납니다. 실제로는 한쪽 눈썹에만요."

필비의 오른쪽 속눈썹이 틀림없는 A.U. 1 형태로 치켜 올라간 것이 역력히 보인다. 에크먼이 말했다.

"그건 매우 짧아요. 그가 의식적으로 그 표정을 짓고 있는 게 아닙니다. 그리고 그것은 그의 당당한 자신감과 독선에 전적으로 모순되지요. 그 표정은 자신이 정보를 제공해준 버지스와 매클린 이야기를 할 때 나타납니다. 위험 지점에서 '넌 네 귀에 들리는 말을 믿어선 안 돼' 하고 암시를 주는 거지요."

에크먼이 매우 사실적인 감각으로 기술한 것은 우리가 다른 사람들을 어떻게 얇게 조각내어 관찰하는지에 대한 생리적 기초라 할 수 있다. 우리 모두는 힘들이지 않고 자연스럽게 마음을 읽을 수 있다. 어떤 사람이나 사회 상황을 파악하는 데 필요한 단서가 바로 우리 눈앞의 얼굴이나 형세에 있기 때문이다. 우리는 폴 에크먼이나 실반 톰킨스 같은 사람들만큼 탁월하게 얼굴을 읽어내거나 케이토 케일린이 으르렁거리는 개로 변모하는 것과 같은 미묘한 순간을 포착해

내지는 못할 것이다. 그러나 얼굴에는 일상적으로 마음을 읽어내기에 충분할 만큼의 접근 가능한 정보들이 있다. 누군가 우리에게 "난 네가 너무 좋아" 하고 말할 때 우리는 곧바로 그 사람의 얼굴을 바라본다. 얼굴을 보면 그 감정이 진짜인지 아닌지 알 수 있기 때문이다. 적어도 더 자세히 알 수 있기 때문이다. 부드러움과 즐거움이 보이는가? 그 사람의 얼굴에 번민과 불행의 미세한 표정이 스쳐 지나가지는 않는가? 당신이 아이의 손을 감싸 쥘 때 아이는 당신의 눈을 들여다본다. 당신의 얼굴에서 답을 찾을 수 있음을 알기 때문이다. 당신이 A.U. 6과 12(눈둘레근 안와부와 큰광대근)를 수축시켜 행복감을 나타내고 있는가? 아니면 A.U. 1과 2, 4, 5, 20(이마근 내측부와 외측부, 눈썹내림근, 윗눈꺼풀올림근, 입꼬리당김근)을 수축시켜 아이조차도 직관적으로 분명한 공포의 신호로 파악할 수 있는 표정을 보이는가?

우리는 이런 종류의 복잡미묘하고도 번개처럼 빠른 계산을 아주 잘한다. 우리는 매일같이 그런 계산을 하며, 생각하지 않고도 그런 계산을 한다. 이것이 바로 아마도 디알로 총격 사건의 수수께끼다. 1999년 2월 4일 꼭두새벽에 숀 캐럴과 동료 경찰들은 어떤 이유에서인지 이런 계산을 전혀 하지 못했다. 디알로는 악의가 없었고, 호기심이 동했고, 겁에 질려 있었다. 그의 얼굴 구석구석에 그런 감정들이 하나도 빠짐없이 나타나 있었을 게 틀림없다. 그런데도 경찰들은 그것을 하나도 보지 못했다. 왜 그랬을까?

한 남자와 한 여자 그리고 전등 스위치

마음을 읽는 능력을 상실한다는 것이 어떤 의미인지 이해를 돕는 전형적인 모델은 자폐증이다. 어떤 사람이 자폐증에 걸리면 그 사람은 영국의 심리학자 사이먼 배런-코언Simon Baron-Cohen의 표현대로 "마음의 눈이 먼다". 자폐증 환자들은 내가 지금까지 인간의 자연스럽고 자동적인 작용으로 기술해온 그 모든 일을 하는데, 비록 불가능하지는 않다 하더라도 어려움을 느낀다. 그들은 제스처나 얼굴 표정처럼 말로 표현되지 않는 단서를 해석하거나 다른 사람의 머릿속 생각을 유추하는 데 어려움을 느끼며, 말이 지닌 글자 그대로의 뜻 외에 다른 어떤 의미를 잘 파악하지 못한다. 그들의 첫인상 장치는 그 근본이 고장 나 있다. 따라서 자폐증 환자들이 세상을 보는 방식을 보면 우리의 마음 읽기 능력이 상실될 때 어떤 일이 일어나는지 매우 잘 이해할 수 있다.

미국 최고의 자폐증 전문가 중 한 명은 에이미 클린Ami Klin이라는 인물이다. 클린은 뉴헤이븐에 있는 예일 대학교 아동연구센터 교수인데, 그는 거기서 한 환자를 여러 해 동안 연구해왔다. 그 환자를 피터Peter라고 하자. 피터는 40대다. 그는 고등교육을 받았고, 혼자 일하며 산다. 클린은 설명했다.

"피터는 능력이 특출한 사람입니다. 우리는 매주 만나서 이야기를 나누어요. 그는 논지가 매우 명료하지만 사물에 대한 직관력이 없습니다. 그래서 그에겐 세상을 설명해주는 내가 필요합니다."

배우 마틴 쇼트Martin Short를 빼다 박은 듯한 클린은 이스라엘인 과 브라질인의 피가 반반씩 흐르며, 말에 특이한 악센트가 있어 금 방 표가 난다. 그는 여러 해 동안 피터를 관찰해왔는데, 피터의 상태 에 대해서는 짐짓 예를 갖추거나 삼가는 기색도 없이 마치 사소한 성격상의 특징을 묘사하듯 곧이곧대로 이야기한다.

"나는 매주 그와 이야기를 나누는데, 그와 말하면서 나는 무슨 짓 이든 할 수 있다는 느낌을 받습니다. 코를 후벼 팔 수도 있고, 바지를 벗을 수도 있고, 어떤 짓을 해도 상관없어요. 그가 나를 보고 있긴 하 지만, 난 주시당한다거나 관찰당한다는 느낌이 들지 않습니다. 그는 내가 하는 말에만 정신을 집중해요. 말은 그에게 매우 큰 의미가 있 습니다. 하지만 그는 내 말이 얼굴 표정이나 말 외의 단서와 어떻게 연계되어 있는지에 대해서는 조금도 관심이 없어요. 마음속에서 진 행되는(그가 직접 관찰할 수 없는) 모든 것이 그에겐 문제입니다. 내가 그의 심리요법사일까요? 전혀 아닙니다. 보통의 심리요법은 사람들 이 스스로의 동기 유발 기제를 통찰할 수 있는 능력을 전제로 합니 다. 하지만 그의 경우에는 통찰이랄 게 별거 없어요. 문제 해결 비슷 한 것이지요."

클린이 피터와 이야기하며 알아내고자 한 것 중 하나는 그런 상 태에 있는 사람이 세상을 어떻게 이해하는가였다. 그와 동료들은 독 창적인 실험 하나를 고안했다. 그들은 피터에게 영화 한 편을 보여 주며 그가 스크린을 볼 때 시선의 방향을 추적해보기로 했다. 그들 이 고른 영화는 에드워드 올비Edward Albee가 극본을 쓴 〈누가 버지니아 울프를 두려워하랴Who's Afraid of Virginia Woolf〉 1966년 작이었다. 리처드 버튼Richard Burton과 엘리자베스 테일러Elizabeth Taylor가 부부로 나오고, 이들에게 초대받은 젊은 커플 역은 조지 시걸George Segal과 샌디 데니스Sandy Dennis가 연기하는, 결국 광란의 밤으로 막을 내리는 영화다.

"내가 변함없이 좋아하는 극본이고, 영화도 무척 좋아합니다. 리처드 버튼도 너무 좋고, 엘리자베스 테일러도 사랑하지요."

클린의 설명인데, 그의 의도에 비추어볼 때 영화는 완벽했다. 자폐증 환자들은 기계적 물체에 몰두하는데, 이것은 배우들에게 초점을 맞추고 무대는 빈약하게 꾸미는 형식을 충실히 따른 영화였다.

클린은 말했다.

"이 영화엔 엄청난 것이 들어 있었습니다. 4명의 사람과 그들의 마음이었지요. 영화에는 자폐증 환자의 정신을 산란케 하는 생명 없는 사물이 거의 없었어요. 내가 만일 총이 주인공인 〈터미네이터 2Terminator 2〉를 썼다면 그런 결과를 얻지 못했을 겁니다. 〈누가 버지니아 울프를 두려워하랴〉는 의미와 감정과 표정의 여러 차원에서 강렬하게 시선을 끄는 인간들의 상호작용이 전부인 영화였지요. 우리가 알고자 한 것은 자폐증 환자들이 의미를 파악하는 방식입니다. 그래서 그 작품을 선택했던 거지요. 나는 자폐증 환자의 눈으로 세상을 보는 것에 관심이 있었습니다."[2]

클린은 피터에게 작은 카메라 두 대를 부착한, 매우 단순하지만 강력한 시선 추적 장치가 달린 모자를 쓰게 했다. 카메라 한 대는 피터의 망막 중심오목(눈의 가장 중요한 부분)의 움직임을 기록했다. 다른 한 대의 카메라는 피터가 보고 있는 것을 쫓아가며 기록했다. 그런 다음 두 이미지를 합성했다. 클린은 영화의 매 프레임마다 피터가 그 순간에 보고 있던 지점을 선을 그어가며 확인할 수 있었다. 그는 자폐증 환자가 아닌 사람들에게 같은 방법으로 영화를 보게 한 다음, 피터와 그들의 눈의 움직임을 비교했다. 한 장면을 예로 들면 닉(조지 시걸 분)이 정중히 대화를 나누다가 집주인 조지(리처드 버턴 분)의 서재 벽을 가리키며 "그림을 그린 화가가 누구죠?" 하고 묻는다. 당신이나 내가 그 장면을 보는 방식은 직선적이다. 우리의 눈이 닉이 가리키는 방향을 따라가 그림에 머물렀다가는 조지의 눈으로 선회해 그의 답을 듣고, 다시 닉의 얼굴로 돌아가 그 대답에 그가 어떻게 반응하는지 본다. 그 모든 일이 순식간에 일어나며, 클린의 시선 추적도에서 일반 관객들의 응시 지점을 나타내는 선은 닉에서 그림을 거쳐 조지로, 이어서 다시 닉으로 돌아가는 완전한 삼각형을 이룬다. 그러나 피터의 패턴은 조금 다르다. 그의 응시 지점은 닉의 목 근처에서 출발한다. 하지만 그의 시선은 닉의 팔이 가리키는 방향을 따라가지 않는다. 가리키는 제스처를 해석하려면(그럴 생각이 있는 경우에는) 순간적으로 가리키는 사람의 마음속에 들어갔다 나와야 하기 때문이다. 가리키는 사람의 마음을 읽어야 하는데, 자폐증 환자들은 물론 마음을 읽지 못한다.

클린은 말했다.

"아이들은 생후 20개월이 될 즈음부터 가리키는 제스처에 반응합니다. 하지만 피터는 나이가 마흔두 살인 데다 머리가 매우 명석한 사람인데도 그러지를 못해요. 아이들이 자연스럽게 터득해가는 종류의 자극을 포착하지 못하는 겁니다."

그럼 피터는 어떻게 할까? 그는 '그림'과 '벽'이라는 단어를 듣고 벽 위의 그림들을 쳐다본다. 벽에는 그림이 세 점 걸려 있다. 어느 것일까? 클린의 시선 추적도는 피터의 시선이 이 그림에서 저 그림으로 정신없이 왔다 갔다 하는 것을 보여준다. 그러는 사이에 대화는 이미 다음으로 옮겨가 있다. 피터가 그 장면을 이해할 수 있는 유일한 길은 닉이 완벽하게 말로 풀어서 설명하는 경우("저기 저 사람하고 개 왼편에 있는 그림을 그린 화가가 누구죠?" 하고 말하는 경우)다. 문자로 완벽하게 표현되지 않는 환경에서 자폐증 환자는 길을 잃는다.

그 장면에서 중요한 교훈이 하나 더 있다. 조지와 닉이 이야기를 나눌 때 일반 관객들은 그들의 눈을 바라보았다. 사람들이 이야기할 때 보통 사람은 그들의 말을 듣고 그들의 눈을 보면서 에크먼이 그토록 공들여 목록 작업을 한 그 모든 표정의 뉘앙스를 포착하려 하기 때문이다. 그러나 그 장면에서 피터는 누구의 눈도 보지 않았다. 영화의 또 다른 중요한 장면, 조지와 마사(엘리자베스 테일러 분)가 격정적인 포옹에 몰입해 있을 때도 피터는 키스하는 커플의 눈을 보지 않고(당신이나 나는 아마 눈을 보았을 것이다) 그들 뒤의 벽에 있는 전등 스위치를 보았다. 그것은 피터가 사람들을 거부한다거나 친밀한 행위에 반감을 가져서가 아니다. 마음을 읽을 수 없으면(다른 사람의 마음에 접근할 수 없으면) 눈과 얼굴을 봄으로써 얻을 수 있는 것이 별달리 없기 때문이다.

예일 대학교에서 함께 일하는 클린의 동료 로버트 슐츠Robert T. Schultz가 FMRIfunctional magnetic resonance imaging(기능적 자기공명 영상)라는 장치를 사용해 한 가지 실험을 한 적이 있다.[3] 피가 뇌의 어느 부분을 흐르고 있는지(그리고 이를 통해 뇌의 어느 부분이 사용되고 있는지)를 보여주는 매우 정교한 뇌 스캐너다. 슐츠는 사람들을 FMRI 장치 속에 들여보낸 다음 그들에게 여러 쌍의 얼굴이나 물체를 보여주면서 쌍을 이룬 얼굴이나 물체가 같은지 다른지 단추를 눌러 표시하게 했다. 일반인들은 얼굴을 볼 때 방추이랑fusiform gyrus이라는 뇌 영역을 사용했다. 우리가 아는 수천 가지 얼굴을 구별할 수 있게 하는, 뇌 소프트웨어의 믿기지 않을 만큼 정교한 부분이다(메릴린 먼로의 얼굴을 머릿속에 그려보라. 됐나? 당신은 방금 방추이랑을 사용했다). 그런데 일반인들이 의자를 바라볼 때는 전혀 다르고, 덜 강력한 뇌 영역을 사용한다. 아래관자이랑inferior temporal gyrus이란 부분으로, 평상시 물체를 식별할 태세를 갖추고 있는 영역이다(당신이 중학생 시절에 본 셀리는 40년이 지나서도 알아볼 수 있지만, 공항의 원형 수하물 벨트컨베이어에서 당신의 가방을 골라내는 데는 어려움을 느끼는 이유가 바로 이 두 영역의 정교함 차이로 설명된다). 그러나 자폐증 환자들을 상대로 같은 실험을 한 슐츠는 그들이 의자나 얼굴의 구분 없이 모두 물체 인식 영역을 사용한다는 사실을 발견했다. 다시 말해 매우 기초적인 신경학 차원에서 자폐증 환자에게 얼굴은 또 하나의 물체에 지나지 않는 것이다. 의학 서적에서 자폐증 환자에 대해 언급한 초창기 기술 중에 이런 구절이 있다.

"그는 결코 사람의 얼굴을 쳐다보지 않았다. 어떤 식으로든 사람들과 관계를 가질 때도 그는 그들 또는 그들 몸의 일부를 마치 물건처럼 취급했다. 그는 손을 사용해 자신을 인도했다. 놀 때는 마치 베개에 머리를 부딪히듯 자기 어머니를 들이받곤 했다. 그는 보모에게 옷을 입히도록 허락해놓고는 그녀에게 털끝만큼의 관심도 비치지 않았다."

그런 까닭에 마사와 조지가 키스하는 장면을 보았을 때도 피터의 관심은 두 얼굴로 향하지 않았던 것이다. 그가 본 것은 3개의 물체, 즉 한 남자와 한 여자 그리고 전등 스위치였다. 그는 무엇을 더 선호했을까? 공교롭게도 전등 스위치였다. 클린은 말했다.

"나는 피터를 아는데, 그의 삶에서 전등 스위치는 중요했어요. 그래서 전등 스위치를 보면 그쪽으로 관심이 쏠립니다. 예컨대 당신이 마티스Matisse 전문가라 칩시다. 많은 그림이 있는데 그중에 마티스의 작품이 보일 경우 '아, 저기 마티스가 있구나' 하면서 당신이 그쪽으로 가는 것과 똑같은 거지요. 그래서 그는 '저기 전등 스위치가 있구나' 하고는 그쪽으로 향합니다. 그는 의미와 체계를 찾습니다. 혼돈을 싫어해요. 우리는 모두 뭔가 의미 있는 것에 관심이 쏠리며, 대다수의 경우 그것은 사람입니다. 그러나 사람이 당신에게 별 의미를 주지 못할 경우 당신은 의미 있는 다른 것을 찾게 됩니다."

클린의 영화 연구 중 가장 신랄한 부분은 아마 마사가 닉 옆에 앉아 그의 무릎에 손까지 올려놓고서 노골적으로 시시덕거리는 장면

일 것이다. 뒤에서는 분노와 질투가 치솟은 조지가 그들에게 살짝 등을 돌린 채 숨어서 지켜보고 있다. 장면이 펼쳐지면서 일반 관객들의 시선은 거의 완전한 삼각형을 그리며 마사의 눈에서 닉의 눈을 거쳐 조지의 눈으로 향했다가 다시 마사의 눈으로 되돌아온다. 방안의 온도가 오르는 것을 느끼면서 세 사람의 감정 상태를 주시하는 것이다. 그러나 피터는? 그의 시선은 닉의 입에서 출발해 닉의 손에 들린 잔으로 떨어졌다가 길을 잃고 방황한 다음 마사가 걸친 스웨터의 브로치로 향한다. 그는 조지를 전혀 보지 않는다. 그리하여 장면 전체의 감정상 의미는 그에게서 상실된다.

클린과 그 실험을 함께 한 워런 존스Warren Jones는 말했다.

"조지가 이성을 잃기 직전의 장면이 있어요. 그는 벽장으로 가 시렁에서 총을 꺼내 들고 와서는 마사를 정면으로 겨누고 방아쇠를 당깁니다. 그러자 총신에서 우산이 팡 튀어나오며 펼쳐져요. 그러나 우리는 그것이 술수라는 게 드러날 때까지는 아무것도 알 수 없습니다. 진짜 공포의 순간인 거지요. 그런데 정말 놀라운 일은 전형적인 자폐증 환자의 경우 이 장면에서 크게 소리 내어 웃으며 이 순간을 실제 코미디로 인식한다는 겁니다. 그들은 행위의 감정적 바탕을 놓칩니다. 조지가 방아쇠를 당기고 우산이 튀어나오는 표피적인 부분만 보고는 '이 사람들이 지금 재미있게 놀고 있구나'라고 생각해버리는 거지요."

피터의 영화 보기 실험은 마음을 읽지 못할 때 벌어지는 일의 완벽한 사례다. 피터는 매우 명석하다. 그는 권위 있는 대학을 졸업했다. 그의 IQ는 보통보다 한참 높으며, 클린은 그에 대해 진심으로 존경을 담아 이야기한다. 그러나 그는 매우 기본적인 한 가지 능력(마음을 읽는 능력)이 결여되었기 때문에 〈누가 버지니아 울프를 두려워하랴〉의 그 장면에서 사회적으로는 참담할 만큼 완전 빵점이라는 점수를 받고 만다. 피터가 종종 이런 유형의 실수를 범하는 것은 이해할 만하다. 그는 영원히 마음을 읽지 못하는 병에 걸렸기 때문이다. 그러나 특정한 상황에서는 우리도 순간적으로 피터와 다를 바 없는건 아닐까 하는 생각이 든다. 만일 자폐증(마음을 읽는 능력의 상실)이 만성병이 아니라 일시적 질환일 경우에는 어떻게 될까? 그러면 평소에 정상적 판단을 내렸을 사람들이 가끔씩 참담할 만큼 잘못된 결론을 내리는 것도 설명이 될까?

개와 논쟁하기

영화나 TV의 탐정물에서는 사람들이 늘 총을 쏜다. 쏘고 또 쏘고, 사람들을 추격하며 시도 때도 없이 죽인다. 그리고 나서는 시체를 밟고 서서 담배 한 대를 피운 다음 술집으로 가 짝패와 함께 맥주를 마신다. 할리우드에서 말하는 걸 듣고 있자면, 총 쏘기는 꽤나 일상적이고 단순한 행위다. 그러나 실은 그렇지 않다. 대다수 경찰이(90% 이상이) 경찰로 일하는 내내 누군가에게 총 한 방 쏘지 않으며, 총을 쏜 적이 있는 사람들은 그 경험에서 상상할 수 없을 만큼 심한 스트레스를 받는 것으로 보아 총 쏘기가 일시적 자폐증을 일으킬 수 있는 부류의 경험이 아닌지 묻는 게 합리적일 것 같다.

여기 미주리 대학교의 범죄학자 데이비드 클링거David Klinger가 《킬 존 속으로Into the Kill Zone》를 집필하기 위해 경찰관들과 한 인터뷰의 발췌문을 예로 들어보자. 첫 번째는 자신의 파트너 댄Dan을 죽이려고 위협하고 있던 자에게 총을 쏜 경찰관의 이야기이다.

그자가 나를 쳐다보며 말했습니다.

"아, 제기랄."

"아, 제기랄, 겁나네"가 아니었어요. "아, 제기랄, 죽일 놈이 또 하나 있군"이었지요. 정말 공격적이고 비열한 인상이었습니다. 그가 댄의 머리에 겨누고 있던 총부리를 내 쪽으로 틀기 시작했습니다. 이 모든 것이 정말 순식간의 일이었어요. 1,000분의 몇 초나 될까? 그와 동시에 나도 총을 빼 들고 있었습니다. 댄은 여전히 그자와 몸싸움을 하고 있었고, 내 머릿속에 드는 생각은 오로지 '오, 하느님, 댄이 총에 맞지 않게 해주세요'뿐이었습니다. 나는 다섯 발을 쏘았습니다. 총을 쏘기 시작하는 순간, 시야가 달라지더군요. 용의자의 머리만 빼고 거기에 이르는 모든 풍경이 시야에서 사라졌습니다. 댄도 더 이상 보이지 않았고, 다른 어떤 것도 보이지 않았습니다. 보이는 거라고는 오로지 용의자의 머리뿐이었습니다.

나는 다섯 발 중 네 발이 명중되는 것을 보았어요. 첫 번째 총알은 그의 왼쪽 눈썹에 맞았습니다. 눈썹에 구멍이 뚫리면서 그자의 머리가 뒤로 홱 꺾였습니다. 그자가 "욱" 하는 것이 마치 "욱, 네가 날 쳤어?" 라는 것 같았습니다. 그자는 여전히 내 쪽으로 총구를 돌리고 있었고, 나는 두 번째 총알을 쏘았습니다. 그의 왼쪽 눈 바로 밑에 빨간 점이 보이더니 머리가 옆으로 돌아갔습니다. 나는 또 한 발을 쏘았습니다. 총알이 그자의 왼쪽 눈 둘레에 맞자 눈알이 파열하며 튀어나오더군요. 네 번째 총알은 그자의 왼쪽 귀 바로 앞부분에 맞았습니다. 세 번째 총알이 그자의 머리를 옆으로 더 틀어놓는 바람에 네 번째 총알이 맞았을 때는 그자의 머리 옆 부분에 빨간 구멍이 열렸다가 이내 닫히는 모습이 눈에 들어왔습니다. 마지막 총알은 어디로 갔는지 보지 못했습니다. 그 후 나는 그자가 뒤로 쓰러지며 땅바닥에 떨어지는 소리를 들었습니다.[5]

또 하나의 사례를 보자.

그가 우리를 향해 뛰어오기 시작하자, 그의 움직임이 마치 느린 동작처럼 보이면서 모든 것이 압축된 초점 속으로 빨려들어 가더군요. (…) 그가 움직일 때마다 내 온몸은 팽팽하게 긴장되었어요. 가슴속이 어떤 느낌이었는지는 기억나지 않습니다. 모든 신경이 나의 표적을 주시하며 반응하는 쪽으로 집중됐어요. 아드레날린이 솟구친다는 게 바로 그런 느낌이었습니다! 만물이 조여들고, 나의 모든 감각은 총을 들고 우리를 향해 뛰어오는 남자 쪽으로 향했습니다. 나의 시야는 그의 몸통과 총에 초점이 맞춰졌습니다. 그의 왼손이 뭘 하고 있었는지

조차 말할 수 없어요. 생각이 나지 않거든요. 나는 총을 주시하고 있었습니다. 총이 그의 가슴께로 내려오고 있었고, 내가 첫 발을 쏜 것은 바로 그때였습니다.

나는 소리를 듣지 못했습니다. 아무 소리도요. 내가 처음 두 발을 쏠 때 앨런Alan도 첫 발을 쏘았는데, 그가 쏘는 총소리도 들리지 않았습니다. 내가 두 번째로 방아쇠를 당길 때 그도 두 번을 더 당겼지만, 나는 단 한 발의 총성도 듣지 못했어요. 남자가 바닥에 쓰러져 내 쪽으로 미끄러져 올 때 우리는 사격을 멈추었습니다. 다음 순간 나는 남자의 몸통 위에 두 발을 올려놓고 있었습니다. 내가 남자의 몸통 위에 올라선 것조차도 기억이 안 납니다. 생각나는 거라고는 오로지 다음 순간 내가 남자의 몸통 위에 두 발을 올려놓고 서서 그자를 내려다보고 있었다는 사실뿐입니다. 내가 어떻게 거기에 갔는지, 내가 손을 짚고 올라선 건지, 아니면 무릎으로 올라섰다가 몸을 일으킨 건지도 모릅니다. 그건 모르지만, 그렇게 서 있으니 소리가 다시 들렸습니다. 놋쇠 조각이 여전히 타일 바닥에 떨어지며 쨍강거리는 소리가 들려왔어요. 그제야 시간도 정상으로 돌아왔습니다. 총을 쏘는 동안에는 시간이 느리게 흐르고 있었거든요. 그 현상은 남자가 우리를 향해 뛰어오는 순간 시작되었습니다. 남자가 우리를 향해 뛰어오고 있다는 걸 알고 있었는데도 그가 마치 느린 동작으로 움직이는 것처럼 보였습니다. 이제껏 본 것 중에서 가장 지랄 같은 일이었습니다.

아마도 당신은 이것이 무척 이상한 이야기처럼 들릴 것이다. 첫 번째 사례에서 경찰은 정말 황당한 이야기를 하고 있는 것처럼 보인다. 사람이 어떻게 자기가 쏜 총알이 누군가에게 맞는 걸 볼 수 있단 말인가? 총알을 발사하는 소리를 듣지 못했다는 두 번째 사람의 주장 역시 이상하기는 매한가지이다. 어떻게 그럴 수 있을까? 그렇지만 총으로 사람을 쏴본 경찰관들과의 인터뷰에서는 이 같은 세세한 이야기들이 거듭 반복된다(지극히 명료해지는 시각, 동굴 같은 시야, 사라지는 소리, 시간이 느리게 흘러가는 느낌 등등. 이는 인체가 극단적 스트레스에 반응하는 방식으로, 충분히 납득이 가는 이야기다. 우리의 정신은 생명을 위협받는 상황에 처할 경우 처리하는 정보의 범위와 양을 극적일 만큼 제한한다. 소리와 기억과 보다 넓은 사회적 이해는 눈앞의 직접적인 위협에 대한 자각을 고조시키기 위해 망각의 제물로 바쳐진다. 요컨대 클링거가 이야기하는 경찰관들은 그들의 감각이 좁아진 덕분에 임무를 더 잘 수행했다. 감각의 폭이 좁아지면서 눈앞의 위협에 집중할 수 있었던 것이다).

그렇다면 이 스트레스 반응이 극단으로 치달을 때는 어떤 일이 일어날까? 전 육군 중령으로《죽이기On Killing》의 저자인 데이브 그로스먼Dave Grossman의 주장에 따르면 '각성arousal'의 최적 상태(긴장이 성취도를 높이는 범위)는 우리의 심장박동수가 분당 115에서 145 사이일 때라고 한다. 그로스먼은 최고의 저격수 론 에이버리Ron Avery의 심장박동수를 재보니 야전에서 임무를 수행하고 있을 때 맥박이 그 범위 최고치에 있었다고 말한다. 농구 슈퍼스타 래리 버드Larry Bird는 게임의 중요한 순간에는 코트가 조용해지면서 선수들이 느린 동작으로 움직이고 있는 것 같다고 말하곤 했다. 그는 론 에이버리가 임무를 수행할 때와 같은 각성의 최적 범위에서 경기를 하고 있었던 게 분명하다. 그러나 래리 버드만큼 코트를 또렷하게 볼 수 있는 농구 선수는 매우 드물다. 최적의 범위에서 경기를 펼칠 수 있는 선수는 극소수뿐이다. 대다수는 압박을 받으면 지나치게 각성되고, 일정 수위를 넘으면 몸이 너무나도 많은 정보원을 차단하면서 우리를 속수무책의 상태에 빠뜨리고 만다.

그로스먼은 말했다.

"심장박동수가 145를 넘으면 나쁜 일들이 일어나기 시작해요. 복잡한 운동 기능이 마비되기 시작합니다. 한 손으로만 무슨 일을 하는 게 매우 어려워지죠. (…) 심장박동수가 175쯤 되면 인식 작용이 완전히 붕괴되기 시작해요. (…) 전뇌가 문을 닫고, 중뇌(개의 뇌와 같은 영역으로 모든 포유류가 갖고 있는 뇌)가 전면에 나서서 전뇌의 자리를 낚아챕니다. 화가 났거나 놀란 사람과 토론을 시도해본 적이 있나요? 불가능합니다. (…) 차라리 당신의 개와 논쟁을 벌이는 편이 낫습니다."

지나친 각성 상태가 되면 시야가 훨씬 더 좁아진다. 행동이 부당할 만큼 공격적으로 변한다. 총탄 세례를 받고 있는 사람들이 구토를 하는 경우는 놀랄 만큼 많다. 심장박동수가 175나 그 이상으로 나타나는 고도의 위협 수위에서는 신체가 생리적 억제 작용을 불필요한 활동으로 여기기 때문이다. 피가 바깥 근육층에서 빠져나와 핵심 근육 덩이에 집중된다. 핵심 이유는 될 수 있는 한 근육을 단단하게 만들기 위한 것(근육을 일종의 갑옷으로 만들어 상처가 날 경우 피가 흐르는 것을 줄이기 위한 것)이다. 그러나 막상 그렇게 되면 몸이 뻣뻣하게 굳어 아무것도 할 수 없게 된다. 그로스먼은 바로 그렇기 때문에 모두가 119에 전화하는 연습을 해야 한다고 말한다. 비상시에 사람들이 전화기를 집어 들고서도 지극히 기본적인 이 동작을 할 수 없는 경우가 너무 많았다는 이야기를 계속 들어온 것이다. 심장박동수가 치솟고 운동 조절 능력이 떨어지면 사람들은 기억나는 숫자가 그것밖에 없어 119 대신 114를 누르거나, 이동전화에서 '통화send' 단추를 누르는 걸 잊거나, 경우에 따라서는 숫자가 아예 하나도 떠오르지 않기도 한다.

그로스먼은 말했다.

"연습을 해야 합니다. 연습해두면 119를 누를 수 있을 겁니다."

많은 경찰서에서 최근에 고속 추격을 지양하는 이유도 바로 그 때문이다. 단지 추격 중에 죄 없는 사람들을 칠 위험 때문만은 아니고(물론 그것도 우려되는 부분임에는 틀림없다. 추격 중 사고로 매년 300명의 미국인이 '살해'당하니 말이다), 추격 후에 일어나는 일 때문이기도 하다. 용의자를 고속으로 추격하는 일은 경찰관을 위험할 만큼 높은 각성 상태로 몰아가는 유형의 활동인 것이다. 많은 경찰 만행 사건에서 증언해온 NYPD(뉴욕 경찰국)의 훈련 책임자 제임스 파이프James Fyfe 는 말했다.

"로스앤젤레스 폭동은 경찰들이 고속 추격 끝에 로드니 킹Rodney King에게 가한 행위가 발단이 되었습니다. 1980년에 일어난 마이애미의 리버티시티 폭동도 추격전 끝에 경찰이 저지른 행위로 인해 시작되었고요. 경찰들이 한 사내를 두들겨 패 죽인 거지요. 1986년 마이애미에서 또다시 일어난 폭동도 경찰이 추격 끝에 한 행동이 발단이었어요. 지난 사반세기 동안 이 나라에서 일어난 대규모 인종 폭동 세 건이 전부 경찰이 추격 끝에 한 행위로 인해 일어났습니다."

LAPD(로스앤젤레스 경찰국)의 고위 경찰로 일한 밥 마틴Bob Martin 은 말했다.

"고속으로 달릴 때, 특히 주거지역을 고속 주행할 때는 겁이 납니다. 시속 80킬로미터만 되어도 그래요. 아드레날린과 심장이 미친 듯이 펌프질을 해대기 시작합니다. 달리기 선수의 수치와 거의 맞먹지요. 일종의 도취 상태가 되는 겁니다. 당신은 시야를 상실하고 추격전의 포로가 됩니다. 옛 속담에 '사냥 중인 개는 벼룩을 긁어내기 위해 멈추지 않는다'라는 말이 있지요. 추격 중에 무선 송수신을 하는 경찰의 테이프를 들어보면 목소리에서 그걸 느낄 수 있습니다. 마치 고함을 지르는 것 같아요. 신참 경찰인 경우에는 거의 히스테리 상태이지요. 나는 내 첫 번째 추격전을 기억합니다. 경찰학교를 나온 지 두 달밖에 안 된 때였어요. 주거지역을 관통하는 추격전이었습니다. 두 번씩이나 공중에 붕 뜨기까지 했지요. 우리는 결국 범인을 붙잡았습니다. 나는 차로 돌아가 무전기를 통해 일이 잘 끝났다고 보고하려 했어요. 그런데 무전기를 집어 들 수가 없는 거예요. 몸이 사시나무 떨듯 요동치고 있었던 거지요."

마틴의 말에 따르면 로드니 킹 구타 사건은 양측이(양쪽 다 심장박동수가 치솟고, 심장혈관계의 반응이 야수 같아지는 상태에서) 추격전 끝에 부딪칠 때 의당 예정돼 있는 바로 그런 사건이었다.

마틴은 말했다.

"중요한 지점에서 스테이시 쿤Stacey Koon(체포 현장에 있던 선임 경찰 중 한 명)은 경찰들에게 물러서라고 말했습니다. 그러나 경찰들은 그 말을 무시했어요. 왜 그랬을까요? 말이 들리지 않았던 겁니다. 그들은 문을 닫아건 상태였어요."

파이프는 최근에 경찰들이 추격전 끝에 한 청년을 총으로 쏘아 죽인 시카고의 한 사건에서 증언한 경험을 들려주었다. 로드니 킹과 달리 청년은 체포에 저항하지 않고 차 안에 그냥 앉아 있었다.

"죽은 청년은 노스웨스턴 출신의 축구 선수였습니다. 이름은 로버트 러스Robert Russ였고요. 사건은 조니 코크런Johnnie Cochran이 정착금 2,000만 달러를 갈취해 달아난 사건에서 현지 경찰이 또 한 명의 아이를 총으로 쏜 바로 그날 밤에 일어났습니다. 경찰은 러스가 불안하게 차를 몰고 있었다고 말했지요. 경찰의 추격을 받으며 앞서 가긴 했지만, 그렇게 고속은 아니었습니다. 시속 110킬로미터를 넘긴 적이 없었어요. 잠시 후 경찰이 그의 차를 도로 밖으로 밀어냈습니다. 그들은 댄 라이언 고속도로 위에서 그의 차를 천천히 세웠지요. 차량 강제 정지 시의 지침은 매우 상세해요. 차에 가까이 다가가서는 안 되고, 운전자에게 밖으로 나오라고 요구해야 합니다. 그런데 경찰 둘이 앞으로 돌진해 조수석 옆문을 열었어요. 또 한 명의 머저리는 반대쪽에서 러스에게 문을 열라고 소리쳤고요. 하지만 러스는 가만히 앉아 있었어요. 그가 무슨 생각을 하고 있었는지는 알 수 없습니다. 하지만 반응이 없었어요. 그러자 경찰이 차 왼쪽 뒷유리창을 깨고는 총 한 발을 쏘았습니다. 그런데 그 총알이 러스의 손과 가슴을 명중했지요. 경찰은 그가 '왜 그래요? 왜 그러는데?'라고 말했다고 합니다. 그는 러스가 자기 총을 집어 들려 했다고 주장했는데, 그게 사실인지는 모르겠어요. 난 경찰의 주장을 믿을 수밖에 없습니다. 하지만 그건 요점을 벗어난 이야기이지요. 그건 정당화될 수 없는 사살입니다. 그는 차 가까이에 접근하지 말았어야 해요. 차창을 깨지 말았어야 합니다."

이 경찰이 마음을 읽었을까? 그럴 리 없다. 마음을 읽으면 우리는 타인의 의도에 대한 자신의 인식을 조절하고 개선할 수 있다.[6] 조지가 뒤에서 질투심 가득한 눈으로 숨어 지켜보고 있는 가운데 마사가 닉과 시시덕거리고 있는 〈누가 버지니아 울프를 두려워하랴〉의 그 장면에서 우리의 눈길은 마사의 눈에서 조지의 눈으로 그리고 닉의 눈으로 옮겨 다니며 돌고 돈다. 조지가 무슨 일을 하려는지 알 수 없기 때문이다. 우리는 답을 찾고 싶어서 그에 관한 정보를 계속 모은다. 그러나 클린의 자폐증 환자는 닉의 입에서 그의 음료로, 그다음에는 마사의 브로치로 시선을 옮겨갔다. 그는 머릿속에서 사람과 물체를 같은 방법으로 처리했다. 자신만의 감정과 생각을 가진 사람들을 하나하나 보지 않았다. 그는 방 안의 움직이지 않는 여러 물체들을 보고는 그것들을 설명하는 시스템(조지가 마사를 향해 총을 쏘자 우산이 튀어나올 때 그는 크게 소리 내어 웃는, 그런 딱딱하고 메마른 논리로 상황을 해석하는 시스템)을 구축했다.

어떤 의미에서는 댄 라이언 고속도로에서 경찰들이 한 행위도 바로 그와 같은 것이었다. 추격전이라는 극도의 흥분 상태에서 그들은 러스의 마음 읽기를 중단했다. 그들의 시야와 생각은 좁아졌다. 경찰을 보고 달아나는 차 안의 젊은 흑인은 위험한 범죄자임에 틀림없다고 생각하는 딱딱한 시스템을 구축했고, 평상시에는 고려 요인이 되었을 모든 반대 증거(러스는 차 안에 가만히 앉아 있었고, 시속 110킬로미터를 넘긴 적이 없다는 사실)는 마음에 전혀 새겨지지 않았다. 이렇듯 과도한 각성 상태는 마음의 눈을 멀게 한다.

여백의 부족

로널드 레이건 암살 기도에 관한 비디오테이프를 본 적이 있는가? 때는 1981년 3월 30일 오후. 레이건이 워싱턴 힐튼 호텔에서 막 연설을 마치고 옆문으로 걸어 나와 리무진을 향해 걷고 있다. 그가 군중을 향해 손을 흔든다. 연호가 터져나온다.

"레이건 대통령! 레이건 대통령!"

그때 존 힝클리John Hinckley라는 젊은 남자가 22구경 피스톨을 쥔 손을 불쑥 내밀고 정면에서 레이건의 수행원들을 향해 여섯 발의 탄환을 쏜다. 격투 끝에 힝클리가 바닥에 쓰러진다. 첫 번째 총알은 레이건의 공보 담당 비서 제임스 브래디James Brady의 머리에 맞는다. 두 번째 총알은 경찰관 토머스 델러헌티Thomas Delahanty의 등에 맞는다. 세 번째 총알은 비밀 경호원 티머시 매카시Timothy McCarthy의 가슴에 맞고, 네 번째 총알은 리무진을 스치고 날아가 레이건의 심장 바로 옆 폐를 관통한다. 힝클리 총격 사건의 수수께끼는 물론 그가 어떻게 그토록 쉽게 레이건에게 접근했는가이다. 대통령은 경호원들에게 에워싸여 있고, 경호원들은 존 힝클리 같은 사람들을 엄중하게 경계한다. 대개의 경우 쌀쌀한 봄날 대통령을 잠깐 보려고 호텔 밖에 서서 기다리는 이들은 대통령의 행운을 비는 사람들이며, 경호원의 임무는 군중 속에서 어울리지 않는 사람, 전혀 행운을 빌지 않는 사람을 주시하는 것이다. 경호원들이 반드시 해야 하는 일 중에는 얼굴을 읽는 일도 있다. 그들은 마음을 읽어내야 한다. 그런데 그들은 왜 힝클리의 마음을 읽지 못했을까? 비디오테이프를 보면 답은 명백하다. 그리고 이것이 마음을 읽지 못하는 두 번째로 중요한 원인이다. 시간이 없다는 것이다.

로스앤젤레스에서 보안 회사를 운영하며,《공포의 선물The Gift of Fear》의 저자이기도 한 개빈 드 베커Gavin de Becker는 경호의 핵심은 '여백white space'의 양이라고 말한다. '여백'이란 그가 표적과 잠재적 습격자 사이의 거리를 빗대어 부르는 말이다. 여백이 많을수록 경호원이 대응할 시간은 많아진다. 그리고 경호원에게 시간이 많을수록 잠재적 습격자의 마음을 읽어내는 능력도 향상된다. 그러나 힝클리 총격 사건에서는 여백이 없었다. 힝클리는 대통령을 중심으로 1~2미터 안에 몰려 서 있던 기자들 무리에 섞여 있었다. 비밀 경호원들은 그가 총을 쏘기 시작할 때에야 그를 알아보았다. 레이건의 경호원들이 저격이 시작된 것을 깨달은 순간(보안 비즈니스에서는 '인지 순간moment of recognition'이라고 한다)부터 피해가 더 이상 발생하지 않은 시점까지는 딱 1.8초였다. 드 베커는 말했다.

"레이건 저격 사건에서는 몇몇 사람이 영웅적으로 대응했습니다. 그런데도 힝클리는 그에 상관없이 탄환을 다 쏘았어요. 다시 말해 경호원들의 대응이 아무런 차이도 빚어내지 못했다는 것입니다. 그가 너무 가까이 있었기 때문이지요. 비디오테이프에서 한 경호원이 보입니다. 그는 서류 가방에서 기관총을 꺼내 들고 서 있습니다. 또 한 명의 경호원도 총을 꺼내 들었습니다. 그들이 무엇을 향해 총을 쏘지요? 이미 '상황 끝'인데."

그 1.8초 안에 경호원들이 할 수 있었던 일은 오로지 지극히 원초적이고 자동적인 충동(자신의 무기를 빼 드는 것)에 따라 움직이는 것뿐이었다. 그들에겐 무슨 일이 일어나고 있는지 파악하거나 예견할 기회가 전혀 없었다.

"시간이 없을 때는 가장 낮은 수준의 직관적 대응을 하기 쉽습니다."

우리는 삶과 죽음이 오가는 상황에서 시간의 역할에 대해 생각해 보는 일이 거의 없다. 아마도 할리우드가 격렬한 교전에서 어떤 일이 일어나는지에 대한 우리의 감각을 왜곡해왔기 때문일 것이다. 영화에서 총싸움은 길게 늘어지는 일로 묘사된다. 경찰은 동료에게 멋들어지게 휘파람을 불 시간이 있고, 악당은 도전장을 디밀 시간이 있으며, 총싸움은 마침내 파괴적 결말을 맞을 때까지 느린 속도로 진행된다. 총싸움 이야기를 말로 풀다 보니 일어나는 일이 실제보다 훨씬 오래 걸리는 것처럼 느껴진다. 그 전에 일어난 한국 대통령 암살 기도 사건을 설명하는 드 베커의 말을 들어보라.

"암살자가 일어서서 자신의 다리를 쏩니다. 일은 그렇게 시작됩니다. 그가 이성을 잃고 흥분한 거지요. 그런 다음 대통령을 향해 총을 쏘는데, 빗나갑니다. 그 대신 대통령의 부인이 머리를 맞지요. 부인이 죽습니다. 경호원이 일어나 응사를 해요. 빗나갑니다. 여덟 살난 소년이 총알에 맞아요. 실수가 연발합니다. 모든 일이 다 어그러집니다."

이 모든 일이 진행되는 데 얼마나 걸렸을까? 15초? 20초? 아니, 3.5초였다.

내 생각엔 시간에 쫓기는 상황에서도 우리는 일시적으로 자폐증 환자가 되는 것 같다. 한 예로 심리학자 키스 페인Keith Payne이 한번은 사람들을 컴퓨터 앞에 앉혀놓고 존 바그가 제2장에서 한 것과 같은 실험을 한 적이 있다. 페인은 컴퓨터 화면 위에 검은 얼굴과 흰 얼굴 중 하나를 살짝 비추어 피실험자들에게 사전 주입을 한 다음, 이어서 총 사진이나 렌치 사진을 보여주었다. 이미지가 화면에 머무르는 시간은 0.2초인데, 그 정도면 누구나 자신이 방금 본 것을 알아볼수 있다. 디알로 총격 사건에서 자극을 받아 진행한 실험이었는데, 결과는 당신이 예상하는 대로였다. 검은 얼굴을 사전 주입받은 사람들이 흰 얼굴을 사전 주입받은 사람들보다 조금 더 빨리 총을 총으로 식별했다. 이어서 페인은 속도를 올려 다시 실험했다. 사람들에게 시간의 제약 없이 자신의 페이스대로 답하게 하지 않고 0.5초 내에 판단을 내리도록 요구했다. 그러자 사람들이 오류를 범하기 시작했다. 검은 얼굴을 먼저 본 경우에는 총을 총이라고 하는 것이 비교적 빨랐다. 그러나 검은 얼굴을 먼저 본 경우에는 렌치를 총이라고 하는 것 역시 빨랐다. 시간에 쫓기면서 지나치게 각성된 사람들과 똑같은 행동을 하기 시작한 것이다. 그들은 감각의 실증에 의지하기를 그치고 딱딱하게 굳은 체계인 고정관념에 입각해 판단했다.[7]

페인은 말했다.

"1초도 안 되는 짧은 순간에 결정을 내릴 때, 우리는 사실 자신의 고정관념과 편견, 심지어는 자신이 지지하거나 믿지 않는 관념의 인도를 받기 쉽습니다."

페인은 모든 방법을 두루 동원해 이 편견을 줄여보고자 했다. 최선의 행동을 유도하기 위해 피실험자들에게 그들의 성적을 나중에 한 급우가 세밀하게 검토할 거라고 말했다. 편견이 더 심해졌다. 또 일부에게는 무엇에 관한 실험인지 정확하게 알려주면서 인종에 관한 고정관념을 피하라고 분명하게 말해주었다. 그러나 소용이 없었다. 유일하게 차이를 내는 경우는 실험 속도를 늦추어 사람들이 화면 위의 물체를 식별할 시간을 줄 때뿐이었다. 얇게 조각내어 관찰하는 우리의 능력, 순간적 판단 능력은 비상하다. 그러나 우리 의식 속의 거대한 컴퓨터조차도 제대로 작동하는 데는 순간이나마 시간이 필요하다. J. 폴 게티 미술관의 쿠로스를 판별한 미술 전문가들도 그게 모조품인지 알아내기 전에 쿠로스를 직접 볼 필요가 있었다.

그들이 시속 100킬로미터로 달리는 차 안에서 조각상을 흘끗 스쳐 보았다면 그 진위를 어림짐작밖에 하지 못했을 것이다.

바로 이런 이유에서 많은 경찰서가 근래에 2인 순찰 체제를 1인 순찰 체제로 바꾸었다. 좋지 않은 아이디어처럼 들릴지도 모른다. 경찰 둘이 함께 일하는 것이 분명히 더 합리적일 것 같기 때문이다. 둘이 서로를 뒷받침해줄 수 있지 않을까? 둘일 때 문제 상황을 보다 쉽고 안전하게 처리할 수 있지 않을까? 두 경우 모두 답은 '아니다'이다. 파트너가 있는 경찰은 혼자 있는 경찰보다 결코 더 안전하지 않다. 또 2인조 경찰은 불만을 사거나 고소당하기 쉽다. 경찰이 둘일 때 시민과의 충돌이 체포나 아니면 피체포자의 부상, 경찰에 대한 고소로 끝날 가능성이 훨씬 더 높은 것이다. 왜냐고? 경찰이 혼자 있을 때는 속도를 늦추고, 다른 경찰과 함께 있을 때는 속도를 높이기 때문이다.

드 베커는 말했다.

"모든 경찰은 2인조 순찰차를 원해요. 이야기를 나눌 상대, 동료가 있는 거잖아요. 하지만 1인 순찰차가 곤경에 처하는 경우가 더 적습니다. 허세가 줄어들거든요. 혼자인 경찰은 전혀 다르게 접근합니다. 잠복 급습을 잘 하지 않지요. 돌진하지도 않고요. 그는 '다른 경찰들이 도착하기를 기다릴 생각입니다'라고 말합니다. 그는 보다 친절하게 행동하고, 더 많은 시간을 가져요."[8]

차 안에 있던 청년 러스가 만일 한 명의 경찰과 맞닥뜨렸다면 그가 죽는 결과가 나왔을까? 그랬을 거라고 상상하기는 어렵다. 단 한 명의 경찰은(비록 뜨거운 추격전을 벌이고 있었을지라도) 잠시 사이를 두면서 지원대가 오기를 기다렸을 것이다. 3명의 경찰이 차로 돌진해 들어가는 허세를 부린 것은 다수가 안전하다는 그릇된 의식 때문이었다.

파이프는 말했다.

"상황을 늦추어야 합니다. 우리는 시간이 우리 편이라고 교육시킵니다. 러스 사건 소송에서 경찰 측 변호인들은 급작스러운 상황이었다고 말했습니다. 하지만 상황을 급작스럽게 만든 건 바로 경찰입니다. 러스의 차는 강제로 세워졌어요. 그는 아무 데도 가려 하지 않았습니다."

경찰 훈련에서는 기껏해야 경찰들에게 이처럼 곤혹스러운 일에 걸려들지 않는 방법, 즉 순간적으로 자폐증에 걸리는 위험을 피하는 법을 가르칠 뿐이다. 일례로 차가 선 상태에서 경찰은 차 뒤에 순찰차를 주차시키라고 훈련받는다. 밤이라면 똑바로 앞 차를 향해 순찰차의 헤드라이트를 켠다. 그런 다음 차의 운전석 쪽으로 걸어가다 걸음을 멈추고 운전자의 바로 뒤에 서서 플래시를 어깨 위에 쳐들고 운전자의 무릎을 비춘다. 나도 종종 이런 일을 겪는데, 그럴 때마다 무시당하는 느낌이다. 경찰은 왜 보통 사람들처럼 얼굴을 맞대고 이야기하지 않는 걸까? 이유는 경찰이 내 뒤에 서 있으면 내가 경찰을 향해 총을 뽑아 드는 것이 사실상 불가능하다는 것이다. 무엇보다도 플래시로 내 무릎을 비추고 있으니 경찰은 내 손이 어디 있고, 내가 총을 집어 들려고 하는지 어떤지 볼 수 있다. 그리고 내가 재빨리 총을 집어 든다 하더라도 좌석에서 완전히 몸을 비틀어 차창 밖으로 내밀면서 문기둥 너머의 경찰을 향해 총을 쏘아야 하며(그리고 헤드라이트 불빛에 눈이 부셔서 앞이 보이지 않음을 잊지 마라), 이 모든 행동이 경찰의 시야에 다 들어온다. 다시 말해 경찰의 절차는 어찌 보면 나를 위한 것이다. 경찰이 나를 향해 총을 뽑아 드는 것은 내가 몹시 꾸물거리거나 너무나도 분명한 일련의 동작을 취하는 경우뿐이다.

파이프는 경찰과 민간인 사이에 폭력 사건이 유난히 자주 일어난 플로리다주의 데이드 카운티에서 한 가지 프로젝트를 수행했다. 폭력이 유발하는 긴장은 팽팽하다. 커뮤니티 그룹에서는 경찰이 둔감하고 인종차별적이라며 비난했다. 경찰은 분노와 방어 자세로 대응했다. 폭력은 슬프게도 경찰 업무의 불가피한 영역이라고 경찰은 말했다. 너무나도 귀에 익은 대본이었다. 그러나 파이프의 반응은 논쟁을 피해가며 연구를 수행하는 것이었다. 그는 참관인들을 순찰차에 태워 경찰의 행동이 정규 교육 지침과 얼마나 일치하는지 러닝 스코어를 기록하게 했다.

"이를테면 '경찰이 이용 가능한 엄폐물을 이용했는가?' 같은 것이었습니다. 우리는 경찰들에게 스스로를 될 수 있는 한 작은 표적으로 만들라고 가르칩니다. 그래야 악한에게 총을 쏠지 말지를 결정할 여지를 남겨주게 되거든요. 그런 관점에서 우리는 다음과 같은 것들을 관찰했습니다. 경찰들이 이용 가능한 엄폐물을 이용했는가, 아니면 그냥 정문으로 걸어 들어갔는가? 사람에게서 늘 총을 비껴들고 있었는가? 플래시를 주로 사용하는 손의 반대 손에 들고 다녔는가?

주거침입 신고가 들어왔을 때 다시 전화를 걸어 추가 정보를 요청했는가, 아니면 그냥 알았다고 했는가? 지원 요청을 했는가? 또는 '자네가 쏴, 내가 엄호해줄 테니'라는 식으로 접근 방법을 협의했는가? 주변을 두루 살폈는가? 건물 뒤편에 차 한 대를 더 배치했는가? 건물 안에 있을 때 플래시의 불빛이 비스듬하게 비치도록 들었는가(만일 악한이 무기를 갖고 있을 경우 플래시 불빛을 향해 총을 쏠 테니까)? 차가 정지했을 때 운전자에게 접근하기 전에 차의 뒤편을 살폈는가? 이런 것들이었습니다."

파이프는 경찰들이 용의자와 얼굴을 맞대고 있을 때와 용의자를 구금해두고 있을 때는 아주 훌륭하게 행동한다는 것을 알아냈다. 그런 상태에서는 92%의 경우에 '올바르게' 행동했다. 그러나 경찰이 공포를 느끼는 곳에 접근할 때는 성적이 겨우 15%였다. 그것이 문제였다. 그들은 일시적 자폐증을 피하는 데 필요한 조치를 취하지 않았다. 그런데 데이드 카운티가 경찰이 용의자와 부딪치기 전에 해야 할 일에 초점을 맞추어 일련의 개선 작업을 하자, 경찰을 상대로 한 고소 건수와 경찰과 민간인의 부상자 수가 뚝 떨어졌다.

파이프는 말했다.

"자신을 지키는 유일한 길이 다른 사람을 향해 총을 쏘는 것뿐인 상황에 있고 싶어 하는 사람은 없습니다. 당신이 반사 행동에 의지할 수밖에 없는 경우에는 다른 사람이 다치게 됩니다. 불필요하게 말입니다. 지능과 엄폐물을 이용하면 본능적인 판단을 할 일이 거의 없어집니다."

"마음속의 무언가가 내게 아직 쏘지 말라고 말했다"

파이프의 진단에서 중요한 것은 그 진단이 경찰의 총격에 관한 통상적 논의를 어떻게 백팔십도 돌려놓고 있는가이다. 경찰 행위의 비판자들은 경찰 개개인의 의도에 초점을 둔다. 그들이 이야기하는 것은 인종차별과 의식적 편견이다. 반면에 경찰 행위의 비호자들은 파이프가 '순간 증후군split-second syndrome'이라 부르는 것에서 피난처를 찾는다. 경찰이 가능한 한 빨리 현장에 간다. 그가 악한을 본다. 생각할 시간이 없다. 행동한다. 이 시나리오는 실수를 불가피한 것으로 받아들여달라고 요구한다. 결론은 두 가지 관점 모두 틀렸다. 그들은 어떤 중요한 상황에서 일단 발동이 걸리면 그것을 정지시키거나 제어할 수 없다는 것을 기정사실로 받아들인다. 게다가 우리의 본능적 반응이 관여할 때는 아쉽게도 그런 견해들이 곧바로 상식이 된다. 그러나 그 가정은 잘못된 것이다. 우리의 무의식적 사고는 한 가지 중요한 면에서는 의식적 사고와 조금도 다르지 않다. 둘 다 우리가 훈련과 경험을 통해 신속한 의사결정 능력을 개발할 수 있다는 것이다.

긴박한 상황에서는 극단적 각성으로 마음의 눈이 머는 것이 불가피할까? 물론 그렇지 않다. 요인要人 경호 서비스 회사를 운영하는 드 베커는 경호원들에게 '스트레스 접종stress inoculation'이라고 부르는 프로그램을 거치게 한다.

"우리 테스트에서는 요인(경호받는 사람)이 '어이, 무슨 소리가 들리는데?' 하고 말합니다. 모퉁이를 돌 때 당신이 '퍽!' 하고 총에 맞습니다. 실제 총이 아닙니다. 플라스틱 캡슐이지만, 당신은 총에 맞은 것 같은 느낌입니다. 총을 맞은 뒤에도 당신은 계속 임무를 수행해야 합니다. 우리가 말하지요. '자넨 다시 해야겠어.' 이번엔 당신이 집 안으로 들어갈 때 우리가 당신을 쏩니다. 네다섯 번의 모의 총을 맞으면 훈련이 끝납니다."

드 베커는 훈련생들이 사나운 개와 반복해서 맞서야 할 때와 유사한 훈련도 실시한다.

"처음에 그들의 심장박동수는 175입니다. 똑바로 보지도 못해요. 두 번째나 세 번째에는 120, 다음에는 110이 됩니다. 그러면 임무를 수행할 수 있습니다."

그런 식의 훈련을 거듭 반복하고 거기에 실제 경험이 결합되면 경찰이 격한 충돌에 대응하는 방식이 근본적으로 달라진다.

마음 읽기 역시 훈련으로 증진되는 능력이다. 아마도 마음 읽기의 최고 거장이라 할 수 있는 실반 톰킨스는 훈련 강박증에 사로잡힌 사람이었다. 아들 마크가 태어나자 그는 프린스턴 대학교에서 안식년을 받아 저지쇼어의 자기 집에 머물며 아들의 얼굴을 긴긴 시간 열심히 들여다보았다. 그러면서 생애의 처음 몇 달 동안 아기의 얼굴을 스쳐가는 감정의 패턴들(관심, 기쁨, 슬픔, 분노의 사이클)을 포착했다. 그는 상상할 수 있는 모든 표정의 사람 얼굴 사진을 수천 장 수집하고는 고랑과 주름과 구김살의 논리, 웃기 전과 울기 전의 미묘한 차이 등을 익혔다.

폴 에크먼은 마음 읽기 능력을 간단히 테스트하는 방법을 여러 가지 개발했다. 한 테스트에서 그는 자신들이 실제로 했거나 혹은 하지 않은 무슨 일을 똑같이 했다고 주장하는 10여 명의 짧은 비디오 클립을 틀어주는데, 수검자의 임무는 누가 거짓말을 하고 있는지 알아내는 것이다. 그 테스트는 놀랄 만큼 어렵다. 대다수의 사람들이 정확히 무작위로 답을 찍었을 때 나오는 확률 수준의 성적을 낸다. 성적이 뛰어난 사람은 누구일까? 훈련받은 사람들이다. 예컨대 말하기 능력을 잃은 뇌내출혈 환자들이 그 방면의 대가다. 자신들의 결함이 사람 얼굴에 드러난 정보에 훨씬 더 민감해지라고 강제했기 때문이다. 어린 시절 학대받으며 자란 사람도 잘한다. 뇌내출혈 환자처럼 그들도 마음을 읽는 까다로운 기술을 훈련해야 했기 때문이다. 그들은 알코올중독에 걸리거나 폭력적인 부모의 마음을 읽어야 했다.

에크먼은 실제로 법 집행 기관을 상대로 세미나를 운영하는데, 거기서 그는 사람들에게 마음을 읽는 능력을 증진시키는 방법을 가르친다. 심지어는 30분의 훈련만으로도 미세한 표정을 포착하는 데 능숙해질 수 있다고 에크먼은 말했다.

"내게 훈련 테이프가 하나 있는데, 사람들이 그걸 무척 좋아합니다. 처음에는 어떤 표정도 알아보지 못해요. 하지만 30분 뒤에는 모두 알아볼 수 있습니다. 표정 인식은 훈련이 가능한 능력이라는 증거지요."[9]

데이비드 클링거는 한 인터뷰에서 베테랑 경찰과 이야기를 나눈다. 경찰로 일하는 동안 폭력 상황을 여러 차례 겪었지만, 긴박한 순간에도 다른 사람들의 마음을 읽지 않을 수 없었던 경험이 많은 경찰이다. 그 경찰의 이야기는 초긴장의 순간이 손을 잘 쓸 경우 어떻게 완전히 일변할 수 있는가에 대한 모범적인 사례. 땅거미가 지는 어스름 녘이었다. 그들은 3명의 10대 갱단을 추적하고 있었다. 한 명은 담장을 넘었고, 또 한 명은 차 앞에서 달아났다. 또 다른 한 명은 불빛에 얼어붙어 꼼짝 못하고 멈춰섰다. 겨우 3미터 앞이었다. 경찰의 회고다.

내가 조수석 밖으로 나오는데, 녀석이 막 오른손을 허리띠 속으로 집어넣더군요. 다음 순간 그의 손이 사타구니를 지나 왼쪽 허벅지 쪽으로 내려가는 것이 눈에 들어왔습니다. 바짓가랑이에 매달아둔 무엇인가를 움켜쥐려고 하는 것 같았어요.

녀석이 나를 향해 돌아서며 바지춤에서 뭔가를 꺼내 올리고 있었습니다. 그의 눈이 똑바로 나를 향했고, 나는 그에게 움직이지 말라고 소리쳤습니다.

"멈춰! 움직이지 마! 움직이지 마! 움직이지 마!"

내 파트너도 그를 향해 소리쳤습니다.

"멈춰! 멈춰! 멈춰!"

나는 그에게 명령하면서 권총을 뽑아 들었습니다. 1.5미터쯤 바짝 다가가서 보니 녀석의 손에 크롬 도금 25구경 자동 권총이 들려 있더군요. 순간 그의 손이 복부쯤으로 올라오는가 싶더니 보도 위에다 총을 떨어뜨렸습니다. 우리는 그를 구금했고, 그것으로 끝이었지요.

내가 그를 쏘지 않은 유일한 이유는 녀석의 나이였습니다. 열네 살이었는데, 마치 아홉 살처럼 보이더군요. 만약에 그가 어른이었다면 십중팔구 쏘았을 겁니다. 총의 위협을 분명히 감지했거든요. 총을 똑똑히 보았고, 크롬 도금이었고, 손잡이는 진주였습니다. 하지만 나는 내가 먼저 총을 쏠 수 있는 자세였음을 알았기에 비록 잠깐일지언정 그에게 생각할 시간을 더 주고 싶었습니다. 녀석이 너무 어려 보였기 때문이었어요. 내가 경험이 많은 게 판단에 큰 영향을 미친 것 같습니다. 그의 얼굴에 공포가 가득한 것을 볼 수 있었고, 다른 정황에서도 그걸 느꼈습니다. 그것이 잠깐만 시간을 더 준다면 저 애가 나로 하여금 총을 쏘지 않는 선택을 하게 할 수도 있지 않겠느냐는 믿음을 갖게 만들었지요. 중요한 것은 내가 녀석을 지켜보고 있고, 그의 바짓가랑이에서 뭔가가 올라오는 것을 보았고, 그것이 총이라는 걸 알아보았고, 총이 보였을 때 총구가 어디로 향하는지를 보고 있었다는 것이었어요. 녀석의 손이 만일 허리춤에서 조금만 더 올라왔더라면, 그 총이 만일 그의 복부를 지나 총구가 나를 향하는 것이 내 눈에 들어올 정도까지 올라왔더라면 그것으로 상황은 끝이었을 겁니다. 하지만 총신은 올라오지 않았고, 내 마음속의 무언가가 내게 아직 총을 쏘지 말아야 한다고 말해주었습니다.

이 만남은 얼마나 길었을까? 2초? 1.5초? 그러나 경찰의 경험과 기량이 그로 하여금 어떻게 그 순간의 시간을 잡아 늘여 상황을 늦추고, 가능한 한 마지막 순간까지 정보를 계속 모을 수 있게 하는지 보라. 총이 나오는 것을 본다. 총의 진주 손잡이를 본다. 총구의 방향을 추적한다. 소년이 총을 치켜들지, 아니면 그냥 떨어뜨릴지 결심하기를 기다린다(그 와중에도, 심지어는 총의 움직임까지 추적하면서). 소년의 얼굴까지 관찰하며 그가 위험인물인지, 아니면 그냥 겁을 먹은 건지 살핀다. 이보다 더 아름다운 순간적 판단의 전범이 또 있을까? 이것은 훈련과 전문 지식의 선물, 즉 경험의 가장 얇은 조각에서 방대한 양의 의미 있는 정보를 추출해내는 능력이다. 초심자에게는 이 사건이 그저 모호한 상태로 스쳐 지나갔을지 모른다. 그러나 그것은 결코 모호한 것이 아니었다. 순간순간은 따로따로 움직이는 일련의 부분으로 이루어지고, 그 부분들 하나하나가 조정과 혁신과 교정의 기회를 제공한다.

휠러가의 비극

그리하여 거기에 그들, 즉 숀 캐럴, 에드워드 맥멜런, 리처드 머피, 켄 보스가 있었다. 늦은 밤, 그들은 사우스 브롱크스에 있었다. 거기서 흑인 청년 하나를 보았는데, 그의 행동이 이상한 것 같았다. 그들은 차를 몰고 지나쳤다. 그래서 그를 잘 볼 수 없었다. 그러나 곧바로 그의 행동을 설명할 시스템을 구축하기 시작했다. 예컨대 그는 체격이 크지 않다. 상당히 작다. 드 베커가 자신의 머리에 퍼뜩 떠오르는 것들을 상상하며 말했다.

"'작다는 게 무슨 의미일까? 그가 총을 가졌다는 뜻이다. 그는 밖에 혼자 나와 있다. 밤 12시 30분에, 이 범죄 소굴에, 혼자서, 흑인 청년이. 그는 총을 가졌다. 그렇지 않다면 거기 있을 리 없다. 게다가 그는 작다. 그는 무슨 일을 벌이려고 이 한밤중에 거기 나와 서 있는 걸까? 그는 총을 가졌다.' 대충 이런 스토리이지요."

그들은 차를 후진시킨다. 캐럴은 나중에 디알로가 여전히 거기 서 있어서 "깜짝 놀랐다"고 말했다. 악당들은 경찰을 가득 태운 차를 보면 도망치지 않나? 캐럴과 맥멜런이 차에서 내린다. 맥멜런이 소리친다.

"경찰입니다. 말씀 좀 여쭐까요?"

디알로는 멈칫한다. 그는 물론 무섭다. 공포가 그의 얼굴 가득 담겨 있다. 이 지역에 전혀 어울리지 않는 거구의 두 백인이 오밤중에 눈앞에 들이닥쳤다. 그러나 두 백인은 마음을 읽을 순간을 놓쳤다. 디알로가 돌아서서 건물 속으로 달려 들어갔기 때문이다. 이제 추격이다. 그런데 캐럴과 맥멜런은 진주 손잡이 권총이 자신을 향하는 것을 지켜본 앞의 경찰 같은 노련한 경찰이 아니다. 그들은 풋내기다. 브롱크스에 새로 왔고, 거리 범죄 단속반에서도 신참이며, 어두컴컴한 복도에서 무기를 가진 것 같은 사람을 추격하는 상상 불허의 긴장감을 겪어본 적도 없다. 그들의 심장박동수가 치솟는다. 주의력이 좁아진다. 휠러가는 브롱크스의 구시가지다. 보도는 연석과 맞닿아 있고, 디알로의 아파트 건물은 보도와 접해 있다. 그 사이에는 네 계단의 층계참이 있을 뿐이다. 여기엔 '여백'이 전혀 없다. 맥멜런과 캐럴이 순찰차에서 나와 거리에 섰을 때, 그들과 디알로 사이의 거리는 불과 3~4미터였다. 디알로가 뛴다. 추격이다! 캐럴과 맥멜런은 이미 조금 흥분된 상태였다. 그들의 심장박동수는 얼마일까? 175? 200? 디알로는 이제 현관 안, 건물의 안쪽 문에 붙어서 있다. 그가 몸을 옆으로 비틀며 주머니에서 뭔가를 찾는다. 캐럴과 맥멜런에게는 엄폐물도, 은폐물도 없다. 그들을 가려주고 시간을 지연시킬 수 있는 차의 문기둥도 없다. 그들은 사격 방향에 있고, 디알로의 손과 검은 물건의 끝부분이 캐럴의 눈에 들어온다. 공교롭게도 그것은 지갑이었다. 그러나 디알로는 흑인이고, 늦은 시간이며, 장소는 사우스 브롱크스이고, 시간은 이제 1,000분의 1초 단위로 측정된다. 그런 상황에서는 지갑이 틀림없이 총처럼 보인다는 것을 우리는 안다. 디알로의 얼굴이 뭔가 다른 말을 했겠지만, 캐럴은 디알로의 얼굴을 보고 있지 않다. 설령 본다 하더라도 자신이 거기서 본 것을 이해할지는 분명치 않다. 그는 이제 마음을 읽고 있지 않다. 사실상 자폐증에 걸렸다. 피터가 조지와 마사의 키스 장면에서 전등 스위치의 포로가 된 것과 똑같이 그게 뭐든 디알로의 주머니에서 나오고 있는 물체의 포로가 됐다. 캐럴은 "그가 총을 가졌다!"고 소리친다. 그러고는 총을 쏘기 시작한다. 맥멜런이 뒤로 나동그라지며 총을 쏘기 시작한다. 사람이 뒤로 나동그라지는 것이 총을 가졌다는 외침과 결합하자 그 해석은 한 가지로 좁혀진다. 그가 총에 맞은 것이다. 그래서 캐럴은 계속 총을 쏘고, 맥멜런은 캐럴이 총 쏘는 것을 보고 자기도 계속 총을 쏜다. 보스와 머피는 캐럴과 맥멜런이 총을 쏘는 것을 보고 차에서 뛰쳐나와 함께 총을 쏜다. 다음 날 신문은 마흔한 발의 탄환을 쏘았다는 것을 대서특필하겠지만, 진실은 반자동 권총을 가진 4명의 경찰이 2.5초 만에 마흔한 발의 탄환을 쏠 수 있다는 것이다. 사실 사건이 시작되어 종료되기까지는 아마도 당신이 이 단락을 읽는 것보다도 더 적은 시간이 걸렸을 것이다. 그러나 그 몇 초 안에 한평생을 채우기에 충분한 단계와 판단이 빼곡히 들어차 있다. 캐럴과 맥멜런이 디알로를 소리쳐 부른다. 1,001. 그가 집 안으로 돌아간다. 1,002. 그들이 보도를 건너 계단을 오르며 그를 추격한다. 1,003. 디알로가 복도에 서서 주머니에서 뭔가를 끄집어낸다. 1,004. 캐럴이 "그가 총을 가졌다!"고 소리친다. 총 쏘기가 시작된다. 1,005. 1,006. 탕! 탕! 탕! 1,007. 침묵. 보스가 디알로에게 다가가서는 바닥을 내려다보며 "이런 젠장, 총은 어디 있는 거야?" 하고 외친다. 그리고는 거리를 내달려 웨스트체스터가 쪽으로 뛰어간다. 외침과 총소리에 자신이 어디 있는지 갈피를 잃은 것이다. 캐럴이 총알로 벌집이 된 디알로의 시체 옆 계단에 주저앉아 울음을 터뜨린다.

MALCOLM GLADWELL

7장

눈으로
듣기

'순간 포착'의 교훈

직업 음악가로서 첫발을 내디딜 때, 애비 코넌트Abbie Conant는 이탈리아의 토리노 로열 오페라단에서 트롬본을 연주하고 있었다. 때는 1980년 여름, 그녀는 유럽 전역의 다양한 오케스트라 일자리를 찾아 열한 군데에 지원서를 냈다. 회신이 온 곳은 단 한 군데, 뮌헨 필하모니 오케스트라였다. 편지는 '애비 코넌트 씨에게'로 시작되었다. 돌아보면 그 작은 실수가 이미 코넌트의 마음에 충분히 경종을 울렸을 게 틀림없다.[1]

오디션은 뮌헨 도이치 박물관에서 열렸다. 오케스트라의 문화센터가 아직 공사 중이었기 때문이다. 지원자는 33명이었는데, 심사위원들의 눈에 보이지 않도록 한 사람씩 장막 뒤로 가서 연주를 했다. 당시 유럽에서 장막 오디션screened audition은 드문 일이었다. 그런데 지원자 하나가 뮌헨 필하모니 오케스트라 단원의 아들이어서 필하모니가 1차 오디션을 얼굴이 보이지 않는 상태에서 치르기로 결정한 것이다. 코넌트는 16번이었다. 그녀는 독일에서의 오디션 단골 작품인 페르디난트 다비트Ferdinand David의 트롬본 협주곡을 연주했는데, 한 음을 실수했다(G에서 째지는 소리를 냈다). 그녀는 속으로 "이제 끝났어"라고 말하고는 무대 뒤로 가 짐을 꾸려 집에 갈 채비를 시작했다. 그러나 위원회의 생각은 달랐다. 그들은 코넌트의 연주에 넋을 잃었다. 오디션은 얇게 조각내어 관찰하기의 전형적인 순간이다. 노련한 클래식 음악가들은 연주자가 잘하는지 어떤지를 거의 순간적으로(어떤 경우에는 처음 몇 마디만으로, 어떤 경우에는 심지어 첫 음 하나만으로) 알 수 있다고 말한다. 코넌트가 바로 그런 경우였다. 그녀가 오디션 룸에서 나간 뒤, 필하모니의 음악감독 세르지우 첼리비다케Sergiu Celibidache가 소리쳤다.

"바로 저 사람이야!"

오디션 차례를 기다리고 있던 남은 17명은 집으로 돌려보내졌다. 어떤 사람이 무대 뒤로 와서 코넌트를 찾았다. 그녀가 오디션 룸으로 되돌아가 막 앞으로 걸어 나가자 바이에른 특유의 탄성이 터져나왔다.

"이게 뭐야? 젠장! 저런! 맙소사!Was ist'n des? Sacra di! Meine Goetter! Um Gottes willen!"

그들은 코넌트 군을 예상하고 있었다. 그런데 코넌트 양이었다.

그것은 좋게 말해도 어색한 상황이었다. 첼리비다케는 보수적인 지휘자로서 음악이 어떻게 연주되어야 하는지에 대해(그리고 누가 음악을 연주해야 하는지에 대해) 매우 완고한 생각을 가진 오만하고 완강한 남자였다. 더욱이 이곳은 고전음악이 태동한 땅, 독일이었다. 한 번은 제2차 세계대전 직후에 빈 필하모니에서 장막 오디션을 진행했다가 오케스트라의 전임 단장 오토 스트라서Otto Strasser가 자신의 회고록에서 '괴이한 상황'으로 묘사한 사태로 막을 내리고 말았다.

"지원자 하나가 최고의 실력을 선보였는데, 막이 올라가자 놀란 심사위원들 앞에 일본인이 서 있었습니다."

스트라서에게는 일본인이 유럽 작곡가의 혼과 격조가 담긴 음악을 연주한다는 것 자체가 불가능한 일로 여겨졌다. 마찬가지로 첼리비다케에게도 여자가 트롬본을 연주한다는 건 있을 수 없는 일이었다. 뮌헨 필하모니에는 바이올린과 오보에에 1~2명의 여성 연주자가 있었다. 그러나 바이올린과 오보에는 '여성적인' 악기이지만, 트롬본은 남자의 악기다. 남자들이 군악대에서 연주하는 악기다. 오페라 작곡가들은 트롬본으로 지하 세계를 상징했다. 베토벤은 5번과 9번 교향곡에서 소음을 내는 악기로 트롬본을 사용했다.

코넌트는 말했다.

"심지어는 지금까지도 전형적인 직업 트롬본 연주자와 이야기를 나누다 보면 '당신은 어떤 종류의 장비를 연주합니까?' 하고 묻곤 해요. 바이올리니스트가 '난 블랙 앤드 데커Black and Decker를 연주합니다'라고 말하는 걸 상상이나 할 수 있나요?"

오디션이 두 차례 더 있었다. 코넌트는 두 번 다 깃발을 휘날리며 통과했다. 그러나 첼리비다케와 다른 위원들이 그녀를 직접 본 순간부터 온갖 오랜 편견과 그녀의 연주에서 받은 첫인상이 다툼을 벌이기 시작했다. 그녀는 오케스트라에 합류했고, 첼리비다케는 속이 탔다. 한 해가 지났다. 1981년 5월, 코넌트는 회의에 불려 나갔다. 그 자리에서 그녀는 제2 트롬본 역할을 맡게 되었다는 통보를 받았다. 이유는 없었다. 코넌트는 1년간 검정을 받으며 다시 자신을 입증해 보였다. 그러나 소용없었다. 첼리비다케는 그녀에게 말했다.

"문제가 뭔지 알잖아요. 솔로 트롬본에는 남자가 필요합니다."

코넌트는 이 일을 법정으로 가져갈 수밖에 없었다. 사건 개요에서 오케스트라 측은 이렇게 주장했다.

"원고는 트롬본 섹션의 리더에 필수적인 육체적 힘을 갖고 있지 못합니다."

코넌트는 가우팅거 폐 클리닉으로 보내져 광범한 검사를 받았다. 특수 장비를 불고, 혈액 표본을 채취해 산소 흡입 능력을 측정하고, 흉부 검사도 받았다. 평균치를 너끈히 넘기는 수치가 나왔다. 간호사는 심지어 운동선수냐고 묻기까지 했다. 소송은 질질 끌었다. 오케스트라에서는 코넌트가 모차르트의 〈레퀴엠Requiem〉 중 유명한 트롬본 솔로를 연주할 때 "호흡이 짧아서 듣기 거북하다"고 주장했다. 연주를 지휘한 객원 지휘자가 코넌트 하나만 찍어서 칭찬을 했는데도 말이다. 한 트롬본 전문가 앞에서 특별 오디션이 진행되었다. 코넌트는 트롬본 레퍼토리 중 가장 까다로운 악절 7개를 연주했다. 전문가는 감동받았다. 오케스트라 측은 그녀가 믿을 수 없고, 직업의식이 부족하다고 주장했다. 거짓말이었다. 8년 후 코넌트는 제1 트롬본 연주자로 복귀했다.

그러나 또 한 차례의 싸움이 시작되었다. 그 싸움은 다시 5년간 진행되었다. 오케스트라에서 코넌트에게 남자 동료들과 급료를 동등하게 지불하는 것을 거절한 것이다. 그녀가 다시 이겼다. 그녀는 모든 소송에서 유리했는데, 뮌헨 필하모니가 반박할 수 없는 논거를 제시할 수 있었기 때문이다. 그녀의 능력에 불만을 품었던 세르지우 첼리비다케는 일찍이 완벽하게 객관적인 조건하에서 그녀가 연주하는 페르디난트 다비트의 트롬본 협주곡을 듣고는 아무 편견 없던 순간에 "바로 저 사람이야!" 하면서 나머지 트롬본 연주자들을 집으로 돌려보낸 바 있다. 장막이 애비 코넌트를 구원했다.

클래식 음악의 혁명

클래식 음악의 세계(특히 유럽 본고장의 세계)는 극히 최근까지도 백인 남자들의 영역이었다. 여자는 남자만큼 연주할 수 없다는 믿음이 지배했다. 힘도 약하고, 자세도 떨어지고, 특정 악기를 다룰 수 있는 탄력도 부족하다는 인식이 강했다. 입술도 다르고, 폐도 튼튼하지 못하며, 손도 더 작았다. 그것은 편견으로 보이지 않고 사실인 것 같았다. 오디션을 할 때면 지휘자와 음악감독, 마에스트로에게는 언제나 남자가 여자보다 소리가 더 나은 것처럼 들렸던 것이다. 오디션이 어떻게 치러지는지 큰 관심을 기울이는 사람은 아무도 없었다. 음악 전문가를 전문가로 만드는 요소 중 하나는 어떤 상황에서 연주되는 음악을 듣고도 순간적으로 그리고 객관적으로 연주의 질을 평가할 수 있는 능력이 있다는 믿음이었다. 주요 오케스트라의 오디션은 때로 지휘자의 대기실이나 그가 어느 도시를 방문할 때 머무는 호텔 방에서 치러지기도 했다. 연주자들은 2분에서 5분 혹은 10분 동안 연주했다. 그게 무슨 상관인가? 음악은 음악이었다. 빈 필하모니의 콘서트마스터 라이너 퀴힐Rainer Küchl은 예컨대 남자와 여자 바이올리니스트의 차이는 눈 감고도 곧바로 알 수 있다고 말한 적이 있다. 노련한 귀는 여성 스타일의 부드러움과 유연함을 짚어낼 수 있다고 그는 믿었다.

그러나 지난 수십 년 동안 클래식 음악계는 혁명을 겪어왔다. 미국에서는 오케스트라 음악가들이 조직적으로 움직이기 시작했다. 그들은 조합을 만들어 정당한 계약과 건강보험을 위해, 그리고 임의 해고로부터 스스로를 보호하기 위해 싸웠고, 그와 더불어 공정한 채용을 요구했다. 많은 음악가가 지휘자들이 권력을 남용하고, 좋아하는 사람에게 기회를 주고 있다고 생각했다. 그들은 오디션 절차가 공식화되기를 원했다. 지휘자가 거의 독단적으로 결정하다시피 하는 대신 공식적인 오디션 위원회를 구성해 결정을 내리라는 뜻이었다. 어떤 곳에서는 심사위원들이 오디션 중에 이야기를 나누는 것을 금하는 규칙을 정하기도 했다. 한 사람의 의견이 다른 사람의 견해에 영향을 미치지 않게 하려는 의도였다. 음악가들은 이름이 아니라 순번으로 식별했다. 심사위원들과 지원자 사이에는 장막이 드리워졌고, 오디션에 임하는 사람이 목을 가다듬거나 식별 가능한 어떤 소리를 낼 경우에는(예컨대 구두를 신고 카펫이 깔리지 않은 마룻바닥을 밟을 경우에는) 퇴장시킨 후 새로운 번호를 부여했다. 새로운 규칙들이 전국적으로 시행되면서 범상치 않은 일이 일어났다. 오케스트라가 여성을 채용하기 시작한 것이다.

지난 30년 사이 장막 오디션이 일상화된 덕분에 미국 최고 수준의 오케스트라들은 여자 단원 수가 5배로 늘었다. 1960년대 중엽 뉴욕 메트로폴리탄 오페라단 소속으로 블라인드 오디션blind audition 도입에 관한 싸움을 주도해온 튜바 연주자 허브 웩슬블랫Herb Weksleblatt은 회상했다.

"새로운 규칙을 적용한 첫 오디션에서 우리는 4명의 새로운 바이올리니스트를 구하고 있었습니다. 그런데 선발된 사람 모두가 여자였어요. 전에는 꿈도 못 꾸던 일이었지요. 그때까지는 오케스트라 전체에 여자가 아마 3명이었을 겁니다. 4명의 여자 단원이 선발됐다는 발표가 있은 후 한 친구가 나에게 노발대발하던 게 생각나네요. 그는 이렇게 말했습니다. '넌 이 오케스트라에 여자를 끌어들인 개자식으로 기억될 거야.'"[2]

클래식 음악계가 깨달은 것은 그들이 순수하고 강렬한 첫인상이라고 생각하던 것(누군가의 연주를 듣는 것)이 사실은 심각하게 오염되어 있었다는 점이었다. 많은 오디션을 경험한 한 베테랑 음악가는 말했다.

"어떤 사람은 실제로 내는 소리보다 더 좋은 소리를 내는 것처럼 보입니다. 표정이 자신 있고 자세도 좋기 때문이지요. 어떤 사람은 소리만 크게 내면서 장엄한 표정을 짓습니다. 어떤 사람은 연주할 때 온 힘을 기울이는 것처럼 보이지만, 소리에서는 그걸 들을 수 없어요. 보이는 것과 들리는 것 사이에는 언제나 이런 불일치가 있습니다. 오디션은 사람의 모습을 보는 첫 순간에 시작됩니다. 당신은 '저 촌뜨기는 누구야?'라거나 '이 친구는 자신이 어떻다고 생각할까?'라는 생각을 합니다. 그들이 악기를 들고 걸어 나오는 모습만 보고서 말이지요."

뉴욕 메트로폴리탄 오페라단에서 제1 프렌치호른을 연주하는 줄리 랜즈먼Julie Landsman은 어떤 사람의 입 모양 때문에 정신이 산란해진 적이 있다고 말했다.

"누군가가 마우스피스를 별난 위치에 끼우고 있으면 당신은 즉시 '어, 저러면 소리가 잘 안 나올 텐데'라는 생각을 할 겁니다. 경우의 수는 매우 많아요. 호른 연주자의 일부는 황동 악기를 쓰고 일부는 니켈과 은 합금 악기를 쓰는데, 그 사람이 연주하는 호른의 종류는 그의 출신 도시나 스승, 학교에 대한 단서를 제공하지요. 그리고 그런 신원은 알게 모르게 당신의 견해에 영향을 미칩니다. 나도 장막 없는 오디션을 여러 차례 해보았는데, 일정한 선입견에서 벗어나기가 정말 힘들다는 말을 분명하게 할 수 있습니다. 눈으로 듣기 시작했는데, 눈이 판단에 영향을 주지 않을 리가 없지요. 음악을 듣는 진정한 방법은 오로지 귀와 가슴으로 듣는 것뿐입니다."

워싱턴D.C.의 국립교향악단에서도 프렌치호른 연주자로 실비아 앨리메나Sylvia Alimena를 채용했다. 그녀는 장막 오디션이 등장하기 이전에 채용되었을까? 물론 아니다. 프렌치호른은 트롬본과 마찬가지로 '남성' 악기다. 더욱이 앨리메나는 조그맣다. 키가 고작 150센티미터다. 그러나 성별이나 키는 연주와 아무런 관계가 없다. 또 다른 유명한 호른 연주자가 말했듯이 앨리메나는 "집채도 불어서 무너뜨릴 수 있을 정도"다. 하지만 그녀의 연주를 실제로 듣기 전에 그녀를 본다면 그녀에게서 그런 힘이 나온다는 말을 믿지 못할 것이다. 눈에 보이는 것이 귀에 들리는 것과 너무나도 모순되기 때문이다. 실비아 앨리메나에 대해 정확하게 순간적 판단을 할 방법은 딱 한 가지인데, 그것은 장막을 사이에 두고 평가하는 것이다.

작은 기적

클래식 음악의 혁명에는 강력한 교훈이 하나 있다. 왜 그렇게 오랫동안 지휘자들은 자신의 순간적 판단이 오염됐다는 사실을 까맣게 잊고 있었을까? 그것은 우리가 보통 신속한 인식 능력을 조심성 없이 다루기 때문이다. 우리는 자신의 첫인상이 어디에서 오는지 모르거나, 아니면 정확히 어떤 의미인지 모른다. 그래서 그것이 취약하다는 사실을 인식하지 못할 때가 있다. 신속한 인식 능력을 신중하게 다룬다는 것은 우리 무의식의 산물을 변화시키거나 훼손하거나 편벽되게 하는 미묘한 영향들이 존재함을 인정해야 한다는 뜻이다. 음악을 평가하는 일은 매우 단순한 작업처럼 들린다. 그러나 그것은 콜라를 홀짝이거나 의자를 평가하거나 잼을 맛보는 것보다 결코 쉬운 일이 아니다. 장막이 없었다면 애비 코넌트는 한 음을 연주하기도 전에 퇴장당하고 말았을 것이다. 장막 덕분에 그녀는 운 좋게도 뮌헨 필하모니 오케스트라의 훌륭한 단원이 될 수 있었다.

한편 많은 오케스트라는 자신들의 선입견과 대면했을 때 어떻게 했는가? 그들은 결국 그 문제를 풀었고, 그것이 바로 '순간 포착'의 두 번째 교훈이다. 우리는 눈 깜빡할 사이에 일어나는 일을 묵인하는 경우가 너무 많다. 그게 무엇이든 우리의 무의식에서 표면으로 솟아오르는 것을 조절할 능력이 별로 없는 것처럼 보인다. 그러나 우리에겐 그럴 능력이 있고, 신속한 인식이 일어나는 환경을 조절할 수 있다면 신속한 인식도 조절할 수 있다. 전쟁을 하거나 응급실에 사람을 배치하거나 거리의 치안을 유지하는 사람들이 실수를 저지르지 않게 할 수 있다.

토머스 호빙은 말했다.

"나는 미술 작품을 보러 갈 경우 미술상에게 작품에 검은 천을 씌워두었다가 내가 들어설 때 덮개를 확 벗겨달라는 주문을 하곤 했습니다. 그러면 그 특정 작품에 완전히 집중할 수 있거든요. 메트로폴리탄에 있을 때 미술관이 구입을 고려하는 새로운 작품이 있으면 나는 비서나 다른 큐레이터에게 그걸 가져다가 내가 보고 깜짝 놀랄 만한 곳에 놓아두도록 했어요. 문을 열면 그 작품이 갑자기 눈에 들어오는 옷장 같은 곳에다 말이지요. 그러면 작품에 대해 더 정확한 느낌을 받거나 전에는 알아차리지 못한 점이 불현듯 눈에 띄곤 했습니다."

호빙은 무의식적 사고의 결과를 매우 중시한 나머지 특수한 단계를 밟아가며 자신의 초기 인상을 될 수 있는 한 훌륭한 상태로 유지하고자 했다. 그는 무의식의 힘을 마법의 힘으로 보지 않았다. 자신이 보호하고 조절하고 교육할 수 있는 어떤 것으로 보았다. 그래서 쿠로스를 일별할 때 호빙은 이미 준비가 되어 있었다.

여자들이 교향악단에서 연주하게 된 것은 사소한 변화가 아니다. 기회가 차단되어 있던 한 집단에 가능성의 세계를 열었다는 점에서 그것은 매우 중요하다. 또한 첫인상을 오디션의 본질에 맞게 교정함으로써(순전히 능력을 기준으로 평가하게 됨으로써) 오케스트라가 더 좋은 음악가를 채용하고, 더 좋은 음악가는 더 좋은 음악을 뜻한다는 점에서도 그것은 중요하다. 우리는 어떻게 해서 더 좋은 음악을 듣게 되었을까? 클래식 음악 산업 전반을 재고찰하거나, 새로운 콘서트홀을 짓거나, 수백만 달러의 신규 자금을 쏟아부어서가 아니다. 지극히 섬세한 것, 오디션의 처음 2초에 주의를 기울임으로써 더 좋은 음악을 듣게 된 것이다.

줄리 랜즈먼이 메트로폴리탄 오페라단의 제1 프렌치호른 연주자 오디션에 지원했을 때는 연주 홀에 장막이 드리워진 직후였다. 당시 오케스트라의 브라스 섹션에는 여자 단원이 전혀 없었다. 여자가 남자만큼 호른을 잘 연주할 수 없다는 것은 만인이 다 '아는' 사실이었기 때문이다. 그러나 랜즈먼은 오디션 장소에 나와서 자리를 잡고 연주했다. 그리고 아주 잘했다.

그녀는 말했다.

"마지막 라운드에서 나는 그들이 이야기해주기 전에 이미 내가 이겼다는 것을 알았습니다. 내가 마지막 작품을 연주한 방식 때문이었습니다. 나는 맨 마지막의 높은 C를 아주 오랫동안 끌었어요. 그들의 마음속에 남은 의심을 남김없이 걷어내기 위해서였지요. 그러자 그들이 웃기 시작하더군요. 의무 사항을 훨씬 넘어서는 연주였기 때문이지요."

합격자가 발표된 뒤 랜즈먼이 장막을 젖히고 걸어 나오는 순간, 장내에는 숨넘어가는 소리가 가득했다. 합격자가 여자여서도 아니었고, 코넌트의 경우와 마찬가지로 당시에 여성 호른 연주자가 희귀해서도 아니었다. 또한 랜즈먼이 대담하게 늘여 뺀 높은 C, 다시 말해 오로지 남자에게서만 기대할 수 있는 '남자의 소리' 때문만도 아니었다. 무엇보다도 그들이 놀란 이유는 그녀가 그들이 아는 연주자였기 때문이다. 랜즈먼은 전에 메트로폴리탄 오페라단에서 대역으로 연주한 적이 있었다. 그러나 그들은 온전히 자신의 귀만으로 그녀의 연주를 들을 때까지 랜즈먼이 얼마나 훌륭한 연주자인지 몰랐다. 장막이 순수한 '순간 포착'의 시간을 만들어냈을 때, 작은 기적이 일어났다. 우리가 처음 2초를 신중하게 살필 때 언제나 일어날 수 있는 그런 작은 기적이었다. 그들은 그녀의 진면목을 본 것이다.

지식이 아니라 이해가 필요하다

챈슬러스빌의 교훈

1863년 봄, 버지니아주 북부의 작은 도시 챈슬러스빌Chancellorsville 에서 미국 남북전쟁 당시 아주 유명한 전투 하나가 벌어졌다. 남부 연합(남군)의 전설적인 리Robert E. Lee 장군과 합중국(북군)의 포토맥 군 사령관 '파이팅 조' 후커'Fighting Joe' Hooker의 맞대결로 기록된 전 투였다. 당시 나이 50대로 건강 상태가 다소 불안하던 리는 길고 거 무스름한 얼굴에 턱수염을 하얗게 기른, 독실하고 원칙적인 사람이 었다. 리는 당시 부대원들의 숭배를 받으며 무적의 전술 천재임을 입증해 보이고 있었다. 반면 적수 후커는 그와 정반대였다. 후커는 훤칠하고 말끔한 젊은 장군이었다.

역사가 게리 갤러거Gary Gallagher는 말했다.

"후커는 독신으로, 여자를 좋아했습니다. 찰스 프랜시스 애덤스Charles Francis Adams의 유명한 인용구에 따르면 후커 사령부는 주점이자 매음굴이어서 고상한 사람들은 그곳에 발을 들여놓기를 꺼려했어요."

포토맥군은 후커의 지휘하에 규율이 엉망인 집단에서 그가 '태양빛 아래 가장 세련된 병사 집단'이라 부른 상태로 변모했다. 그것이 전형적인 후커였다. 그는 자신감이 넘치는 인물로, 불런 전투Battle of Bull Run(미국 남북전쟁 당시인 1861년과 1862년 버지니아주의 불런강 일대에서 남군과 북군이 벌인 두 차례의 전투로, 모두 남군이 승리했다) 후 링컨에게 이렇게 말했다.

"제가 전장에서 보인 젠장맞을 모습보다는 더 나은 장군이란 건 결코 허세가 아닙니다."

1863년 봄, 리와 맞닥뜨렸을 때는 훨씬 더 자신감에 차 있었다. 전투에 출정하기 전에 그는 부대원들에게 말했다.

"내 계획은 완벽하다. 작전 수행이 시작되면 신께서 보비 리에게 자비를 베풀어주시길 빈다. 나는 자비란 건 안 키우니."

챈슬러스빌의 전황은 극히 단순했다. 버지니아 북부는 북쪽의 블루리지산맥에서 굽이쳐 내려와 체서피크만으로 흘러드는 래퍼해녹강으로 양분되었다. 남북전쟁 3년째인 1863년, 리는 남부연합 수도인 리치먼드와 링컨 대통령이 초조하게 승전보를 기다리고 있던 워싱턴D.C.의 중간 지점에 있는 래퍼해녹강의 남쪽 강둑을 따라 참호를 파놓고 있었다. 리의 남군 병사는 6만 1,000명이었고, 또 한 명의 전설적인 남군 사령관 스톤월 잭슨Stonewall Jackson이 리를 후방에서 지원하고 있었다. 강을 사이에 두고 리와 마주하고 있던 후커 휘하의 병사는 13만 4,000명이었고, 야전포도 남군보다 2배 더 많았다. 후커가 펼칠 수 있는 간단명료한 작전 하나는 강을 건너 곧장 돌진해 우세한 수로 리를 압도하는 것이었다. 그러나 후커는 훨씬 우아한 작전을 쓰기로 작정했다. 그는 부대의 절반을 움직여 래퍼해녹강 상류 쪽으로 24킬로미터를 행군해 올라가게 했다. 그런 다음 강을 몰래 건너 되돌아와 리의 군대 바로 뒤편, 챈슬러스빌 교차로에 집결하게 했다. 후커의 진지는 난공불락이었고, 리는 바이스에 물린 상태가 되었다. 앞에도, 뒤에도 더 많은 수의 적군이 있었다.

후커는 리보다 정보력도 훨씬 우세했다. 남군의 모든 부대에 첩보망을 갖고 있었는데, 그 첩보원들 덕에 오늘과 같은 비상한 작전, 즉 적군이 모르게 병사 7만 명을 적의 후방으로 이동시키는 작전을 펼칠 수 있었다. 게다가 열기구 2개를 정기적으로 띄워 올려 리의 진지를 정찰한 정보를 거의 완벽하게 얻을 수 있었다. 챈슬러스빌 전투는 어느 모로 보나 북군의 일방적인 승리로 끝날 게 분명해 보였다. 후커는 챈슬러스빌의 부대에 합류한 뒤 병사들을 모아놓고 마지막 명령서를 읽었다.

"사령관으로서 지난 사흘간의 작전이 이렇게 종료됨을 군대에 알리게 되어 진심으로 만족스럽다. 우리의 적은 불명예스럽게 달아나거나, 아니면 자기네 방어 진지에서 빠져나와 우리 앞마당에서 우리와 싸우다가 파멸을 맞거나, 둘 중 하나를 택할 수밖에 없다."

그러나 막상 전투가 시작되자, 계획 단계에서는 명료해 보이던 상황이 급작스럽게 암울해졌다.

후커는 절박한 상황에 처한 리가 (리치먼드로) 퇴각할 수밖에 없을 것이고, 우왕좌왕 퇴각하는 그의 군대는 추격하는 북군 앞에 손쉬운 표적이 될 거라고 생각했다. 후커가 생각하고 말하고 마음속에 굳힌 시나리오는 이것이었다. 그러나 리는 퇴각하지 않고 뜻밖에도 부대를 둘로 나누어 챈슬러스빌의 후커에게 맞섰다. 위치와 수적으로 우세하던 후커는 갑자기 혼란에 빠졌다. 리는 수적으로 크게 밀리는 사람처럼 전혀 행동하지 않았다. 그의 움직임은 오히려 수적 우위에 있는 사람의 행동이었다. 남군 탈주병 다수가 북군의 포로가 됐는데, 그들은 또 한 명의 남부연합 장군 제임스 롱스트리트James Longstreet가 막강한 증원 부대를 이끌고 리 장군을 방어하러 왔다고 말했다. 사실이었을까? 사실은 아니었지만, 후커의 머리는 어지러워졌다. 계획상으로 그는 리보다 압도적 우위를 점하고 있었다. 그러나 전투는 종이 위에서 싸우는 게 아니다. 닥치는 순간 싸우는 것이다. 후커는 부대에 즉시 멈추고 후퇴하라는 명령을 내렸다. 그는 전투의 우위를 양도했다. 후커는 돌변한 상황에서도 짐짓 의연한 척하며 부하 장군 다리우스 쿠치Darius Couch에게 말했다.

"됐어. 원하는 곳에서 리를 만나기긴 했는데 말이야, 그자가 내 앞마당에서 나하고 붙을 줄 알았어."

그러나 쿠치는 속지 않았다. 훗날 그는 이렇게 말했다.

"난 사령관이 우유부단한 사람이라고 생각하며 그의 면전에서 물러났습니다."

리도 그의 약점을 알고 있었다. 그래서 망설임 없이 행동했다. 그는 군대를 나누어 스톤월 잭슨으로 하여금 야음과 안개의 엄호 속에 후커 부대의 옆구리를 멀찍이 돌아 가 진지의 최말단을 치게 했다. 북군이 가장 공격하기 어려울 거라고 생각한 지점이었다. 리의 부대가 공격해온 것은 오후 5시가 막 넘었을 때였다. 후커의 부대는 저녁을 먹고 있었고, 총은 옆쪽에 포개져 쌓여 있었다. 리의 부대가 숲에서 대검을 뽑아 들고 고함치며 뛰쳐나왔다. 후커의 부대는 돌아서서 달아났다. 남북전쟁에서 북군의 가장 참담한 패배 중 하나였다.

폴 밴 라이퍼의 전쟁

《블링크》를 집필하기 위해 연구하고 수행한 모든 인터뷰 중 가장 인상적인 것은 폴 밴 라이퍼 장군(펜타곤의 전쟁 게임 '밀레니엄 챌린지'의 영웅 또는 악당)과의 인터뷰였다. 밴 라이퍼는 버지니아주 윌리엄스버그 근교의 말끔하게 정돈된 집에 살고 있었다. 퇴역 장교의 이미지에 어울리는 집이었다. 그가 집을 구경시켜줄 때 서재에 책이 무척 많은 것을 보고 깜짝 놀랐던 게 기억난다. 돌아보니 많은 책을 보고 놀란 건 참 어리석은 일이었다. 해병대 장군이 영어 교수만큼 많은 책을 갖고 있는 게 뭐가 이상한가? 나는 장군이란 임무를 부여받고 일을 '행하는' 사람, 즉 행동하는 사람, 순간을 사는 사람이라고 가볍게 단정하고 있었던 것 같다. 그러나 밴 라이퍼가 내게 가르쳐준 교훈 중 하나는 어떤 순간에 본능적으로 명철하게 행동할 수 있으려면 길고 엄격한 교육과 훈련 과정을 거쳐야만 한다는 것이었다. 밴 라이퍼가 청팀을 이긴 것은 베트남의 정글에서 전쟁을 수행하는 법을 배우고 또한 자신의 서재에서 많은 지식을 터득한 덕분이었다. 밴 라이퍼는 전쟁사 연구자였다. 이 연구자가 즐겨 읽은 전투는 무엇이었을까? 바로 챈슬러스빌 전투였다.

그의 집을 방문했을 때, 밴 라이퍼는 챈슬러스빌 전투 이야기를 해주었다. 다음에 통화를 할 때도 그랬다. 그러나 내가 실제로 도서관에 가서 챈슬러스빌 전투사를 직접 읽은 것은 이 책의 집필을 끝내고 책이 출간되기 직전이었다. 나는 밴 라이퍼가 후커와 리의 대결에 왜 그토록 심취했는지 곧바로 이해했다. 두 군대 간에 전투가 벌어질 때 그 대결이 어떻게 전개되어 어떤 결과를 낼지 우리는 안다고 생각한다. 우리는 양측의 병사 수를 센다. 양 군대의 병장기 규모와 질을 비교한다. 또한 전략과 정보력의 질을 비교하고, 진지의 강점을 비교한다. 그런 다음 마치 산수 문제를 풀듯이 양측의 우세한 면과 열세한 면을 합산한다. 그러나 챈슬러스빌 전투가 우리에게 이야기하는 바는 실제 세계에서(전장이나 응급실, 오디션, 브롱크스에서의 한밤중 총격전처럼 빠르게 움직이는 긴급 상황에서) 그런 식의 공식적이고 전통적인 분석은 별 도움이 안 된다는 것이다. 챈슬러스빌 전투는 리는 가졌고 후커는 갖지 못한, 뭐라 표현하기 힘든 마법 같은 의사 결정 능력으로 결판이 났다.

그 마법 같은 능력은 무엇일까? 그것은 에벌린 해리슨과 토머스 호빙이 쿠로스를 처음 대면했을 때나 빅 브레이든이 테니스 선수의 서브 동작만 보고도 공이 선 바깥으로 나갈지 여부를 알아차릴 때 보여준 것과 같은 능력이다. 그것은 어떤 사람이 평생을 학습하고 관찰하고 실행한 후에 얻는 지혜와도 같은 것이다. 그것은 판단이다. 그리고 《블링크》의 이야기는(그 모든 예화와 연구와 논쟁의 귀결점은) 이 마법처럼 신기한 판단을 이해하려는 시도다.

리에 대해 생각해보자. 후커의 우유부단함을 알아차리고, 순간적으로 박차를 가해 행동하고, 후커를 기습 공격할 전투 계획을 마법처럼 구상해내는 능력, 다시 말해 전장에서 본능적으로 신속하게 움직이는 그의 능력이 결정적 역할을 함에 따라 그는 자신보다 2배나 큰 규모의 군대를 패퇴시킬 수 있었다. 판단 능력은 중요하다. 승자와 패자를 가르는 것은 바로 그것이다. 이제 후커에 대해 생각해보자. 그는 바보도, 겁쟁이도 아니었다. 그는 경험이 많은 장군이었다. 그렇다면 그에게 무슨 일이 일어난 걸까? 그는 왜 승리를 목전에 두고 머뭇거렸을까? 이는 많은 역사가가 고찰해온 문제다. 해리 핸슨Harry Hansen은 권위 있는 역사서 《남북전쟁The Civil War》에서 자신의 견해를 이렇게 밝혔다.

마지막 순간 후커는 어쩌면 "경솔한 행동을 경계하라"는 링컨의 충고를 회고했을 것이다. 이 중대한 결단의 순간에 그는 어쩌면 (전에는 일용할 식량의 일부였지만, 전투 지휘봉을 잡으면서 맹세하며 끊은) 위스키의 인위적 자극이 그리웠을 것이다. 그는 어쩌면 자신이 이미 이룬 상당한 성취, 즉 사실상 아무런 저항도 받지 않고 아무런 손실도 없이 7만 명의 병사를 리의 진지 바로 뒤편으로 이동시킨 성취에 의문을 품었을 것이다. 어쩐지 그게 너무 쉬웠다. 리는 후커가 있던 곳, 여하튼 후커가 멈추고 퇴각하라는 명령을 내리기 전에 그가 머물러 있던 곳에서 그와 만나기를 원했던 게 틀림없다. 어쩌면 이것이 더 단순한 설명이 될는지 모르겠다. 후커는 어쩌면 헤밍웨이가 이야기한 바 있는, '싸움소가 특정한 자세로 자신을 쳐다보지 않는 한 소를 죽이지 않는 방식을 창안한' 투우사 갈로Gallo의 자세를 취한 후 소스라치게 놀랐을 것이다(후커 자신은 그럴 사람이 아니었으니 물리적으로가 아니라 도덕적으로 경악했을 것이다). 갈로는 오랫동안 투우사로 일하며 숱한 작별 인사 퍼포먼스를 남긴 것으로 유명하다. 그는 첫 퍼포먼스에서 소와 용감하게 잘 싸우다가 소를 죽일 시간이 다가오자 (…) 손에 검을 들고 돌아서서 소에게 다가가는데, 소가 머리를 처박은 채 그를 쳐다보고 서 있다. 갈로는 대기석으로 되돌아가 동료 투우사에게 말했다. "자네가 잡게, 파코. 녀석이 날 쳐다보는 자세가 맘에 안 들어." 리가 자기 쪽으로 방향을 틀어 '자기를 쳐다보고 있다'는 말을 들었을 때 후커가 받은 느낌이 어쩌면 그렇지 않았을까 싶다.

핸슨이 이야기하는 바는 한 스포츠 팬의 표현대로 후커가 '얼었다'는 것이다. 여기까지 읽은 독자는 판단이란 게 얼마나 망가지기 쉬운지 그 속성이 보내는 신호를 인지했기를 바란다. 우리는 경험을 통해 강력한 선물, 순간순간 본능적으로 행동하는 능력을 얻는다. 그러나(그리고 이것이 내가 《블링크》에서 전해주려고 무척 애쓰는 교훈이다) 이 선물을 망가뜨리기는 쉽다. 디알로 총격 사건의 네 경찰관은 디알로의 피부색과 여백의 결핍 그리고 7초간의 생리적 파열로 말미암아 판단력이 탈선하는 것을 경험했다. 그들은 나쁜 사람, 나쁜 경관이었을까? 나는 그렇게 생각하지 않는다. 나는 그들이 최악의 의사결정을 내릴 상황에 놓여 있었다고 생각한다. 후커도 그랬다. 그가 느꼈을 압박감을 상상할 수 있을까? 후커에게는 워싱턴D.C.로 향하는 남군의 행진을 그가 저지해주기를 백악관에서 믿고 기다리던 에이브러햄 링컨이 있었다. 그리고 지척에서 그와 마주하고 있는 사람은 당대의 전설적인 명장군이었다.

갤러거는 말했다.

"이는 위기의 순간에 처한 군 지휘관 둘 중 하나가 무너지는 전형적인 사례입니다. 후커가 리에게 위압당한 사례인 거지요. 리는 모든 이에게 이런 영향을 미쳤습니다. 상대는 패배로 가는 길에서 멋져 보이기를 바랄 뿐이지요. 나는 후커의 마음속 깊은 곳에 승리에 대한 기대가 있었다고 생각하지 않습니다. 그는 리와의 전투에서 이기지는 못하리라는 것을 알았어요. 그는 리가 퇴각해 자신의 삶을 단순하게 만들어주기를 바랐지만, 리는 어느 누구의 삶도 단순하게 만들어주지 않았습니다."

챈슬러스빌 전투에 관한 역사 기록을 읽은 후, 나는 브룩스의 그날 밤에 관한 증언록을 처음 읽었을 때 디알로 총격 사건의 네 경찰에 대해 느낀 것과 똑같은 감정을 후커에게서도 느꼈다. 그가 안

쓰럽다는 느낌이었다. 이것이 《블링크》의 두 번째 교훈이다. 본능적 의사결정의 진정한 본질을 이해하려면 훌륭한 판단이 위태로워지는 상황의 덫에 치인 사람들에게 관대할 필요가 있다는 것이다.

챈슬러스빌 전투 이야기의 세 번째 교훈이 있는데, 《블링크》가 출간된 이래 나는 줄곧 이것이야말로 가장 중요한 교훈이라고 생각해왔다. 리는 비록 후커가 리의 군대에 대해 아는 것보다 후커의 군대에 대해 아는 게 훨씬 적었지만, 후커보다는 생각이 앞섰다. 후커는 적의 병사가 몇 명인지 정확히 알았다. 적의 진지에 관한 완벽한 공중 정찰 정보를 제공해주는 열기구 2개도 띄워놓고 있었다. 리는 후커보다 아는 게 훨씬 적었는데도 전투에서 이겼다. 그러나 이제 《블링크》를 읽은 당신은 그 문장을 바꾸어 어쩌면 리가 후커보다 아는 게 적었기 때문에 승리한 거라고 말하는 게 옳다고 내가 생각하리라는 걸 알 것이다.

J. 폴 게티 미술관을 기억하는가? 미술관 사람들은 토머스 호빙이나 에벌린 해리슨보다 쿠로스에 대해 훨씬 더 많이 '알았다'. 그러나 법률가와 지질학자, 고고학자들에게서 그러모은 수백 또는 수천 쪽의 자료는 결국 그들에게 도움이 되지 않았다. 오히려 해를 끼쳤다. 클래식 음악가 오디션 사례에서 거장들은 연주자의 모습이 보일 경우 어떤 사람이 얼마나 연주를 잘하는지 공정한 판단을 내릴 수 없었다. 그들과 연주자 사이에 장막이 드리워졌을 때에야 비로소 거장들의 판단력이 회복되었다. 한번 생각해보라. 오디션에서 얼마나 많은 '정보'가 비주얼일까? 70%? 80%? 거의가 비주얼이다. 오디션은

본디 연주를 듣고 평가하게 되어 있다. 그러나 실제로는 거의 연주자를 보고 평가한다. 옷차림은 어떤가? 키가 큰가, 작은가? 자신의 악기를 어떻게 들고 있는가? 연주할 때 어떤 동작을 취하는가? 클래식 음악계에서 심사위원들이 이용할 수 있는 정보의 80%를 제거하자 거장들이 갑자기 훨씬 더 훌륭한 판정을 했다.

지난 몇 년간 사람들에게 《블링크》에 관한 이야기를 해오는 동안 나는 이 점이 그토록 자주 언급되는 걸 보고 깜짝 놀랐다. 사실 이 책의 어떤 주장도 독자들로부터 이보다 더 큰 공감을 얻은 건 없다고 자신 있게 말할 수 있다. 우리는 정보가 포화 상태에 이른 세상에 살고 있다. 우리는 사실상 무한정의 데이터를 사시사철 손끝에 달고 다니며, 충분히 알지 못해서 일어나는 위험들에 관한 논쟁에 매우 익숙하다. 그러나 내가 실감한 것은 우리가 정보를 너무 많이 알고, 정보의 홍수가 일어나면서 발생하는 예상치 못한 비용 때문에 겪는 커다란 좌절감이다. 우리는 너무 많이 안 나머지 정보를 혼란스럽게 만들기에 이르렀다.

나는 최근 우연한 기회에 역사가 로버타 월스테터Roberta Wohlstetter의 명저 《진주만: 경고와 결정Pearl Harbor: Warning and Decision》을 접했다. 진주만에서 미국 정보기관은 일본군의 기습에 완전히 속았다. 그러나 월스테터가 지적했듯이 그것은 미군이 일본군의 의도를 충분히 알지 못해서 생겨난 일이 아니었다. 반대로 미군은 엄청난 양의 정보를 갖고 있었다. 미군은 실제로 일본군의 핵심 암호를 많이 해독했다. 일본군의 메일도 읽고 있었다. 오히려 그것이 문제였다고 그녀는 주장한다. 군사 분석가들은 정보량에 압도되었다. 아침에 사무실에 나오면 그들의 전자우편함에 보고서 뭉치가 30센티미터씩 쌓여 있었다. 그들은 나무만 보고 숲은 보지 못했다. 그렇다면 1941년 여름과 가을에 일본이 무슨 일을 벌일지 가장 잘 예측한 사람은 누구였을까? 기자들이었다. 〈뉴욕타임스〉만 읽으면 군사 정보 보고서 뭉치를 전부 다 읽는 것보다 일본의 의도를 더 잘 파악할 수 있었다. 기자들이 일본에 대해 더 많이 알아서가 아니었다. 더 적게 알았기 때문이다. 그들에게는 자신이 아는 정보를 꼼꼼히 살펴 일정한 패턴을 찾아내는 능력이 있었다.

내가 월스테터의 책을 읽은 것은 9·11 포스트모템(종합 분석 평가) 작업이 진행되던 즈음이었다. 의원들이 벌 떼처럼 일어서서 CIA와 FBI 그리고 NSA National Security Agency(국가안전보장국)가 테러 활동에 대해 잘 몰랐음을 질타하면서 국가의 정보 수집 역량을 확대하고 강화할 필요가 있다고 주장했다. 정말 그럴까? 내 머리에 떠오르는 생각은 진주만과 밀레니엄 챌린지 그리고 말할 것도 없이 챈슬러스빌 전투뿐이었다. 후커는 적에 대해 알 수 있는 것은 죄다 알았다. 하지만 그게 도움이 안 되었다. 훌륭한 의사결정의 열쇠는 지식이 아니라 이해다. 우리는 지식 속에서 헤엄치고 있다. 이해는 절망적일 만큼 부족하다.

폴 밴 라이퍼에 관한 마지막 한 가지. 내가 그를 만난 건 이라크 전쟁이 시작되기 전이었다. 다음 몇 년 사이에 무슨 일이 일어날지는 둘 다 몰랐다. 그러나 중동에는 이미 폭풍우를 실은 구름이 형성되어 있었고, 당시 밴 라이퍼는 내게 영원히 잊지 못할 말을 했다. 그는 이라크 전쟁의 전투 전망이 영 신경 쓰인다고 말했다. 당시 워싱턴 사람들은 단기전 승리, 즉 신속하고도 쉽게 싸워 이기는 전쟁을 이야기하고 있었다. 그러나 밴 라이퍼는 경험을 통해 그게 가능하지 않음을 알고 있었다. 그는 우리가 바그다드를 정복하러 떠나기 전에 이 전쟁이 얼마나 오랫동안 힘겹게 이어질지에 대해 정직해져야 한다고 믿었다. 밴 라이퍼는 육군과 해병대에서 퇴역한 다수의 동료도 같은 생각이라고 내게 말했다. 그와 동료 노병들은 이라크를 쭉 지켜본 경험을 토대로 무슨 일이 닥치고 있는지 내다보았다. 에벌린 해리슨과 토머스 호빙이 쿠로스를 직접 보고 나서야 진실을 알게 된 것과 같은 방식이었다. 밴 라이퍼를 찾아갔던 일을 되돌아보니, 그가 이라크 전쟁에 관한 자신의 본능적 직감을 미국의 다른 사람들과도 나눌 수 있었다면 얼마나 좋았을까 하는 생각이 든다.

순간적 판단을 할 때와 생각할 때

《블링크》가 출간된 지 1년쯤 뒤, 세계에서 가장 권위 있는 학술지 중 하나인 〈사이언스Science〉는 암스테르담 대학교의 심리학자 압 데이크스테르하위스Ap Dijksterhuis와 다수의 동료가 수행한 한 가지 실험 결과를 게재했다. 데이크스테르하위스는 가상의 자동차 네 대에 차의 다양한 성능을 네 가지 범주로 나누어 부여했다. 예를 들어 1번 자동차는 연비가 좋고 핸들링이 부드러우며 트렁크가 넓지만 음향 장치가 좋지 않은 반면, 2번 자동차는 연비가 좋고 트렁크가 넓지만 오래되고 핸들링이 부드럽지 않았다. 자동차 네 대 중 한 대는 분명히 가장 좋은 차였다. 문제의식은 고객에게 네 가지 선택지 중 하나를 고르라고 할 때 가장 좋은 차를 선택하는 빈도가 어느 정도일까 하는 것이었다. 데이크스테르하위스는 80명의 자원자 눈앞에 놓인 스크린에 자동차의 특징을 보여주며 테스트를 실시했다. 피실험자들은 4분 안에 문제를 풀고 답을 제출하도록 요구받았다. 절반이 훨씬 넘는 사람들이 올바른 차를 선택했다.

그런 다음 또 다른 그룹에 같은 테스트를 실시했다. 다만 이번에는 그들에게 정보를 두루 제공한 후 글자 수수께끼를 내어 그들의 정신을 산란케 했다. 그렇게 4분간 뜸을 들인 후 느닷없이 똑같은 물음을 던졌다. 어떤 차를 갖고 싶은가? 절반에 한참 못 미치는 사람들이 올바른 차를 선택했다. 다시 말해 어떤 결정을 내려야 한다면 먼저 시간을 갖고 그 문제에 대해 생각해야 한다. 그러지 않으면 잘못된 선택을 하게 된다. 과연 그럴까?

꼭 그렇지는 않다. 데이크스테르하위스는 되돌아가 다시 실험했다. 이번에는 자동차를 열두 가지 범주로 분류했다. 단순하던 선택이 이제 복잡한 선택이 되었다. 어떻게 됐을까? 4분간 숙고할 시간을 준 사람들은 고작 20%만이 올바른 차를 선택했다. 글자 수수께끼로 정신이 산란해진 사람들(무의식적이고 직관적인 결정을 할 수밖에 없었던 사람들)은 60%가 가장 좋은 차를 선택했다.

《블링크》가 출간된 이후 내가 거듭해서 받은 질문 가운데 하나는 언제 자신의 본능을 믿어야 하고, 언제 의식적으로 숙고해야 하느냐는 것이었다. 부분적인 답은 이것이다. 직선적 선택을 할 때는 신중한 분석이 최고다. 분석하고 선택할 문제가 복잡해지기 시작할 때는 (서로 다른 많은 변수를 동시에 함께 다루어야 할 때는) 무의식적 사고 과정이 더 나을 수 있다. 자, 이것이 전통적 통념과 정반대되는 견해라는 것을 나는 안다. 우리는 보통 즉각적이고 사소한 문제를 다룰 때 순간적 판단이 최고라고 여긴다. 저 사람이 매력적인가? 저 캔디 바를 먹을까? 그러나 데이크스테르하위스는 그에 반대되는 견해를 제시했다. 무의식을 다루는 우리 뇌 속의 커다란 컴퓨터는 어쩌면 상충하는 많은 변수를 동시에 함께 다룰 때 최고 성능을 발휘한다는 것이다.

데이크스테르하위스는 유사한 실험을 하나 더 진행했다. 이번에는 실험 장소가 실제 세계였다. 그는 주방 액세서리 같은 비교적 저가 품목의 상품을 파는 네덜란드 더베이언코르프De Bijenkorf 백화점에서 빠져나오는 쇼핑객들에게 물었다. 질문은 물건을 구입하기 전에 얼마 동안 생각했느냐는 것이었다. 그런 다음 일주일 뒤 그들에게 전화를 걸어 구입한 물건이 얼마나 만족스러운지 조사했다. 당연한 일이지만 물건을 사기 전에 가장 많이 생각한 사람들의 만족도가 가장 높았고, 충동구매를 한 사람들은 후회하는 빈도가 높았다. 데이크스테르하위스는 사람들이 훨씬 복잡하고 값도 비싼 물건을 구입하는 가구 매장 이케아IKEA로 갔다. 조사 결과 여기서는 반대였다.

많이 생각하고 물건을 산 사람들이 가장 덜 만족스러워했고, 본능적 직감으로 구매한 사람들의 만족도가 가장 높았다. 데이크스테르하위스의 주장에 따르면 그의 연구 결과는 인간 인식의 근본 원리를 밝혀내는 것으로, "그것이 정치나 경영 등 다른 유형의 선택에는 일반화될 수 없다고 할 만한 선험적인 이유는 없다". 내가 〈사이언스〉의 연구 논문을 읽은 지 얼마 안 되었을 때 독자 하나가 다음과 같은 지크문트 프로이트의 인용문을 보내왔다. 무의식의 아버지도 나와 같은 생각인 것 같다.

"나는 그다지 중요하지 않은 결정을 할 때는 찬반의 모든 주장을 두루 숙고하는 편이 이익이라는 사례를 수없이 발견했다. 그러나 짝이나 직업을 선택하는 것처럼 중대한 일의 결정은 무의식에서, 우리 안의 어딘가에서 나오는 게 분명하다. 인생에서 중요한 결정을 할 때는 자기 본성이나 깊은 내적 욕구의 지배를 받는 게 틀림없다고 나는 생각한다."

데이크스테르하위스의 연구가 언제 자신의 본능을 믿어야 하고, 언제 의식적 분석에 의지해야 하는가 하는 문제의 '부분적인 답'이라고 이야기한 것을 염두에 두고 있을지 모르겠다. 진실은 이건 내가(혹은 그 문제에 대해서는 어느 누구라도) 명확하게 답할 수 있는 문제가 아니라는 것이다. 문제가 너무 까다롭다. 우리가 할 수 있는 최선의 일은 각각의 경우마다 개별적으로 의식적·무의식적 분석의 올바른 조합을 찾아내고자 노력하는 것뿐이다.

예를 들어 응급실 의사들이 가슴 통증을 보다 잘 진단할 수 있도록 돕고자 한 쿡 카운티 병원의 노력을 생각해보자. 거기서 누가 심장 발작으로 고통을 겪고 있는지 가려내는 의사들의 초기 육감은 그다지 훌륭하지 않았다. 그래서 어떤 일이 일어났는가? 리 골드먼이 강력한 컴퓨터 프로그램을 붙들고 앉아 심장 발작 환자들에 관한 산더미 같은 데이터를 헤쳐나간 끝에 가슴 통증 진단에 매우 유용할 것으로 보이는 몇 가지 핵심 요인을 식별해내는 데 성공했다. 그 후 브렌던 라일리가 그 연구 결과를 수용해 병원 의사들의 감각을 재교육하는 데 사용했다. 여기서 라일리가 의사들의 본능적 감각을 대체하려 한 게 아니라는 데 주목할 필요가 있다. 그는 여전히 의사들이 누가 환자인지, 그 사람에게 필요한 게 무엇인지, 환자가 심장 발작을 일으킨 게 아니라면 뭐가 잘못된 건지, 최상의 치료법은 무엇인지 등등에 관한 500가지 순간적 판단을 계속 내릴 필요가 있다고 보았다. 이 특수한 사례에서 라일리가 이야기하는 것은 단지 합리적인 컴퓨터 분석을 이용해 합리적 분석이 가장 잘하는 일을 하고(산더미 같은 데이터 속에서 통계상의 패턴을 찾아내고), 동시에 인간의 임상 판단을 이용해 임상 판단이 가장 잘하는 일을 하는(일반적 통계의 교훈을 특정한 상황과 사람에게 적용하는) 과정을 통해 최선의 결정을 내릴 수 있다는 것이다.

최고의 의식적 숙고와 본능적 판단을 어떻게 결합할지 알아내는 작업이 우리 시대의 커다란 과제 중 하나라고 나는 생각한다. 교사가 어떤 학생의 진로를 앞두고 표준화된 시험 결과에 얼마나 비중을 둘지, 학생의 동기와 태도와 가망성에 관한 자신의 판단에 얼마나 무게를 실을지 결정을 내려야 한다면? 신제품에 도박을 건 기업가가

기존 시장의 합리적 분석을 통해 얻는 정보와 새 아이디어의 잠재력에 대한 자신의 본능적 감각 중 어디에 얼마나 비중을 두어야 할지 결정해야 한다면?

얼마 전 〈뉴요커〉에 흥미로운 책에 관한 리뷰를 실었다.《승리의 보수The Wages of Wins》라는 책인데, 3명의 경제학자(데이비드 베리David Berri, 마틴 슈미트Martin Schmidt, 스테이시 브룩Stacey Brook)가 프로 농구 선수들을 평가하는 보다 정교한 통계 척도를 제시하려고 시도한 것이 인상적이었다. 이 3명의 경제학자는 자신들이 '윈 스코어Win Score'라 이름 붙인 시스템, 즉 득점과 어시스트와 리바운드와 턴오버(실책으로 상대 팀에게 공격권을 넘겨주는 것)와 슈팅률을 복잡한 방정식 안에 결합해 분석하는 평가 시스템을 개발했다. 그들은 프로 농구 선수들을 윈 스코어 방정식에 넣어 돌려보면 정말 훌륭하다고 여겨지던 선수가 실은 지극히 평범한 사람으로 드러나고, 반대로 평범하다고 생각되던 선수가 실제로는 놀라우리만큼 훌륭한 능력을 가진 것으로 밝혀진다는 사실을 발견했다. 가장 유명한 예 중 하나가 영원한 올스타이자 한때 NBA 최우수선수MVP였던 필라델피아의 76번 앨런 아이버슨Allen Iverson이다. 팬들의 일치된 의견은 아이버슨이 리그 최고 선수 중 하나라는 것이었다. 그런데 경제학자들의 분석에 따르면 그는 톱 50에도 들지 못했다. 합리적 분석에 입각한 도구의 사용이 우리의 직관을 뒤엎은 것이다.

리뷰가 나간 뒤, 내게 믿지 못하겠다는 이메일이 쇄도했다. 통계 도구 한 세트가 누가 얼마나 훌륭한 농구 선수인지 아는 데 도움을 줄 수 있다고 믿지 않는 스포츠맨이 매우 많았다. 그들은 자신의 본능적 직감이 훨씬 훌륭한 가이드라고 생각했다. 그리고 《블링크》의 저자가 어떻게 그런 견해에 동의하느냐고 항의했다.

꼭 그렇지는 않다. 사실 농구 선수 평가는 내가 여기에서 이야기해온 것, 즉 언제 본능에 의지해야 하고 언제 그러지 않아야 하는지 이해하는 데 필요한 매우 좋은 사례다. 생각해보면 운동선수를 평가하는 데는 두 가지 방법이 있다. 첫째는 선수의 성적이다. 즉 그 선수가 특정한 경기나 시리즈 또는 시즌에서 얼마나 경기를 잘했는지 보는 것이다. 이런 유의 평가는 본능적 판단에 의지해서는 어렵다. 먼저 한 가지, 본능적 판단은 경험에 의존하는데 우리는 농구장에서 일어나는 모든 일을 빠짐없이 경험하지는 못한다. 우리가 놓치는 게 있다. 모든 경기를 다 보지도 못하고, 한 경기에서 일어나는 모든 일을 눈여겨볼 수도 없다. 게다가 우리가 평가하려는 행위들 중에는 정말 미묘한 것이 많다. 경제학자들이 지적한 대로 야구의 전설로 불리는 타이 코브Ty Cobb는 생애 평균 타율 0.366으로, 0.338을 기록한 샌디에이고 파드리스의 외야수 토니 그윈Tony Gwynn보다 생애 평균 타율이 약 3푼 더 높았다.

"코브는 대략 37%의 안타를 쳐낸 데 비해 그윈은 34%를 안타로 만들었다. 만일 당신이 이 선수들의 일거수일투족을 쭉 지켜보고 있었다면 누가 더 훌륭한 타자라고 말할 수 있을까? 선수들이 경기하는 모습만 지켜보고 37%와 34%의 차이를 정말로 알 수 있을까? 숫자만으로 선수를 평가하기에는 힘든 면이 있지만, 공 100개에 몇 개가 안타로 연결되는지 생각해보자. 코브가 그윈보다 안타를 3개 더 쳤다. 바로 그것이다. 안타 3개."

스포츠에서 통계를 내고, 심장 발작 진단에 필요한 모든 요인을 컴퓨터로 분석하는 일이 의미 있는 것은 이런 이유에서이다. 인간의 정신에 약간의 도움이 필요한 상황이 종종 있다.

그러나 경기에서 통계 수치로 드러나는 누군가의 성적을 아는 것은 그 사람이 얼마나 좋은 선수인지 이해하는 일의 작은 한 부분일 뿐이다. 보다 넓은 범주의 능력치가 있다. 그 사람이 성공하는 선수가 되는 데 필요한 오만 가지 기량과 자질을 얼마나 갖추고 있는가? 운동을 얼마나 열심히 하는가? 좋은 동료인가? 밤새 죽치고 앉아 음주나 마약을 하는가, 아니면 자신의 일에 진지하게 임하는가? 코치에게 기꺼이 배우는 자세가 돼 있는가? 역경에 처할 때 얼마나 회복력이 있는가? 압박이 극심하거나 경기가 위태로울 때 얼마나 능력을 잘 발휘하는가? 갈수록 성장할 가능성이 큰 사람인가, 아니면 이미 정점을 찍은 사람인가? 우리 모두가 이런 유의 물음이 단순한 성적 통계 수치보다 훨씬 더 복잡하고 그 못지않게 중요하다는 데 동의할 것이다. 프로스포츠라는 정제된 세계에서는 더욱 그렇다. 당신이 열일곱 살의 마이클 조던Michael Jordan을 보고 있다고 생각해보라. 그는 키가 매우 크고 덩치도 큰 농구 선수가 아니었고, 점프력이 가장 좋은 선수도 아니었다. 그의 통계 수치는 미국 최고가 아니었다. 마이클 조던을 동료들보다 돋보이게 만든 것은 그의 자세와 동기였다. 그런데 그런 자질들은 형식적인 테스트나 통계 수치로 측정할 수 있는 것이 아니었다. 오로지 오랜 경험을 가진 전문가들의 판단으로만 측정할 수 있었다. 그들은 자신의 무의식 속 커다란 데이터베이스를 토대로 '그래, 있네' 혹은 '아니, 없어' 하고 결론을 내린다. 성공하는 최고의 농구 팀은 모든 분야의 성공하는 최고 조직이나 매한가지로, 이성적 분석과 본능적 판단을 어떻게 결합해야 하는지 아는 팀이다. J. 폴 게티 미술관이 법률가와 지질학자, 고고학자들을 불러들인 것은 잘못이 아니었다. 그들의 잘못은 그런 유의 전문 기술에만 의지했다는 것이다.

행동에 나설 때

첫 번째 저서 《티핑 포인트》에서 나는 사회 변화에 관심 있는 사람들의 행동 계획을 설계해보려고 시도했다. 그것은 결코 공식이 아니었다(세상은 공식화하기에는 너무나도 신비롭다고 생각하기 때문이다). 일종의 안내서 같은 것이었다. 《블링크》는 분명히 종류가 다른 책이다. 이 책의 집필 의도는 《티핑 포인트》와 엇비슷한 방식으로 행동을 요청하는 것이 아니었다. 나는 《블링크》를 오히려 단순한 모험 여행 이야기(무의식의 신비 속으로 떠나는 여행 이야기)로 생각했다. 그러나 책이 출간된 후 독자들과 이야기를 나누고, 아이디어를 준 사람들을 다시 찾으면서 《블링크》에는 사회적 의제가 함께 내포돼 있다는 믿음을 갖게 되었다. 가장 많이 되새긴 이야기는 결언에서 다룬 '장막 오디션'과 '애비 코넌트와 뮌헨 필하모니의 조우'에 대한 이야기였다. 내가 그 스토리에 끌린 이유는 매우 단순했다. 클래식 음악계에 문제가 있는데, 그들이 문제를 바로잡았다는 점이었다. 장막 오디션이 등장하기 이전에 미국 내 일급 교향악단의 여성 단원 비율은 5%가 채 안 되었다. 25년이 지난 지금은 그 비율이 50%에 가깝다. 이는 사소한 성취가 아니다.

장막 오디션이 등장하기 이전으로 되돌아가서 우리가 메이저 교향악단의 심각한 여성 차별 문제를 바로잡는 임무를 띤 위원회에 참석하고 있다고 생각해보자. 우리는 어떤 제안을 했을까? 음악계에서 여성을 긍정의 눈으로 바라보는 행동 프로그램을 만들자고 이야기했을 것이다. 성 인지 프로그램은 물론, 여성 음악가들이 자신의 능력을 충분히 발휘할 수 있는 사례를 만드는 일에 더욱 단호하게 나서도록 교육하는 방법에 대해 이야기했을 것이다. 사회적 차별에 관한 긴 토론이 이어졌을 것이다. 다시 말해 변화를 위한 우리의 제안이 아마도 전 세계적으로, 장기간에 걸쳐 계속 논의됐을 것이다. 무엇보다도 그 자리에서 우리가 다루었을 문제들을 생각해보라. 오케스트라는 음악계의 거장들이 운영하고 있고, 거장들은 그 조직을 자신의 개인 영지처럼 경영하는, 강력하고 화려하고 공통의 이해관계로 뭉쳐 있으며 의식이 굳어버린 남자들이다. 우리가 그들 앞으로 걸어 나가 이렇게 말할 수 있는 상태가 아닌 것이다.

"대음악가님, 당신은 나를 모르고, 솔직히 말해 난 클래식 음악에 대해 아는 게 그리 많지 않습니다. 하지만 당신이 여성 단원을 채용하지 않는 건 당신이 여자들에 대한 모종의 강력하고도 잠재된 편견에 사로잡혀 있기 때문이라고 생각합니다."

오랜 기간에 걸친 회의 끝에 우리는 십중팔구 두 손을 번쩍 쳐들고 지금 세대의 거장들이(여자들에 대한 뿌리 깊은 편견과 함께) 더 젊고 편견도 없는 일군의 지휘자들로 대체될 때까지 기다리는 수밖에는 다른 길이 없겠다고 말하지 않았을까 싶다. 그러나 그러는 대신 무슨 일이 일어났는가? 클래식 음악계의 전문가들이 문제를 붙들고 씨름하다가 오디션에서 본능적 판정이 이루어질 수 있는 방식을 제안했다. 그들은 순간적 결정을 하는 사람들을 교정하지 않았다. 순간적 결정이 이루어지는 배경, 즉 무의식적 환경을 검토했다. 그들은 장막을 설치했다. 그 자리에서 문제가 해결됐다.

《블링크》에 어떤 목적이 있다면 이런 유의 실제적인 문제 해결을 고무하는 역할을 하리라는 것이다. 예를 하나 들어보겠다. 미국 형사 사법 제도의 깜짝 놀랄 특징 중 하나는 흑인들이 체포되어 유죄 선고를 받고 투옥될 가능성이 백인에 비해 얼마나 높은가 하는 것이다. 여기서는 전체 범죄율의 인종 간 차이를 이야기하는 것이 아니다. 내가 여기서 말하는 바는 이것이다. 예를 들어 백인 하나와 흑인 하나가 똑같은 마약 범죄 혐의를 받을 경우 흑인이 감옥에 갈 가능성이 백인보다 훨씬 높다. 얼마나 높을까? 비영리단체 휴먼 라이츠 워치Human Rights Watch(국제인권감시기구)의 최근 보고서를 일부 발췌하면 이렇다.

"전국적으로 마약 혐의로 입건된 흑인이 주 감옥에 투옥되는 비율은 백인의 13배다. 10개 주에서는 마약 혐의를 받은 흑인이 투옥되는 비율이 같은 혐의를 받은 백인이 투옥되는 비율의 26~57배였다. 그중 일리노이주가 가장 높았는데, 마약 혐의로 입건된 흑인이 투옥되는 비율이 백인의 57배였다."

이는 범상치 않은 수치다. 그러나 당신이 《블링크》를 읽었다면 전혀 놀랍지 않을 것이다. 이는 이언 에어즈가 시카고의 자동차 세일즈맨들이 흑인을 어떻게 대우하는지 연구해 발견한 것과 조금도 다르지 않다. 나는 그 연구에 등장하는 자동차 세일즈맨들이 흑인들에게 인종차별을 할 의도가 있었다고 생각하지는 않는다. 그러나 그들은 차별했다. 그것도 징벌에 가까울 만큼 심하게 말이다. 그들이 우리들 다수가 뇌의 하부 영역에 갖고 다니는 일종의 편견, 즉 우리가 대놓고 말하는 의견만큼이나 행동에도 영향을 미치는 편견에 사로잡혀 있었기 때문이다. 형사 사법 제도 속에 흑인을 갖다 놓으면 똑같은 일이 일어난다. 재판은 블라인드 테스트처럼 공정해야 마땅하다. 그러나 그렇지 않다. 그렇다면 어찌해야 할까? 자, 우리는 다음 20년을 우리 사회의 무의식적 인종 편견이 지닌 근본적 문제를 바로잡기 위해 노력하며 보낼 수 있다. 아니면 직접적이고 실제적인 방법으로 재판 과정을 왜곡시키는, 결함 있는 순간적 판단의 교정을 시도해볼 수 있다. 법조계에서 클래식 음악계의 한 페이지를 가져오면 어떨까? 법정에 장막을 치면 어떻게 될까? 서방 세계에서는 멀리 고대까지 거슬러 올라가는 아이디어에 기초를 둔 배심원제를 운영하고 있다. 고소인에게 맞서 다투고, 자신과 동등한 지위에 있는 배심원들의 판단을 받을 권리를 피고에게 부여하는 제도다. 예전에는 배심원과 고소인과 피고소인이 모두 맞대면하는 것이 정의를 구현하는 길이라고 생각했다. 그러나 이제 우리는 더 많은 것을 알고 있다. 우리 눈에 보이는 것이(특히 그것이 어떤 사람의 피부색이나 성별 또는 나이일 경우에는) 진실을 아는 데 언제나 도움이 되는 건 아님을 안다. 때로는 정보가 더 적을 때 더 나은 판단을 할 수도 있다. 나는 형사재판의 피고가 반드시 법정에 나와 있어야 할 이유가 없다고 생각한다. 피고는 다른 방에서 이메일이나 중개자를 통해 질문에 답해야 마땅하다. 그리고 배심원들에게 피고의 나이나 인종, 성별에 따른 편견을 갖게 하는 재판 증거나 증언들은 편집해서 날려야 마땅하다.

몇 달 전 하버드 대학교 로스쿨에서 이야기를 나눌 기회가 있어 이 아이디어를 나라에서 가장 총명한 일단의 젊은 지성들에게 펼쳐 보였다. 나는 그들이 회의적인 반응을 보일 거라고 생각했다. 그러나 그렇지 않았다. 비록 아이디어의 실현 가능성이나 그럴 경우 얼마나 차이가 있을지에 대해 합당한 우려를 제기하는 학생이 많았지만, 우리가 법 제도의 틀 안에서 피부색을 근거로 사람을 차별 대우하는 부끄러운 불균형을 줄이기 위해 무언가 해야만 한다는 생각에 동의하지 않는 사람은 거의 없었다.

《블링크》의 진정한 교훈은 이것이다. 우리 무의식 속의 깊이 숨겨진 영역을 탐사하는 것만으로는 충분하지 않다는 것이다. 정신이 어떻게 움직이는지(그리고 사람들이 하는 판단의 강점과 약점이 무엇인지) 아는 순간, 행동에 나서는 것은 우리의 책무다.

1장 | 얇게 조각내어 관찰하기

1 커플 사이의 짧은 대화만 목격하고도 그들의 미래가 낙관적이거나 비관적이라는 느낌을 가져본 적이 있는가? 그 대화를 통해 당신이 알아낸 것은 무엇인가?

2 테라피스트나 성직자, 랍비 등으로부터 결혼 카운슬링을 받는 커플이 많다. 결혼을 앞둔 남녀가 커플의 대화를 1시간만 지켜보고도 15년 뒤에 그들이 함께 살고 있을지 95%의 정확도로 예측하는 심리학자 존 고트먼을 찾아가는 게 좋겠다고 생각하는가? 만일 당신이 결혼을 앞두고 있거나 결혼 전 시절로 되돌아갈 수 있다면, 당신은 고트먼에게 자문을 구해 그의 예측을 듣고 싶을까?

3 이 장의 핵심 주장은 우리의 무의식이 경험의 매우 얇은 조각을 토대로 상황과 행동 패턴을 찾아낼 수 있다는 것이다. 이른바 '얇게 조각내기'라는 것이다. 만일 얇게 조각내기를 허용하지 않는 현상이 있다면 그것은 무엇일까?

4 존 고트먼은 커플의 행동 패턴을 확인하고 그 관계를 해독해 이혼 여부를 예측한다. 우리의 자연적이고 무의식적인 행동 패턴을 바꾸는 게 가능할까? 파트너들 사이의 이 행동 패턴을 알면 그렇지 않을 경우 불가피하게 닥쳐올 파경을 피할 수 있을까?

5 당신은 짧은 면접 중에 지원자를 얇게 조각내어 관찰해 올바른 사람을 채용할 수 있다고 생각하는가? 아니면 특정한 유형의 직업이나 어쩌면 특정한 부

류의 사람들에게만 이 방식을 적용할 수 있다고 생각하는가?

6 심리학자 새뮤얼 고슬링은 기숙사 관찰자를 활용해 얇게 조각내어 관찰하기가 사람의 성격 판단에 어떻게 쓰일 수 있는지 보여준다. 당신의 침실을 지금 머릿속에 그려보라. 당신이 어떤 사람이라고 이야기하는가?

7 어떤 사람의 아이팟 스크롤링이나 책꽂이 훑어보기를 통해 그 사람에 대해 더 많은 것을 알 수 있다고 한다면, 누군가의 성격의 단면들을 확인할 수 있는 또 다른 유형의 얇게 조각내기로는 어떤 것이 있을까?

2장 | 잠긴 문

8 미술사가 버나드 베런슨과 억만장자 조지 소로스는 얇게 조각내기의 숙련된 사례들이다. 그들은 귓속의 이상한 울림이나 등줄기의 경련 같은 것을 신호 삼아 고도로 압축된 순간적 판단을 했다. 당신이나 당신이 아는 사람들 중 훌륭한 의사결정으로 이어지는 불가해한 물리적 신호를 경험한 사람이 있다면 그것은 무엇인가?

9 '사전 주입'은 미묘한 자극이 의식하지 못하는 사이에 우리 행동에 영향을 미치는 것을 가리킨다. 스페인에서 있었던 한 사례에 따르면 당국에서 지하철에 클래식 음악을 틀어주자 기물 파괴나 난장판 만들기 같은 사건이 급격하게 줄었다. 사전 주입 행동이 일어난 다른 상황 중 생각나는 것이 있는가?

10 선행이나 면학 분위기를 조성하기 위해 학교에도 사전 주입을 도입해야 할까? 서비스업계는 어떨까? 고객을 더욱 정중히 모시도록 사업주가 직원들에게 사전 주입을 할 수 있을까?

11 개인의 행동이 부지불식간에 영향을 받는다면 사전 주입이 먹히는 것은 언제일까? 영화관에서 예고편 상영 중 잠재의식을 자극하는 광고를 내보내 사람들에게 매점에서 물건을 사도록 부추긴다는 몇 년 전의 논쟁과 그것은 어떻게 다른가?

12 시나 아이엔가와 레이먼드 피스먼의 연구는 스피드 데이트 참가자들이 원한다고 말한 상대와 그 순간 그들이 실제로 끌린 상대가 일치하지 않는다는 사실을 밝혀냈다. 온라인 짝짓기 서비스에서는 어떻게 나타날까? 우리는 정말

나와 죽이 잘 맞을 사람을 미리 알아볼 수 있을까? 내가 찾는 상대에 부합하는 사람들의 프로필을 찬찬히 살펴보는 것보다 차라리 친구들에게 나와 잘 맞는 사람이 누구인지 판단하게 하는 편이 더 나을까?

13 당신의 현재 파트너는 당신이 평소에 상상하던 이상형에 부합하는가? 당신은 평소에 매력적이라고 생각하던 사람 또는 당신의 이상형과 정반대인 사람과 데이트를 해본 적이 있는가? 혹시 누군가에게 "당신의 이상형은 뭔가요?" 하고 물어본 적은 없는가?

3장 | 워런 하딩의 오류

14 워런 하딩의 오류는 얇게 조각내기의 어두운 면을 보여준다. 본능이 우리를 배반하고 신속한 인식이 빗나가는 경우이다. 1920년 미국 대통령 선거의 사례로 보아 오늘날의 정치인 선거에서도 이런 유형의 오류가 일어난다고 말할 수 있을까? 흑인이나 여성 대통령을 찾아보기 힘든 이유도 여기 있지 않을까?

15 암묵적 연상 테스트는 우리의 무의식적 태도가 겉으로 표명하는 의식적 가치와 완전히 모순되기도 함을 보여준다. 특정 집단의 잠재 고객을 무의식적으로 차별하는 자동차 세일즈맨이나 키 큰 사람을 CEO로 선호하는 듯한 기업들처럼 그것은 우리의 개인적 신념이라기보다는 사회적 영향의 귀결이므로 우리는 그런 행동에 책임이 없다는 말이 그럴듯하게 들리는가?

16 (피실험자의 80%가 백인 선호 연상을 한다는 걸 보여주는 심란한 IAT 결과처럼) 무의식적으로 유발된 자신의 행동을 우리는 전혀 알 수 없다는 주장에 동의하는가? 자신의 편견을 정당화하는 한낱 편리한 변명 아닐까?

4장 | 폴 밴 라이퍼의 승리

17 폴 밴 라이퍼는 "전쟁의 불확실성과 시간의 압박으로 다양한 선택지를 신중하고 차분하게 비교하는 것이 불가능한" 전투의 한복판에서는 전략이나 복잡한 이론이 부적절하고 무익하다고 믿었다. 합리적 분석을 무시하고 '전장'의 즉각적인 의사결정 방식을 요구하는 또 다른 '과업' 상황으로는 어떤 것이 있을까?

18 결정적인 속사포 시나리오 작성이 실제로 가능할까? 계획 수립이 예측 이상의 가치가 있을까, 아니면 시간과 에너지의 낭비일까?

19 즉흥극이 여느 스포츠처럼 규칙이 적용되고 연습이 필요한 거라면 누구라도 당당한 희극배우나 연기자가 될 수 있을까? 아니면 즉흥적 사고에 능하고, 자연발생적 표현에 익숙한 사람들이 따로 있는 걸까?

20 폴 밴 라이퍼는 "분석적 의사결정과 직관적 의사결정 중 어느 것이 좋거나 나쁜 것은 아니다. 나쁜 것은 어떤 것이든 부적합한 상황에서 사용하는 것이다"라고 말했다. 그렇다면 의사결정은 상황이 전부인 걸까, 아니면 의사결정자의 성격과 보다 깊은 관계가 있는 걸까? 예를 들어 우유부단하고 본능적이기보다 지적이고 논리적인 사람에게는 상황이 의사결정에 더 많은 영향을 미칠까?

5장 | 케너의 딜레마

21 케너의 음악과 에어론 의자의 사례는 첫인상이 종종 우리를 잘못된 길로 인도할 수 있음을 보여준다. 처음에 반대 의견이 많았던 것은 단지 새롭거나 다른 무언가에 대한 혼란스러움 또는 불신의 사례일 수도 있다. 미지의 것에 대한 공포에서 비롯된 결정과 무언가가 정말 싫은 데서 비롯된 결정을 어떻게 구별할 수 있을까? 차라리 우리가 무엇을 좋아해야 하는지 전문가들에게 이야기해달라고 떠넘기는 편이 나을까?

22 새로운 제품이나 사람에게 개인적 투자를 한다면 어찌해야 할까? 우리는 감정적 몰입과 직관적 판단을 구별할 수 있을까? 구별할 수 있다면 어떻게 해야 할까?

23 우리의 무의식적 반응이 정말로 그 속을 들여다볼 수 없는 잠긴 방에서 표출된다고 믿는가? 우리는 자신을 온전히 알고, 자신의 일거수일투족 이면의 동기와 이유를 이해할 수 있을까? 어떤 사람이 자신의 마음이 어떻게 움직이는지 완전하게 안다고 주장한다면 그 사람은 자의식이 놀랄 만큼 강한 걸까, 아니면 환상에 빠진 걸까? 우리가 잠긴 문 뒤에 끝내 도달할 수 없고, 우리가 왜 이렇게 반응하는지 완전하게 알 수 없다면 정신의학은 과도한 비용을 치르는 유한한 수련 과정인 걸까?

24 디알로 총격 사건은 마음 읽기의 실패 사례다. 사건은 인간 인식의 회색 영역, 즉 신중한 인식과 우발적 인식 사이의 중간 영역을 드러내 보인다. 당신은 사격이 신중한 편이었다고 생각하는가, 아니면 우발적인 편이었다고 생각하는가?

25 무수한 논쟁과 오해와 속상함의 뿌리에는 마음 읽기의 실패가 있다. 사람들은 비꼬거나 마음 상하게 하는 말을 해놓고는 '농담한 것뿐'이라고 변명하는 경우가 많다. 그러나 신중한 인식과 우발적 인식 사이에 분명한 선이 없다면, 당신은 농담 속에 언제나 진실이 있다는 데 동의하는가? 우리가 다른 사람의 마음을 잘못 읽고 화가 날 때, 실은 그 사람 속에 우리가 스스로에 대해 못마땅하게 여기는 무언가가 있음을 알아차린 것 아닐까?

26 폴 에크먼과 월리스 프리슨의 얼굴 표정 해독 작업은 우리 얼굴 위의 정보가 우리 속마음의 한낱 신호가 아님을 밝힌다. 우리의 속마음 자체라는 것이다. 그렇다면 대중의 눈앞에 쉴 새 없이 등장하는 정치가나 명사 같은 사람들은 무엇인가? 그들은 자신의 표정을 늘 느끼고 있을까, 아니면 에크먼과 프리슨의 표정 이론에 도전하는 카메라 앞의 허식쟁이일까? 극단적인 극기주의자는 또 어떤가? 그들은 자신의 한정된 표정에 맞추어 감정을 축소한 걸까? 당신은 두 얼굴을 한 적이 없는가? 아니면 누군가가 다른 사람에 대해 나쁘게 말하다가 돌아서자마자 그를 반갑게 맞이하며 따뜻한 인사를 쏟아내는 광경을 본 적이 없는가? 그 '우호적인' 표정은 거짓일까, 아니면 교정 시도일까?

27 자폐증 환자들은 주위 환경을 있는 그대로 읽는다. 대부분의 사람과 달리 그들은 대화할 때 사람들의 눈을 들여다보며 에크먼이 그토록 심혈을 기울여 목록화한 온갖 표정의 뉘앙스를 포착하려 하지 않는다. 대화할 때 눈 맞춤을 피하는 사람들을 어떻게 생각하는가? 그런 태도가 말하는 이를 이해하고 해석하는 능력에 어떤 영향을 미친다고 생각하는가? 눈길을 피하는 것이 어떻게 종종 거짓말의 신호가 되는지 그것으로 설명될 수 있을까?

28 '마음의 눈이 머는' 순간(상황의 압박이 너무 심하고 혼란스러운 나머지 자신의 행동이 일시적 자폐증의 결과인 것처럼 느껴지는 순간)을 겪어본 적이 있는가? '마음의 눈

이 머는' 일이 극단적 각성의 순간에 일어난다면, 사람들이 순간적으로 열을 받아 '정신을 잃고' 예컨대 의도하지 않은 말을 하거나 배우자를 속이는 이유도 이것으로 설명될 수 있을까?

29 특정한 순간에 어떤 사람이 어떻게 영웅이 되는지 보면 늘 신기한 생각이 든다. 불타는 건물 안으로 뛰어드는 소방대원이나 아슬아슬한 순간 수술에 성공하는 응급 진료 의사 같은 사람들이다. '생쥐와 인간'을 구별하는 것은 극단적인 압박과 각성의 순간에 자신의 반응을 조절하거나 억제하는 능력이라고 생각하는가?

30 이런 능력은 획득할 수 있는 걸까? 도전해보고 싶은 흥미가 솟구치고, 성취할 수 있을 거라는 믿음이 가는가?

7장 | 눈으로 듣기

31 뉴욕 메트로폴리탄 오페라단 단원들이 새로 채용한 호른 연주자가 여자라는 걸 알고 충격을 받은 것처럼 우리는 인종과 성 평등 사안에 상당한 진척이 있었다고 생각하면서도 여전히 자신의 본능적 직감보다는 눈과 귀로 판단하고 있다고 생각하지 않는가? 사건과 사람과 이슈 등에 대한 우리의 해석이 우리 내부의 이데올로기나 믿음을 통해 걸러지지는 않는가? 지각하는 것이 곧 현실이라는 데 동의하는가? 이를 마음에 새기고 우리의 신속한 인식 능력을 증진시켜간다면 우리의 현실을 바꿀 수 있지 않을까?

감사의 말

몇 년 전,《블링크》집필에 착수하기 전에 머리를 길게 길렀다. 원래는 머리를 보수적으로 아주 짧게 잘랐었는데, 갑자기 변덕이 나서 10대 때 그랬던 것처럼 야성적으로 길러보기로 마음먹었다. 그 순간, 내 삶도 아주 작지만 의미심장하게 변했다. 나는 속도위반 딱지를 받기 시작했다(전에는 그런 적이 한 번도 없었다). 공항 안전선에서 끌려 나와 특별 감사를 받기 시작했다.

그러던 어느 날 맨해튼 중심부 14번가를 따라 걷고 있는데, 경찰 밴 한 대가 보도 옆에 서더니 경찰 셋이 뛰어나왔다. 강간범 하나를 찾고 있는데, 그들의 말에 따르면 나하고 많이 닮았다는 것이었다. 그들은 스케치와 인상착의 메모를 꺼내 내게 보여주었다. 그걸 보고 나는 그들에게 강간범이 사실은 나하고 전혀 닮지 않았다는 사실을 가능한 한 친절하게 지적해주었다. 그는 나보다 키가 훨씬 크고, 체중도 한참 더 나가고, 열다섯 살쯤 더 젊었다(그리고 짐짓 너스레를 떨며

인상 좋은 것으로 치면 더더욱 딴판이라고 덧붙였다). 공통점이라고는 고수머리의 큰 머리통뿐이었다. 20분쯤 뒤, 경찰들은 마침내 내 의견에 동의하며 나를 풀어주었다.

큰 안목으로 보면 이는 극히 사소한 오해일 뿐이라는 것을 나는 안다. 미국에서 아프리카계 미국인이 이보다 훨씬 더 큰 모욕을 당하는 것은 다반사다. 그러나 내게 충격이었던 것은 당시 내가 겪은 일의 경우 그 정형화가 얼마나 불가해하고 터무니없는가라는 점이었다. 피부색이나 나이, 키, 체중처럼 명확하게 드러나는 어떤 것도 아니었던 것이다. 오로지 머리칼뿐이었다. 내 머리에서 형성된 첫인상의 무엇인가가 강간범 추적 시의 다른 모든 고려 사항을 배제해버린 것이다. 거리에서의 그 에피소드가 나로 하여금 첫인상의 괴이한 힘에 대해 생각하게 만들었고, 그 생각이 《블링크》로 이어졌다. 그러니 내가 다른 모든 이에게 고마움을 전하기에 앞서 그 3명의 경찰관에게 먼저 감사를 표해야 할 것 같다.

이제 진짜 감사의 글이다. 〈뉴요커〉의 편집장 데이비드 렘닉David Remnick은 매우 고맙게도 그리고 아주 느긋하게 내가 《블링크》를 집필하는 1년 동안 편안히 잠적할 수 있게 해주었다. 모든 사람이 데이비드처럼 훌륭하고 관대한 상사를 가져야 한다. 《티핑 포인트》 작업을 할 때 나를 왕자처럼 대접해준 출판사 리틀, 브라운 앤드 컴퍼니Little, Brown and Company는 이번에도 내내 똑같은 대우를 해주었다. 마이클 피치Michael Pietsch, 제프 샌들러Geoff Shandler, 헤더 페인Heather Fain 그리고 특히 이 원고가 넌센스에서 의미 있는 글로 탈바꿈하도록 능숙하고 사려 깊고 쾌활하게 이끌어준 빌 필립스Bill Phillips에게 고마움을 전한다. 나는 지금 몸을 숙여 내 첫아이 빌을 부르고 있다.

매우 긴 리스트의 친구들이 각각 다양한 장면에서 원고를 읽고 귀중한 조언을 해주었다. 세라 리올Sarah Lyall, 로버트 매크럼Robert McCrum, 브루스 헤들램Bruce Headlam, 데버라 니들맨Deborah Needleman, 제이컵 와이스버그Jacob Weisberg, 조 로즌펠드Zoe Rosenfeld, 찰스 랜돌프Charles Randolph, 제니퍼 워치텔Jennifer Watchtell, 조시 리버슨Josh Liberson, 일레인 블레어Elain Blair, 태냐 사이먼Tanya Simon이다. 에밀리 크롤Emily Kroll은 나를 위해 CEO의 키 조사를 해주었다. 조슈아 애런슨과 조너선 스쿨러는 인심 좋게도 자신들의 전문 학술 지식을 활용할 수 있게 해주었다. 사보이Savoy의 멋진 직원들은 창가의 테이블에서 긴 오후 시간을 보낼 수 있게 해주었고, 캐슬린 라이언Kathleen Lyon은 나를 내내 행복하고 건강하게 돌봐주었다. 세상에서 내가 제일 좋아하는 사진작가 브룩 윌리엄스Brooke Williams는 나의 저자 사진을 찍어주었다.

하지만 특별한 감사를 전할 사람이 몇 있다. 테리 마틴Terry Martin과 헨리 파인더Henry Finder는(《티핑 포인트》에서도 그랬던 것처럼) 초고를 읽고 나서 길고도 범상치 않은 비평 글을 써주었다. 그렇게 뛰어난 두 친구를 가진 것은 내게 축복이다. 수지 핸슨Suzy Hansen과 비길 데 없는 패멀라 마셜Pamela Marshall은 텍스트의 초점과 논지를 명확하게 해 나를 낭패와 오류에서 구해주었다. 티나 베넷Tina Bennett에 대해 말하자면 그녀를 마이크로소프트의 CEO로 지명하거나, 대통령 선거에 출마시키거나, 아니면 그녀의 재치와 지성과 우아함을 살려 세계의 문제들을 책임지는 자리에 임명할 것을 제안하고 싶다. 그러나 그렇게 되면 나는 더 이상 유능한 대리인을 곁에 두지 못할 것이다.

마지막으로 나의 어머니 조이스와 아버지 그레이엄 글래드웰Joyce and Graham Gladwell은 오직 부모만이 할 수 있는 방식으로, 헌신과 정직과 애정으로 이 책을 읽어주셨다. 고맙습니다.

주

머리말 | 미심쩍어 보이는 조각상

1 스탠리 마골리스는 자신의 발견을 과학 잡지 〈사이언티픽 아메리칸〉에 당당하게 기사로 발표했다. Stanley V. Margolis, "Authenticating Ancient Marble Sculpture", *Scientific American* 260, no. 6(June 1989): pp. 104-110.

2 쿠로스 이야기는 여러 곳에서 언급돼왔다. 최고의 기술은 Thomas Hoving, *False Impressions: The Hunt for Big Time Art Fakes*(London: Andre Deutsch, 1996)의 제18장이다. 아테네에서 쿠로스를 본 미술 전문가들에 관한 기록은 모두 *The Gretty Kouros Colloquium: Athens, 25-27 May 1992*(Malibu: J. Paul Getty Museum and Athens: Nicholas P. Goulandris Foundation, Museum of Cycladic Art, 1993)에 실려 있다. Michael Kimmelman, "Absolutely Real? Absolutely Fake?", *New York Times*, August 4, 1991; Marion True, "A Kouros at the Getty Museum", *Burlington Magazine* 119, no. 1006(January 1987): pp. 3-11; George Ortiz, *Connoisseurship and Antiquity: Small Bronze Sculpture from the Ancient World*(Malibu: J. Paul Getty Museum, 1990), pp. 275-278; Robert Steven Bianchi, "Saga of the Getty Kouros", *Archaeology* 47, no. 3(May/June 1994): pp. 22-25도 참고하라.

3 빨간색 카드 더미와 파란색 카드 더미를 가지고 진행한 도박 실험은 An-

thoine Bechara, Ganna Damasio, Daniel Tranel and Antonio R. Damasio, "Deciding Advantageously Before Knowing the Advantageous Strategy", *Science 275*(February 1997): pp. 1293-1295에 기술되어 있다. 이 실험은 사실 종류가 다양하고 흥미진진한 주제의 훌륭한 통로다. 이에 대해 더 알고 싶으면 Antonio Damasio, Descartes' Error(New York: HarperCollins, 1994), p. 212를 참고하라.

4 '신속하고 간결하게'의 바탕이 되는 개념은 Gerd Gigerenzer, Peter M. Todd and the ABC Research Group, *Simple Heuristics That Make Us Smart*(New York: Oxford University Press, 1999)에서 찾아볼 수 있다.

5 적응 무의식에 관해 폭넓게 사고하고 우리들 마음속의 '컴퓨터'에 대해 가장 알기 쉽게 기술해온 사람은 심리학자 티머시 윌슨이다. 그의 훌륭한 저술인 Timothy Wilson, *Strangers to Ourselves: Discovering the Adaptive Unconscious*(Cambridge, Mass.: Harvard University Press, 2002)에 큰 빚을 졌다. 윌슨은 또한 아이오와 대학교의 도박 실험에 관해서도 꽤 길게 논한다.

6 날리니 암바디의 교수들에 관한 연구에 대해서는 Nalini Ambady and Rovert Rosenthal, "Half a Minute: Predicting Teacher Evaluations from Thin Slices of Nonverbal Behavior and Physical Attractiveness", *Journal of Personality and Social Psychology* 64, no. 3(1993): pp. 431-441를 보라.

1장 | 얇게 조각내어 관찰하기: 한 조각의 지식으로 천 리를 내다보는 법

1 존 고트먼은 결혼 생활과 관계에 관한 글을 폭넓게 써왔다. 개요를 살펴보려면 www.gottman.com을 참고하라. 가장 얇은 조각에 대해서는 Sybil Carrere and John Gottman, "Predicting Divorce Among Newlyweds from the First Three Minutes of a Marital Conflict Discussion", *Family Process* 38, no. 3(1999): pp. 293-301를 보라.

2 나이절 웨스트에 관해서는 www.nigelwest.com에서 더 많은 정보를 얻을 수 있다.

3 결혼 카운슬러나 심리학자들이 결혼의 미래를 정확하게 판단할 수 있는지에

대해서는 Rachel Ebling and Robert W. Levenson, "Who Are the Marital Experts?", *Journal of Marriage and Family* 65, no. 1(February 2003): pp. 130-142를 보라.

4 침실 연구에 관해서는 Samuel D. Gosling, Sei Jin Ko, et. al., "A Room with a Cue: Personality Judgments Based on Offices and Bedrooms", *Journal of Personality and Social Psychology* 82, no. 3(2002): pp. 379-398를 보라.

5 의료 과오 소송과 의사들의 문제에 관해서는 버클리 라이스Berkeley Rice의 제프리 앨런Jeffrey Allen과 앨리스 버킨Alice Burkin 인터뷰, "How Plaintiffs' Lawyers Pick Their Targets", *Medical Economics*(April 24, 2000); Wendy Levinson et al., "Physician-Patient Communication: The Relationship with Malpractice Claims Among Primary Care Physicians and Surgeons", *Journal of the Medical Association* 277, no. 7(1997): pp. 553-559; Nalini Ambady et al., "Surgeons' Tone of Voice: A Clue to Malpractice History", *Surgery* 132, no. 1(2002): pp. 5-9를 보라.

2장 | 잠긴 문: 순간적 판단을 내리는 무의식의 비밀

1 버나드 베런슨 등에 관한 토머스 호빙의 설명에 대해서는 *False Impressions: The Hunt of Big Time Art Fakes*(London: Andre Deutsch, 1996), pp. 19-20를 보라.

2 '뒤죽박죽 문장 테스트'에 관해서는 Thomas K. Srull and Robert S. Wyer, "The Role of Category Accessibility in the Interpretation of Information About Persons: Some Determinants and Implications", *Journal of Personality and Social Psychology* 37(1979): pp. 1660-1672를 보라.

3 존 바그의 흥미진진한 연구는 John A. Bargh, Mark Chen and Lara Burrows, "Automaticity of Social Behavior: Direct Effects of Trait Construct and Stereotype Activation on Action", *Journal of Personality and Social Psychology* 71, no. 2(1996): pp. 230-244에서 찾아볼 수 있다.

4 '시시한 추적' 연구에 관해서는 Ap Dijksterhuis and Ad van Knippenberg,

"The Relation Between Perception and Behavior, or How to Win a Game of Trivial Pursuit", *Journal of Personality and Social Psychology* 74, no. 4(1998): pp. 865-877를 보라.

5 흑백 테스트 결과와 인종 사전 주입에 관한 연구는 Claude Steele and Joshua Aronson, "Stereotype Threat and Intellectual Test Performance of African Americans", *Journal of Personality and Social Psychology* 69, no. 5(1995): pp. 797-811에 나와 있다.

6 도박에 관한 연구들은 안토니오 다마지오의 걸작, *Descrtes'Error: Emotion, Reason, and the Human Brain*(New York: HarperCollins, 1994), p. 193에 수록되어 있다.

7 설명할 수 없는 것을 설명하고자 하는 인간의 욕구에 대한 기술로 가장 유명한 것은 1970년대에 나온 리처드 니스벳Richard Nisbett과 티머시 윌슨의 저술이다. 그들은 이렇게 결론짓는다. "예측하고 통제할 수 있다는 주관적 관점에서 우리는 자연스럽게 그렇게 접근할 수 있다고 믿고 싶어 한다. 자신의 이력과 인식 프로세스 진행 시점에 존재하던 자극을 잘 아는 외부자보다 자기 마음의 움직임을 더 확실하게 알지 못하는 사람은 없다고 믿는 것은 놀라운 일이다." Richard E. Nisbett and Timothy D. Wilson, "Telling More Than We Can Know: Verbal Reports on Mental Processes", *Psychological Review* 84, no. 3(1977): pp. 231-259를 보라.

8 밧줄 흔들기 실험에 관해서는 Norman R. F. Maier, "Reasoning in Humans: II. The Solution of Problem and Its Appearance in Consciousness", *Journal of Comparative Psychology* 12(1931): pp. 181-194를 보라.

3장 | 워런 하딩의 오류: 우리는 왜 키 크고 잘생긴 남자에게 반하는가

1 워런 하딩에 관해서는 탁월한 저술이 많다. 그중 몇 권을 꼽자면 다음과 같다. Francis Russell, *The Shadow of Blooming Grove: Warren G. Harding in His Times*(New York: McGraw-Hill, 1968); Mark Sullivan, *Our Times: The United States* 1900-1925, vol. 6, The Twenties(New York: Charles

Scribner's Sons, 1935), 16; Harry M. Daugherty, *The Inside Story of the Harding Tragedy*(New York: Ayer, 1960); Andrew Sinclair, *The Available Man: The Life Behind the Masks of Warren Gamaliel Harding*(New York: Macmillan, 1965).

2 '암묵적 연상 테스트'에 대해 더 알고 싶으면 Anthony G. Greenwald, Debbie E. McGhee and Jordan L. K. Schwartz, "Measuring Individual Differences In Implicit Cognition: The Implicit Association Test", *Journal of Personality and Social Psychology* 74, no. 6(1998): pp. 1464-1480를 보라.

3 키 문제를 탁월하게 다룬 책으로는 Nancy Etcoff, *Survival of the Prettiest: The Science of Beauty*(New York: Random House, 1999), p. 172를 보라.

4 키와 급료의 관계에 대한 연구는 Timothy A. Judge and Daniel M. Cable, "The Effect of Physical Height on Workplace Success and Income: Preliminary Test of a Theoretical Model", *Journal of Applied Psychology* 89, no. 3(June 2004): pp. 428-441에서 찾아볼 수 있다.

5 시카고의 자동차 대리점 연구에 대한 설명은 Ian Ayres, *Pervasive Prejudice? Unconventional Evidence of Race and Gender Discrimination*(Chicago: University of Chicago Press, 2001)에서 볼 수 있다.

6 당신이 선입견과 싸워 이길 수 있다는 증거는 Nilanjana Dasgupta and Anthony G. Greenwald, "On the Malleability of Automatic Attitudes: Combating Automatic Prejudice with Images of Admired and Disliked Individuals", *Journal of Personality and Social Psychology* 81, no. 5(2001): pp. 800-814를 보라. 유사한 결과를 입증해 보인 다른 연구도 많다. Irene V. Blair et al., "Imagining Stereotypes Away: The Moderation of Implicit Stereotypes Through Mental Imagery", *Journal of Personality and Social Psychology* 81, no. 5(2001): pp. 828-841; Brian S. Lowery Curtis D. Hardin, "Social Influence Effects on Automatic Racial Prejudice", *Journal of Personality and Social Psychology* 81, no. 5(2001): pp. 842-855 등등.

4장 | 폴 밴 라이퍼의 승리: 즉흥성의 발현 구조를 만드는 법

1 청팀의 전투 철학에 관한 훌륭한 설명은 William A. Owens, *Lifting the Fog of War*(New York: Farrar, Straus, 2000), 11에서 찾아볼 수 있다.

2 의사결정에 관한 게리 클라인의 걸작은 *Sources of Power*(Cambridge, Mass: MIT Press, 1998)이다.

3 즉흥극의 규칙에 관해서는 Keith Johnstone, *Impro: Improvisation and the Theatre*(New York: Theatre Arts Books, 1979)를 참고하라.

4 '언어의 음영'에 관해서는 Jonathan W. Schooler, Stellan Ohlsson and Kevin Brooks, "Thoughts Beyond Words: When Language Overshadows Insight", *Journal of Experimental Psychology* 122, no. 2(1993): pp. 166–183를 보라.

5 논리 퀴즈에 관해서는 Chad S. Dodson, Marcia K. Johnson and Jonathan W. Schooler, "The Verbal Overshadowing Effect: Why Descriptions Impair Face Recognition", *Memory & Cognition* 25, no. 2(1997): pp. 129–139를 보라.

6 소방관과 그 밖의 이야기는 게리 클라인의 *Sources of Power*(Cambridge, Mass.: MIT Press, 1998) 제4장 "The Power of Intuition"에 실려 있다.

7 브렌던 라일리의 연구에 관해서는 Brendan M. Reilly, Arthur T. Evans, Jeffrey J. Schaider and Yue Wang, "Triage of Patients with Chest Pain in the Emergency Department: A Comparative Study of Physicians' Decisions", *American Journal of Medicine* 112(2002): pp. 95–103; Brendan Reilly et al., "Impact of a Clinical Decision Rule on Hospital Triage of Patients with Suspected Acute Cardiac Ischemia in the Emergency Department", *Journal of the American Medical Association* 288(2002): pp. 342–350를 보라.

8 리 골드먼은 자신의 알고리즘에 관한 논문을 몇 편 썼다. Lee Goldman rt al., "A Computer-Derived Protocol to Aid in the Diagnosis of Emergency Room Patients With Acute Cheat Pain", *New England Journal of Medi-*

cine 307, no. 10(1982): pp. 588-596; Lee Goldman et al., "Prediction of the Need for Intensive Care in Patients Who Come to Emergency Departments with Acute Chest Pain", *New England Journal of Medicine* 334, no. 23(1996): pp. 1498-1504 등이 있다.

9 성별과 인종에 대한 고찰은 Kevin Schulman et al., "Effect of Race and Sex on Physicians' Recommendations for Cardiac Catheterization", *New England Journal of Medicine* 340, no. 8(1999): pp. 618-626를 참고하라.

10 스튜어트 오스캠프의 유명한 연구는 Stuart Oskamp, "Over-confidence in Care Study Judgments", *Journal of Consulting Psychology* 29, no. 3(1965): pp. 261-265에 기술돼 있다.

5장 | 케너의 딜레마: 무엇을 원하는지 묻는 올바른 방법과 그른 방법

1 변화하는 음악 산업에 관해 쓴 글은 풍부하다. 다음 기사가 도움이 된다. Laura M. Holson, "With By-the-Numbers Radio, Requests Are a Dying Breed", *New York Times,* July 11, 2002.

2 딕 모리스의 회고록은 *Behind the Oval Office: Getting Reelected Against All Odds*(Los Angeles: Renaissance Books, 1999)이다.

3 코카콜라 스토리를 가장 잘 이야기하고 있는 책으로는 Thomas Oliver, *The Real Coke, the Real Story*(New York: Random House, 1986)를 꼽을 수 있다.

4 루이스 체스킨에 대해 더 알려면 Thomas Hine, *The Total Package: The Secret History and Hidden Meanings of Boxes, Bottles, Cans, and Other Persuasive Containers*(New York: Little, Brown, 1995); Louis Cheskin and L. B. Ward, "Indirect Approach to Market Reactions", *Harvard Business Review*(September 1948)를 보라.

5 셀리 베델 스미스가 쓴 프레드 실버먼의 전기는 *Up the Tube: Prime-Time TV in the Silverman Years*(New York: Viking, 1981)이다.

6 게일 밴스 시빌과 주디 헤일먼의 맛보기 방법에 관해서는 Gail Vance Civille and Brenda G. Lyon, *Aroma and Flavor Lexicon for Sensory*

Evaluation(West Conshohocken, Pa.: American Society for Testing and Materials, 1996); Morten Meilgaard, Gail Vance Civille, B. Thomas Carr, *Sensory Evaluation Techniques*, 3rd ed.(Boca Raton, Fla.: CRC Press, 1999)에 더 자세히 설명되어 있다.

7 잼 시식에 대해 더 알려면 Timothy Wilson and Jonathan Schooler, "Thinking Too Much: Introspection Can Reduce the Quality of Preferences and Decisions", *Journal of Personality and Social Psychology* 60, no. 2(1991): pp. 181-192; "Strawberry Jams and Preserves", *Consumer Reports*, August 1985, pp. 487-489를 보라.

6장 | 브롱크스의 7초: 마음을 읽는 섬세한 기술

1 마음을 읽는 사람들에 관해 더 알고 싶으면 Paul Ekman, *Telling Lies: Clues to Deceit in the Marketplace, Politics, and Marriage*(New York: Norton, 1995); Fritz Strack, "Inhibiting and Facilitating Conditions of the Human Smile: A Nonobtrusive Test of the Facial Feedback Hypothesis", *Journal of Personality and Social Psychology* 54, no. 5(1988): pp. 768-777; Paul Ekman and Wallace V. Friesen, *Facial Action Coding System, parts 1 and 2*(San Francisco: Human Interaction Laboratory, Dept. of Psychiatry, University of California, 1978)를 보라.

2 에이미 클린은 〈누가 버지니아 울프를 두려워하랴〉를 활용한 자신의 연구에 대해 많은 기사를 써왔다. 가장 포괄적인 글은 아마도 Ami Klin, Warren Jones, Robert Schultz, Fred Volkmar, and Donald Cohen, "Defining and Quantifying the Social Phenotype in Autism", *American Journal of Psychiatry* 159(2002): pp. 895-908일 것이다.

3 마음 읽기에 관해서는 Robert T. Schultz et al., "Abnormal Ventral Temporal Cortical Activity During Face Discrimination Among Individuals with Autism and Asperger's Syndrome", *Archives of General Psychiatry* 57(April 2000)도 참고하라.

4 데이브 그로스먼의 훌륭한 비디오 시리즈는 *The Bulletproof Mind: Prevailing in Violent Encounters...and After*라고 불린다.

5 총을 쏘는 경찰들에 관한 이야기는 데이비드 클링거의 탁월한 책, *Into the Kill Zone: A Cop's Eye View of Deadly Force*(San Francisco: Jossey-Bass, 2004)에서 발췌했다.

6 인종적 편견과 총을 탐구해온 연구는 매우 많은데, 몇 가지 추려보면 다음과 같다. B. Keith Payne, Alan J. Lambert, and Larry L. Jacoby, "Best-Laid Plans: Effects of Goals on Accessibility Bias and Cognitive Control In Race-Based Misperceptions of Weapons", *Journal of Experimental Social Psychology* 38(2002): pp. 384-396; Alan J. Lambert, B. Keith Payne, Larry L. Jacoby, Lara M. Shaffer, et al., "Stereotypes as Dominant Responses: On the 'Social Facialitation' of Prejudice in Anticipated Public Contexts", *Journal of Personality and Social Psychology* 84, no. 2(2003): pp. 277-295; Keith Payne, "Prejudice and Perception: The roll of Automatic and Controlled Processes in Misperceiving a Weapon", *Journal of Personality and Social Psychology* 81, no.2(2001): pp. 181-192; Anthony G. Greenwald, "Targets of Discrimination: Effects of Race in Responses to Weapons Holders", *Journal of Experimental Social Psychology* 39(2003): pp. 399-405; Joshua Correll, Bernadette Park, Charles Judd, and Bernd Wittenbrink, "The Police Officer's Dilemma: Using Ethnicity to Disambiguate Potentially Hostile Individuals", *Journal of Personality and Social Psychology* 83(2002): pp. 1314-1329. 이 연구는 모호한 위치에 출현하는 백인과 흑인을 향해 총을 쏠 건지 말 건지를 플레이어가 결정해야 하는 비디오게임이다. http://psych.colorado.edu/%7ejcorrell/tpod.html로 들어가 한번 게임을 해보라. 정신이 번쩍 난다.

7 2인조 순찰에 관해서는 Carlene Wilson, *Research on One-and Two-Person Patrols: Distinguishing Fact From Fiction*(South Australia: Australasian Centre for Policing Research, 1991); Scott H. Decker and Allen E. Wagner, "The Impact of Patrol Staffing on Police-Citizen Injuries and Dispositions", *Journal of Criminal Justice* 10 (1982): pp. 375-382를 보라.

8 '마음 읽는 법' 익히기에 관해서는 Nancy L. Etcoff, Paul Ekman, et al., "Lie Detection and Language Comprehension", *Nature* 405 (May 11, 2000)를 보라.

7장 | 눈으로 듣기: '순간 포착'의 교훈

1 애비 코넌트에 관한 최고의 기록은 코넌트의 남편 윌리엄 오즈번 William Osborne이 쓴 "You Sound Like a Ladies Orchestra"이다. 그들의 웹사이트에서 볼 수 있다.

2 클래식 음악계의 변화에 관해서는 다음 기사들이 특히 유용하다. Evelyn Chadwick, "Of Music and Men", *The Strad* (December 1997): pp. 1324-1329; Claudia Goldin and Cecilia Rouse, "Orchestrating Impartiality: The Impact of 'Blind' Auditions on Female Musicians", *American Economic Review* 90, no. 4 (September 2000): pp. 715-741; Bernard Holland, "The Fair, New World of Orchestra Auditions", *New York Times,* January 11, 1981.

추천의 글

"순간적 판단에 관한 말콤 글래드웰의 매혹적인 연구는 후속작을 낳을 게 틀림 없다.《블링크》에서 저자는 최고의 기량을 뽐내고 있다. 이 책을 읽는 것은 진정 한 즐거움이다. 글래드웰 작품들이 그러하듯《블링크》는 우리가 사는 세계와 우 리들 자신, 머리에서 떼어놓기 어려울 아이디어들, 모든 친구와 함께 나누고 싶어 못 견딜 이야기로 가득 차 있다."

파하드 만주Farhad Manjoo, 〈살롱〉

"《블링크》의 처음 몇 페이지를 넘기며 나는 내가 무슨 생각을 하고 있는지 정확하 게 알았다. 밤을 꼬박 새워 이 책을 읽을 거라는 생각이었다. 글래드웰은 흥미로 운 예화를 수십 편 그러모아 굽이치며 흐르는 매혹적인 이야기 속의 시사점 많은 가설들을 뒷받침하며 진전시킨다. 표지만 보고 책을 판단할 수는 없다. 그러나 글 래드웰은 만나는 순간 나를 꿰차고 마지막 페이지까지 놔주지 않았다."

제니퍼 리스Jennifer Reese, 〈엔터테인먼트 위클리〉

"글래드웰은 기발하고 다양한 사례를 찾아 자신의 논점을 입증하는 특출한 본능 으로 생생함과 진지함을 동시에 선사한다."

재닛 매슬린Janet Maslin, 〈뉴욕타임스〉

"정말 신나는 여행이다. 글래드웰은 흥미진진한 예화를 거의 무한정으로 쏟아낸다. 복잡한 개념을 간결한 문구로 요약해내는 그의 능력은 따를 자가 없다."

마크 코트니Mark Coatney, 〈시카고 트리뷴〉

"아주 재미있다. 글래드웰의 천부적인 재능은 이야기꾼의 자질이다. 그는 전지전능하고 팔이 여럿인 힌두 신 같다. 인간사의 상상할 수 있는 모든 영역에서 일화와 비사들을 끌어댄다."

레브 그로스먼Lev Grossman, 〈타임〉

"글래드웰은 인간의 특이한 차원을 풍성하게 이야기에 담아 통계적 균형을 잡고, 아이디어의 흐름을 지속적으로 자극한다. 그는 도발적인 주제, 즉 최근 역사의 유명하면서도 의문의 여지를 남긴 몇몇 의사결정이 적절했는지에 대한 성찰을 고무한다."

크리스 내브러틸Chris Navratil, 〈보스턴 글로브〉

"불가사의하다. 말콤 글래드웰은 위대한 이야기를 쓸 수 있는 훌륭한 눈을 갖고 있다.《블링크》에서 그는 위대한 이야기를 연달아 술술 풀어낸다.《블링크》는 시대정신의 한자리를 차지할 것이다."

토머스 호머-딕슨Thomas Homer-Dixon, 〈토론토 글로브 앤드 메일〉

"즐거움을 주고, 시사하는 바도 많은 읽을거리다.《블링크》에는 거듭거듭 돌아보게 만드는 흥미진진한 실험 이야기가 차고 넘친다."

제임스 위니James F. Sweeney, 〈클리블랜드 플레인 딜러〉

"도처의 모든 데이터 처리자와 평가자, 정보 가공자들에게 한 수 가르침을 주는 책이다.《블링크》는 당신을 위한 책은 아닐지 모른다. 그러나 다른 모든 이는 이 책에 푹 빠져들 것 같다."

탄 로즌바움Thane Rosenbaum, 〈로스앤젤레스 타임스〉

"글래드웰은 세밀한 이야기를 다루는 데 있어 최고의 작가다. 그가 가진 독특한 재능은 얼핏 평범해 보이는 일에서 인간을 인간답게 만드는 본질에 관한 귀중한 교훈을 끄집어낸다는 것이다."

마크 애시터키스Mark Athitakis, 〈시카고 선타임스〉

"글래드웰은 우리가 전적으로 의지하면서도 분석이 거의 안 된 정신생활의 한 측면, 즉 순간적 결정이나 신속한 판단을 하는 능력을 날카롭게 조명한다. 깨우침을 주고, 도발적이며, 매우 재미있게 읽힌다."

도나 시먼Donna Seaman, 〈북리스트〉

"《블링크》는 일련의 유쾌한 예화를 빠르게 훑으며 전개된다. 글래드웰은 매력적인 정보와 현상으로 늘 우리를 황홀케 한다. 나의 순간적 판단을 믿는다면 이 책을 사라. 기쁨을 맛보게 될 것이다."

데이비드 브룩스David Brooks, 〈뉴욕타임스 북 리뷰〉

"강렬하다.《블링크》는 만족감을 주고 갈증을 풀어준다. 글래드웰의 인상적인 트레이드마크인 흥미로운 사례 연구, 심리학 실험과 설명의 능숙한 직조, 동떨어져 보이는 현상 간 뜻밖의 연계가 돋보인다."

하워드 가드너Howard Gardner, 〈워싱턴포스트〉

"스티븐 호킹Stephen Hawking이 이론물리학에서 한 일을 말콤 글래드웰이 사회과학에서 하고 있다. 글래드웰은 일련의 매혹적인 사례들로 자신의 견해를 뒷받침하며, 과학 데이터를 페이지가 술술 넘어가는 이야기로 직조한다."

질 스피츠너스Jill Spitznass, 〈포틀랜드 트리뷴〉

"도발적이고 깨우침을 주는 책이다. 글래드웰 같은 호기심 많고 통찰력 있는 가이드와 함께 순간적 인식의 세계를 여행하는 것은 즐거운 일이다."

로즈메리 머기Rosemary M. Magee, 〈애틀랜타 저널 컨스티튜션〉

"말콤 글래드웰은 가는 곳 어디에서나 인상적인 인물과 흥미로운 일화들을 찾아낼 줄 아는 천부적인 이야기꾼이다."

조지 앤더스George Anders, 〈월스트리트저널〉

"글래드웰은 일화와 연구 결과들을 혁명적인 주제로 종합하는데, 예상되는 반론에 자신의 상식을 일관되게 개입시키며 주제를 풀어낸다. 《블링크》는 과학과 문화의 교차 지점에서 활약하는 가장 매력적인 에세이스트, 글래드웰의 위상을 굳혀준다."

도나 보먼Donna Bowman, 〈어니언 A.V. 클럽〉

"글래드웰의 새 책은 명쾌한 이야기, 친근한 포장, 눈이 휘둥그레지는 학술 연구 등 《티핑 포인트》의 많은 강점을 함께 나누고 있다."

제프 샐러먼Jeff Salamon, 〈오스틴 아메리칸-스테이츠먼〉

"젊은 톰 울프Tom Wolfe 이래 가장 독창적인 미국 저널리스트, 말콤 글래드웰이 사람들이 생각하는 방식에 대한 사고방식을 바꾸게 할 또 한 권의 책을 만들어냈다. 글래드웰은 평범한 것을 강렬하게 만들고, 동떨어진 듯 보이는 주제를 상호 연결시키고, 전통적 통념을 가볍게 뒤집는 능력을 가지고 있다. 언론학 교수들은 어떤 사람이든, 어떤 일이든 특이하다고 묘사하는 것을 경계하는데, 글래드웰의 경우는 예외다. 다른 어떤 누구도 그와 같은 유의 이야기를 쓰지 못한다. 어느 누구도 그와 같은 식으로 사고하지 않기 때문이다. 그런 연구 결과를 보통 사람들도 이해하기 쉽게 만드는, 글래드웰 같은 재능을 가진 사람도 없다. 고등학교 교과서나 절반쯤 따라갈까."

켄 푸슨Ken Fuson, 〈볼티모어 선〉

"글래드웰이 과학과 인간 본성, 비즈니스에 관심이 있는 게으른 문외한들을 위한 꿈의 작가로 진화했다. 까다로운 연구 가설과 모호한 용어들을 풀어내 술술 읽히는 이야기로 직조하며, 세밀화를 오락물로 전환시키는 데 성공한 것이다."

리베카 덴Rebekah Denn, 〈시애틀 포스트-인텔리젠서〉

"글래드웰이 만들어낸 다채로운 예화와 과학 연구의 매혹적인 퍼레이드는 생각에 관한 생각을 다룬 위대한 읽을거리이자 훌륭한 양식이다."

모 길리스Mo Gillis, 〈에버그린 몬슬리〉

"《블링크》는 폭넓고 신나고 유익한, 예화와 심리학 연구의 멋진 어우러짐을 선사한다."

하워드 핼리Howard Halle, 〈타임아웃 뉴욕〉

"글래드웰은 우리 시대의 위대한 지식 대중화 일꾼 중 하나로, 도발적인 개념을 증류해 본류에 주입한다. 놀랍고 매혹적인 아이디어로 가득한, 감칠맛 나는 책이다. 눈 깜빡하지 마라. 그러면 무언가를 놓치게 되니."

크리스 터커Chris Tucker, 〈댈러스 모닝 뉴스〉

"설득력 있고, 강렬한 책이다. 《블링크》를 읽을 가치 있게 만드는 것은 인간의 의사결정 과정에 관한 풍부하고 세밀한 묘사다. 글래드웰은 깊고 풍부한 자료와 명료한 언어를 자양분 삼아 미국인의 다종다양한 경험 속에서 흥미진진한 이야기를 만들어낸다."

데이미언 킬비Damian Kilby, 〈포틀랜드 오리거니언〉

"글래드웰은 과학적 사실을 정확하게 파악하고, 또 그 사실을 몰입할 수 있게 가공해내는 저널리스트의 능력을 갖추고 있다."

〈라이브러리 저널〉

"즐거움을 주는 책이다. 이 책은 당신이 생각하는 방식에 대해 생각해보게 만들 것이다."

윌리엄 디트리히William Dietrich, 〈시애틀 타임스〉

"세 페이지.《블링크》가 나를 낚아채는 데는 그거면 충분했다."

로버트 랠러스Robert Lalasz, 〈롤리 뉴스 앤드 업저버〉

"글래드웰은 명석하고, 통찰력이 풍부하며, 즐거움을 주는 작가다.《블링크》는 '어라! 어쩜!'을 쉼 없이 배달한다."

맷 크렌슨Matt Crenson, 〈어소시에이티드 프레스〉

"말콤 글래드웰의 새 책은 즐길 거리를 많이 선사한다. 글래드웰은 어떤 이야기 든 참 잘한다."

칼린 로마노Carlin Romano, 〈필라델피아 인콰이어러〉

"글래드웰은 글을 재미있게 쓰는데, 결과물은 너무 많이 생각하면 어떻게 곤경에 빠질 수 있는지 조리 있게 설파한 유쾌한 보고서다. 유익하고, 상당히 흥미롭다."

로저 해리스Roger Harris, 〈뉴어크 스타-레저〉